KRA

KRAV MAGA

De enige geautoriseerde gids

ZELFVERDEDIGINGSTECHNIEK BIJ EEN GEWAPENDE AANVAL

Het originele verdedigingssysteem van de Israëlische geheime diensten

Imi Sde-Or (Lichtenfeld), stichter van Krav Maga
Eyal Yanilov, chef-instructeur

ELMAR

Colofon

Krav Maga, zelfverdedigingstechniek bij een gewapende aanval is een uitgave van
Uitgeverij Elmar B.V., Rijswijk – 2002
Oorspronkelijke uitgave: Dekel Publishing House, Tel Aviv

Vertaling: Suzanne Rustenburg
Redactie: Branimir Tudjan
Technisch adviseur: Franklyn Hartkamp
Foto's en illustraties: Eldad Zakovitz
Vormgeving omslag: Wil Immink, Sittard
Lay-out: Wim Schoorlemmer, Delft

ISBN 90389 1257 9

Opgedragen ter herinnering aan mijn vader
een leermeester, Samuel Lichtenfeld.

Imi Sde-Or (Lichtenfeld)

Si vis pacem para bellum.

Als u vrede nastreeft, dient u zich voor te bereiden op oorlog.

MEDEWERKERS

Aan de totstandkoming van het originele boek over KRAV MAGA werkten de volgende mensen mee:
Darren R. Levine – technisch adviseur en redacteur
Efrat Ashkenazi – Engelse vertaling
Michelle Sachnin – taalredactie
Liat Paz – fotografie
Eldad Zakovitz – foto's en tekeningen
Ahihu Larom – foto's
Rotem Namir-Pardess – boekontwerp
Ayelet Yehuda, Nina Jawitz – omslagontwerp
Studio Prior – fotoafdrukken
Arad – scans

WAARSCHUWING

De auteurs en de uitgever zijn op geen enkele wijze aansprakelijk voor de wijze waarop de informatie in dit boek, door wie dan ook, op welke manier dan ook, wordt gebruikt. Elk gebruik van de geboden informatie moet in overeenstemming zijn met hetgeen de wet toestaat, en voor elke schade die het gevolg is van misbruik is uitsluitend de veroorzaker verantwoordelijk.
Eenieder die de in dit boek beschreven technieken wil beoefenen doet er verstandig aan vooraf een arts te raadplegen om een zo volledig mogelijk beeld te verkrijgen over de eigen mogelijkheden en beperkingen. Bovendien worden beoefnaren geboden de veiligheidsregels in dit boek in acht te nemen, zowel tijdens de training als bij de daadwerkelijke toepassing van de hier gepresenteerde kennis.

Inhoud

De onderstaande Krav Maga organisaties hebben een belangrijke bijdrage geleverd bij de totstandkoming van dit boek:

International Krav Maga Federation

Krav Maga Association of America

Israeli Krav Maga Association

De onderstaande instructeurs van de internationale Krav Maga Federatie investeerden vele uren en maakten gebruik van hun gedegen kennis inzake de verscheidene technieken bij de keuze van de circa 500 foto's die in dit boek zijn opgenomen. Hun belangrijke bijdrage aan de totstandkoming van dit boek wordt bijzonder op prijs gesteld: Gabi Noah; Eli Ben-Ami; Avi Moyal, Amnon Darsa; Dori Nemetsky; Yoav Gaon. Een woord van dank ook voor de Krav Maga instructeurs die zijn afgebeeld op de in dit boek afgedrukte foto's: Shaike Barak; Hayim Zut; Guy Cohen.

Voorwoord

door wijlen **Yitzhak Rabin**

Beste Imi,
De inbreng van Imi Lichtenfeld is als integraal onderdeel van IDF-activiteiten onlosmakelijk verbonden met het onderricht van lichamelijke gezondheid en KRAV MAGA aan soldaten en officieren van de IDF (Israel Defense Force). Ik dank u voor uw bijdrage aan de IDF waarbij u weerbaarheid stimuleert en ik feliciteer u met de totstandkoming van uw boek: een handboek voor noodgevallen. Ik hoop dat de lezers nooit gebruik hoeven te maken van uw advies en ervaring.

Hoogachtend,

Yitzhak Rabin
Premier en minister van Defensie van Israël

(in 1992 geschreven voor de oorspronkelijke Hebreeuwse uitgave).

Voorwoord

door **Shimon Peres**

De twee grootste bedreigingen die we tegenwoordig kennen, zijn raketten (raketten overschrijden landsgrenzen) en aanvallen met messen (omdat terrorisme ook landsgrenzen overschrijdt).

In een oorlog met raketten is technologie de beslissende factor; bij het terrorisme is dat het individu. Imi Sde-Or ontwikkelde een strategie voor KRAV MAGA. Een strategie die de mogelijkheid geeft aan het individu, al dan niet in uniform, zich op een dusdanige wijze te verdedigen, dat zelfs wanneer hij alleen het strijdperk betreedt, hij niet noodzakelijkerwijs de strijd zal verliezen. Heden ten dage, met het toenemend geweld, kent deze strategie zijn weerga niet.

Shimon Peres
Minister van regionale coöperatie en voorheen premier van Israël

Dankbetuiging

Ik maak graag van de gelegenheid gebruik om mijn dankbaarheid te betuigen aan iedereen die betrokken was bij de voorbereiding van dit boek gedurende de laatste paar jaar, en vooral aan de volgende mensen die een cruciale rol hebben gespeeld bij de totstandkoming.

Efrat Ashkenazi heeft ontzettend haar best gedaan op de vertaling van het Hebreeuws naar het Engels (haar moedertaal). Liat Paz, onze fotografe, was geduldig en vaardig met haar camera, zowel in haar studio als er buiten en poseerde zelfs voor sommige van de foto's. Michelle Sachnin werkte onvermoeibaar als redacteur en deed haar best om de Engelse tekst te redden van onze onophoudelijke correcties. Rotem Namir-Pardess was verantwoordelijk voor het grafisch ontwerp en deed dit met een indrukwekkend talent. Uri Novojenov deed goed werk in het laboratorium en bezorgde ons de juiste foto's die Liat had gemaakt. Chezi Mizrahi gebruikte zijn talent voor de gedegen verwerking van het aangeleverde fotomateriaal. Dan Barkai, pistoolschutter en instructeur, gebruikte zijn expertise om de juistheid te controleren van de informatie over vuurwapens. Abraham Lapidot zorgde voor foto's van de verschillende vuurwapens die nodig waren voor demonstratie, dankzij de welwillendheid van Israel Military Industries (I.M.I.). En ten slotte Judith Taffet, secretaresse van Dekel, werkte als coördinator en was verantwoordelijk voor dit project in Israël. Ze deed trouw haar werk om te zorgen voor een succesvol hoogtepunt, ondanks alle moeilijkheden en haar vele andere verplichtingen.

En aan de andere kant van de Atlantische Oceaan:

Richard Grossinger, uitgever en directeur van Frog Ltd. en North Atlantic Books, de eerste Amerikaanse uitgever die aan de steeds groeiende Amerikaanse vraag voldeed naar een begrijpelijk Krav Maga boek en zich zonder terughoudendheid in dit Israëlisch-Amerikaanse avontuur stortte, ondanks alle moeilijkheden. Jess O'Brien, krijgskunst redacteur van Frog Ltd., zorgde er op zijn stille en efficiënte manier voor dat alles goed was geïntegreerd aan het einde van het project. Bovendien hielp hij ons met het proeflezen. Nicole George hielp ons met advies over de regels omtrent Engelse leestekens. Mijn vriend en advocaat Hugo Gerstl, directeur en voorzitter van de Raad van Bestuur van Four Paws Publishing, speelde vanuit deze beide functies een belangrijke rol bij de realisatie van dit project door het vinden van oplossingen voor juridische details. Mijn collega, Iven Lourie, directeur van Gateways Books & Tapes, had een belangrijke rol bij het begin van deze Amerikaans-Israëlische samenwerking.

Speciale dank gaat uit naar Mr. Daniel Abraham, een zakenman met een hart voor het algemeen welzijn, voor zijn waardevolle hulp in het eerste stadium van de introductie van het Krav Maga-onderwijs in Amerika.

Ten slotte een speciaal woord van dank aan Branimir Tudjan, die als eerste Krav Maga in Nederland introduceerde. De grote kennis van deze professionele politieman vormde een waardevolle bijdrage aan deze Nederlandse editie.

Z.M.

Voorwoord van de uitgever

Normaal gesproken schrijf ik geen voorwoord in de boeken die ik uitgeef. Dit is echter een bijzonder boek, geschreven door een bijzonder persoon.

Mr. Imi (Imrich) Sde-Or (Lichtenfeld), de vermaarde Israëlische grootmeester (1910-1998), was de oprichter van KRAV MAGA. Imi en zijn gevorderde leerling en opvolger, Eyal Yanilov, deden er meer dan tien jaar over om deze serie boeken te schrijven voor mensen van over de hele wereld die, in tijden van nood, gebruik moeten maken van deze specifieke kennis.

Als gevolg van zijn kennis en persoonlijkheid, werd grootmeester Imi gezien als een levende legende door zijn leerlingen en medewerkers die hem respecteerde en bijna als Goeroe zagen. Hij ontwikkelde een moderne zelfverdedigingsdiscipline dat de speciale kenmerken van zijn persoonlijkheid weergeeft alswel de gebeurtenissen die plaatsvonden in zijn boeiende leven. Net als Imi zelf, is de KRAV MAGA methode logisch, intuïtief, direct, praktisch, maar vooral ook gevoelig en menselijk.

Imi Sde-Or gebruikte zijn uitzonderlijke kennis van het menselijk lichaam en de beweging daarvan om tot een ander systeem van zelfverdediging te komen. Zijn veelvuldige, persoonlijke ervaringen met vijandige situaties en zijn kennis van verscheidende vechtsystemen (inclusief worstelen en boksen, sporten waarin hij uitblonk tijdens zijn jeugd), zijn op een vernuftige manier doorgedrongen tot KRAV MAGA. Dit vechtsysteem werd ontwikkeld, getest en verbeterd gedurende Imi's lange carrière bij de Israëlische defensiemacht, en later aangepast voor de burger.

Ondanks zijn woeste voorkomen, was grootmeester Imi nooit een strijdlustig mens en streefde hij altijd vrede na, hetgeen hij beschouwde als de hoogste verworvenheid. Hij vertelde zijn leerlingen altijd dat het essentieel was om uit te munten in hun KRAV MAGA training op een dusdanige manier dat ze geen uitzonderlijke of onnodige kracht hoefden te gebruiken, zelfs niet in levensbedreigende situaties. Zijn grootste wens was dat het lesgeven in KRAV MAGA zou resulteren in een internationaal broederschap onder de beoefenaars, dat het haat en vijandigheid zou overbruggen.

Ook de Centraal Europese achtergrond van Imi heeft zijn stempel gedrukt op de ontwikkeling van KRAV MAGA. Hij beschouwde zichzelf altijd als wereldbewoner en handelde ook als zodanig. Imi Sde-Or wilde de strakke grenzen verleggen die in de beginfase karakteristiek waren voor KRAV MAGA. Daartoe reikte de nieuwe discipline verder dan de Israëlische defensiemacht en werd aangeboden aan de burger, nadat het was aangepast aan hun behoeften. Het resultaat is dat KRAV MAGA tegenwoordig veel wordt onderwezen aan kinderen, jonge mensen, mannen en vrouwen in Israël, zowel in privé-instituten als onder toezicht van het Israëlische Ministerie van Onderwijs.

In de afgelopen jaren heeft de nieuwe discipline zich ver over de Israëlische grenzen verspreid. Er zijn tegenwoordig KRAV MAGA clubs actief in de Verenigde Staten, in de meeste Europese landen, in Brazilië, Australië, Nieuw Zeeland en in andere delen van de wereld. In enkele van deze landen werd KRAV MAGA officieel geaccepteerd door overheidsorganisaties en orde-handhavende diensten en werd het opgenomen in hun trainingsprogramma.

De KRAV MAGA serie, waarvan de publicatie begint met dit boek, richt zich op verdere verspreiding onder het publiek buiten Israël, door het toegankelijk te maken voor professionele beoefenaars en voor het publiek. Het verschaft de lezer de essentiële gereedschappen om KRAV MAGA te kunnen beoefenen, door de basisprincipes en specifieke technieken te leren die tot in detail zijn uitgelegd met behulp van meer dan duizend foto's en diagrammen. Het theoretische deel behandelt belangrijke onderwerpen zoals: de principes achter de verdedigingstechnieken, omgaan met een agressieve situatie, vechttechnieken, trainingsmethodes (inclusief mentale training, veiligheid bij het trainen, etc.) en daarnaast een handige bijlage.

Kortom, deze serie bevat het enige gezaghebbende, begrijpelijke handboek over KRAV MAGA dat ooit is geschreven door de grondlegger, grootmeester Imi Sde-Or en zijn leerling en opvolger, Eyal Yanilov. Het boek wordt aangeraden aan zowel de beginner als aan de meer gevorderde beoefenaar of instructeur van KRAV MAGA, die al is ingewijd in deze discipline of in een andere krijgskunst.

De huidige uitgave is het resultaat van een ijverige samenwerking van verscheidene toegewijde mensen (zie dankbetuiging). Ik wil in het bijzonder Darren Levine Chairman, van het KRAV MAGA Centrum in Los Angeles, bedanken voor zijn uitgebreide en zorgvuldige werk als technisch adviseur en professioneel redacteur van de Engelse editie, zonder wie dit boek beslist niet zo duidelijk zou zijn geweest. Ook ben ik persoonlijke dank verschuldigd aan Eyal Yanilov, medeschrijver van dit boek en hoofdinstructeur van de Internationale KRAV MAGA Federatie. Zijn aanhoudende inspanningen en vastberadenheid in de afgelopen tien jaar maakten, samen met zijn kennis van deze kunst, realiteit van wat eerst een droombeeld leek.

Op persoonlijk gebied ben ik veel verschuldigd aan mijn familie en vooral aan mijn vrouw, Pnina. Ik twijfel eraan of ik dit veeleisende project zonder haar aanmoediging en steun had aangekund. Ilana Sde-Or, al jaren Imi's echtgenote en kameraad, is een grote hulp geweest bij het vinden van al lang vergeten foto's van Imi's verleden en bij het optekenen van zijn bekende opmerkingen. Merav Yanilov-Hazan, echtgenote van Eyal, heeft ons erg geholpen met haar bekwaamheid bij de vele juridische aspecten van deze uitgave.

Ten slotte mijn diepe eerbied voor Imi, de schepper van KRAV MAGA, een fantastische docent, een ware vriend en een geweldig mens. We missen hem allemaal.

Zvi D. Morik, uitgever
Tel Aviv, januari 2001

Introductie

De informatie in dit boek bestaat uit oorspronkelijk materiaal uit het begrijpelijke zelfverdedigings- en wapenloos vechtsysteem, bekend in zowel Israël als in de rest van de wereld als KRAV MAGA (Hebreeuws voor contactgevecht). Deze unieke methode werd oorspronkelijk ontwikkeld bij de Israëlische defensiemacht en vertakkingen van veiligheidsdiensten door de grondlegger, grootmeester Imi Sde-Or. Later werd het aangepast aan de behoeften van burgers. Het is belangrijk om te weten dat alle KRAV MAGA technieken zorgvuldig zijn getest in realistische situaties en vervolgens verbeterd en verfijnd.

Dit is het eerste en enige gezaghebbende handboek over KRAV MAGA, geschreven door de grondlegger en zijn leerling. Op een begrijpelijke manier toont het verdedigingstechnieken, voornamelijk gebruikt tegen een gewapende aanvaller die een direct gevaar vormt voor het leven van de verdediger of dat van een derde partij. Deze moderne verdedigingstactieken en -technieken concentreren zich op een aanvaller, gewapend met een scherp, snijdend wapen (zoals een mes of een gebroken fles), een stomp voorwerp (zoals een stok of een ijzeren staaf) of een vuurwapen (zoals een pistool of een geweer). Ook andere gerelateerde onderwerpen worden behandeld: het gebruik van dagelijkse voorwerpen als verdedigingswapen, het afweren van een dreiging met een pistool of handgranaat tegen een derde partij in een gijzelingssituatie, speciale trainingsmethodes zoals die worden gebruikt in KRAV MAGA (inclusief mentale training) en meer.

Hoewel de onderwerpen in dit boek in de eerste plaats aanvallen van een gewapende aanvaller behandelen, gaat het in alle gevallen om mogelijk levensbedreigende situaties. Of men nou wordt geconfronteerd met een agressor, zwaaiend met een groot keukenmes, een breekijzer of zelfs met een pistool, de aard van de aanval vraagt om een effectieve respons. De respons moet zowel lichamelijk als tactisch juist zijn, om ernstige verwondingen of zelfs een mogelijke dood te voorkomen. Daartoe combineert de KRAV MAGA methode mentale, technische, tactische en lichamelijke training om zo de kans te vergroten de controle over de situatie te verkrijgen in de meest gevaarlijke situaties.

KRAV MAGA is een uniek systeem dat internationaal erkend wordt als een innovatieve, effectieve en zeer praktische zelfverdedigings- en vechtmethode. Deze erkenning is vooral afkomstig van vechtkunstexperts en zelfverdedigingsinstructeurs van operationele eenheden over de hele wereld, werkzaam in burgerlijke, orde-handhavende en militaire diensten. Volgens vele professionals, die de KRAV MAGA training hebben gevolgd, zijn de belangrijkste karakteristieken van het systeem als volgt: (1) het systeem bevat simpele, makkelijk te leren technieken die gebaseerd zijn op natuurlijke lichaamsbewegingen en logische verdedigingsprincipes, (2) beoefenaars kunnen een hoog niveau bereiken in een relatief korte tijd, (3) de technieken en tactieken werken zelfs in een ruwe, ongecontroleerde en vijandige omstandigheden, (4) individuen behouden het vermogen om de technieken op hoog niveau te gebruiken zonder dat er steeds geoefend en getraind moet worden.

Deze uitgave bevat een groot deel van het complete KRAV MAGA systeem, inclusief gevorderde technieken. Ons doel is om het bewustzijn van de zelfverdedigingsopties te vergroten wanneer het gaat om de omgang met een **gewapende aanvaller**.

Het besluit om dit onderwerp voor andere, meer fundamentele onderdelen van KRAV MAGA te belichten, is helaas te wijten aan de toename van geweld die zich in grote delen van de wereld manifesteert. Het steeds toenemende gebruik van wapens om onschuldigen te bedreigen was de sturende factor achter onze beslissing om dit boek te schrijven. Het volgende hoofdstuk omvat de beginselen van zelfverdediging en gevechtstechnieken conform de KRAV MAGA discipline, gericht tegen een **ongewapende aanvaller** die goed getraind of bijzonder sterk is en derhalve een serieuze bedreiging kan vormen voor de verdediger.

Op professioneel niveau maken we weinig onderscheid tussen een terroristische actie, gebaseerd op nationalistische idealen (bijvoorbeeld het kapen van een vliegtuig, schip of bus met passagiers) en een situatie die gebaseerd is op criminele grondslag zoals tijdens een bankberoving of ontvoering. In beide gevallen wordt de uitslag van de gewelddadige ontmoeting bepaald door de juiste actie op het juiste moment en de mogelijkheid onder druk te kunnen functioneren (hetgeen bereikt kan worden door KRAV MAGA training). Op deze wijze kan letsel voorkomen of geminimaliseerd worden. Ons doel voor de lezer is zijn of haar bewustwording scherp te houden en de mogelijkheden te ontwikkelen zich te verdedigen tegen een gewelddadige aanval. Het is duidelijk dat door een dergelijke vaardigheid te ontwikkelen wordt bijgedragen aan het zelfvertrouwen en de persoonlijke veiligheid, hetgeen gewoonlijk resulteert in een hogere levenskwaliteit.

Hoewel KRAV MAGA oorspronkelijk werd ontwikkeld voor het Israëlische leger, is deze vorm van zelfverdediging aangepast om ook te voldoen aan de behoeften van de burger. De grondlegger wijdde zijn leven aan het creëren van een systeem dat **iedereen, jong en oud, man en vrouw**, kan gebruiken om zichzelf of hun metgezellen te verdedigen als ze worden geconfronteerd met een gewelddadige aanval. Dit systeem werd zorgvuldig ontwikkeld zodat de effectiviteit ervan niet afhankelijk is van fysieke kracht. Deze eenvoudig toe te passen, natuurlijke technieken, gecombineerd met logisch gestructureerde verdedigingstactieken, vormen een zelfverdedigingssysteem dat wordt gekenschetst door eenvoud; dit is feitelijk het grote geheim achter de effectiviteit van KRAV MAGA.

Behalve de technische omschrijvingen in dit boek, die diverse soorten gewapende aanvallen behandelen, worden ook belangrijke trainingsmethodes besproken om de vaardigheden van de leerling te ontwikkelen. Tevens worden diverse theoretische onderwerpen om de trainingsmethodes, -technieken en -tactieken te ondersteunen. Deze onderwerpen zijn gericht op het verbeteren van het vermogen onder druk te functioneren en de tijd om gevaar te herkennen en te minimaliseren, en daar juist op te reageren.

De auteur verwijst naar *hoofdstuk 14: veiligheid in training*, hetgeen geheel gewijd is aan dit belangrijke onderwerp **en grondig moet worden bestudeerd voordat wordt overgegaan tot de fysieke activiteiten die in dit boek worden vermeld**.

Aan het slot van het boek presenteren wij achtergrondinformatie inzake de geschiedenis van KRAV MAGA en zijn grondlegger, de ontwikkeling door de jaren heen en een hoofdstuk over de auteurs.

Dit wordt gevolgd door bijlagen met informatie over de redacteur en uitgever van dit boek alsmede een register met vaak voorkomende begrippen.

De auteurs bedanken alle medewerkers die hebben bijgedragen aan de voorbereiding en uitgave van dit boek, in het bijzonder de heer Darren Levine vanuit Los Angeles, Californië. De heer Livine droeg als technisch adviseur en professioneel redacteur veel van zijn kennis en ervaring in KRAV MAGA training bij alsmede zijn gedegen kennis van de Engelse taal. Zijn welwillende inbreng heeft bijgedragen tot een goede leesbaarheid van de tekst.

De auteurs en uitgever zijn dank verschuldigd aan de KRAV MAGA Association of America Inc. vanwege de uitgebreide steun bij de totstandkoming van deze uitgave en voorts alle getalenteerde en toegewijde individuen die deelnamen aan dit veeleisende project.

Wij hopen dat u, de lezer, nooit in een situatie terecht zal komen waarbij het gebruik van de in dit boek beschreven zelfverdedigingstechnieken noodzakelijk is. Indien u onverhoopt toch een dergelijke situatie meemaakt, hopen wij dat u zonder twijfel en met zelfvertrouwen deze technieken kunt toepassen.

Imi Sde-Or en Eyal Yanilov
Netanya, Israël

Voorwoord Nederlandse editie

Ik ben bijzonder vereerd om het voorwoord te mogen schrijven voor dit unieke boek KRAV MAGA – Zelfverdedigingstechniek bij een gewapende aanval.
Zvi Morik (Dekel Publishing House) mijn persoonlijke vriend, tevens de uitgever van de originele Engelstalige versie van dit boek dat verscheen in 2001, vroeg mij of ik als de technisch redacteur aan de Nederlandse versie wilde werken. Als KRAV MAGA instructeur en KRAV MAGA pionier in Nederland heb ik met plezier en genoegen deze taak voor mijn rekening genomen.

Wij leven in onzekere en gevaarlijke tijden. Na de aanslag op de Verenigde Staten van 11 september 2001, zijn onze wereld en onze perceptie van geweld en terreur definitief veranderd. Ook in de Nederlandse samenleving is men zich onveiliger gaan voelen, ook al door de toeneming van zinloos geweld.

Hier voor u ligt een uniek boek, een handboek voor het omgaan met en het beheersen van gewapend geweld. Het is zeer belangrijk om te zeggen dat alleen het lezen van dit boek geen KRAV MAGA expert van u zal maken. Een boek is geen vervanging voor de fysieke training. Maar dit boek kan wel een motivatie opleveren om uw persoonlijke veiligheid serieus te nemen en te gaan zoeken naar een KRAV MAGA school.

KRAV MAGA is een uiterst effectief zelfbeschermingssysteem dat door de politie, het leger en uiteraard door 'de gewone burger' geleerd en gebruikt kan worden, ongeacht lichamelijke conditie of leeftijd van de beoefenaar.

Tot voor kort een geheim zelfverdedigingssysteem, slechts bekend bij de veiligheidsagenten van drie Israëlische inlichtingendiensten (Mossad, Shabak en Aman) en leden van elite-eenheden binnen het Israëlische leger (Sayeret Mat'kal, Yamam en Shayetet Flotila 13), is KRAV MAGA nu wereldwijd, ook in Nederland en België, toegankelijk voor iedereen.

KRAV MAGA technieken zijn effectief, eenvoudig en gemakkelijk te leren en kunnen onder extreme stress-situaties worden toegepast door mannen, vrouwen, kinderen en ouderen. KRAV MAGA is de methode waarbij iedereen die zijn persoonlijke veiligheidsgevoel wil versterken baat heeft. Niet langer bang zijn op straat en in staat zijn om allerlei onveilige situaties het hoofd te bieden.

Branimir Tudjan
KRAV MAGA Leiden

e-mail: kmbrani@wanadoo.nl

Oegstgeest, februari 2002

Wat is KRAV MAGA?

KRAV MAGA, Hebreeuws voor contactgevecht, is het officiële zelfverdedigingssysteem van de IDF, de Israëlische nationale politie en andere veiligheidsdiensten. KRAV MAGA wordt ook uitgebreid onderwezen op openbare scholen en overige onderwijsinstellingen die aangesloten zijn bij het Israëlische ministerie van Onderwijs.

KRAV MAGA werd ontwikkeld door wijlen Imi Sde-Or (Lichtenfeld) tijdens zijn opmerkelijke militaire carrière als hoofdinstructeur van man-tot-mangevechten bij de IDF. Tijdens zijn dienst schreef Imi het officiële legerhandboek voor man-tot-mangevechten. In 1964 verliet hij de militaire dienst maar bleef hij de instructie van KRAV MAGA, zowel bij het leger als bij veiligheidsdiensten, begeleiden en spande zich bovendien in om KRAV MAGA te verbeteren, te verfijnen en toe te spitsen op de behoefte van burgers.

KRAV MAGA is een moderne, praktische en beproefde wijze van zelfverdediging, zorgvuldig toegesneden op de huidige agressie in de wereld. Het wordt gekenschetst door een logische benadering van zelfverdediging en gevechtssituaties waarbij men, na een korte periode van instructie, een relatief hoog peil kan bereiken. KRAV MAGA werd zorgvuldig ontwikkeld voor een breed publiek en is derhalve te gebruiken door het leger, veiligheidsdiensten en burgers. Het systeem is vaak geprezen door ervaren vechters, vechtsporters, militairen en politieagenten maar, in beginsel, spreekt KRAV MAGA ook beginners aan vanwege de eenvoudige en realistische benadering ten aanzien van persoonlijke veiligheid. Feitelijk is KRAV MAGA de ideale zelfverdedigingsmethode voor mannen, vrouwen, jongeren, ouderen en lichamelijk zwakkeren.

Bij het beschouwen van de KRAV MAGA discipline ontdekken wij twee integrale en onderling verbonden componenten: **zelfverdediging en gevechtstraining**.

Wat is zelfverdediging?

Na een dag gewerkt te hebben loopt u over het parkeerterrein naar uw auto toe. Plotseling wordt u, bij het openen van uw portier, vanachteren door iemand aangevallen die u een mes op de keel zet. U reageert snel en op agressieve wijze waarbij u uzelf verdedigt, het wapen afweert en de aanvaller uitschakelt. Dit is KRAV MAGA zelfverdediging.

Zelfverdediging is de basis van het KRAV MAGA systeem. De diverse technieken zijn ontwikkeld opdat diegenen die KRAV MAGA ter zelfverdediging beoefenen ook anderen kunnen beschermen tegen agressieve en gewelddadige aanvallen maar ook om letsel te voorkomen en aanvallers uit te schakelen.

De KRAV MAGA zelfverdedigingstechnieken omvatten verdediging tegen een groot aantal ongewapende doch gevaarlijke aanvallen zoals slaan, schoppen, wurggrepen en andere houdgrepen. Ze zijn ook in te zetten bij scenario's met een hoger risico of levensbedreigende situaties waarbij de aanvaller een wapen draagt zoals bijvoorbeeld een stok, mes, pistool of zelfs een handgranaat.

In de beginfase van de ontwikkeling stond grootmeester Imi Sde-Or, stichter van KRAV MAGA, voor de opgave om op snelle en efficiënte wijze een grote verscheidenheid aan Israëlische soldaten op te leiden, variërend van uiterst goed getrainde twintigers tot minder fitte reservisten van rond de veertig. Hij ontwikkelde derhalve een systeem dat vertrouwde op eenvoudige instinctieve bewegingen in plaats van starre technieken die jarenlange oefening vereisen. Als gevolg hiervan kunnen de zelfverdedigingstechnieken van KRAV MAGA op effectieve wijze worden toegepast door mannen en vrouwen van alle leeftijden, ongeacht hun fysieke kracht en aanleg.

De verdedigingstechnieken en basisregels van KRAV MAGA zijn opgebouwd uit eenvoudige en natuurlijke bewegingen die hoogst effectief zijn en eenvoudig te leren. Leerlingen worden deze principes en technieken aan de hand van diverse situaties bijgebracht; in een donkere omgeving, zittend, liggend of onder andere omstandigheden waarbinnen zij zich dienen te verdedigen en waarbij hun bewegingsvrijheid ernstig wordt beperkt.

Wat is een man-tot-mangevecht?

Iemand komt op u af. Hij duwt u met beide handen achteruit. Totdat de volgende handeling wordt verricht, heeft u geen van beiden een voordeel. Een verscheidenheid aan aanvallen, waaronder schoppen, slaan en ontwijktechnieken, alsmede lichaamsbewegingen staan te gebeuren. U bent nu betrokken bij een bedreigende confrontatie. Een man-tot-mangevecht omvat een meer uitgebreide fase van KRAV MAGA waarbij leerlingen bijgebracht wordt de aanvaller snel en effectief uit te schakelen. Dit onderdeel van het systeem omvat de elementen die gerelateerd zijn aan het feitelijke sturen van het gevecht: aanvallen, verdediging, timing, (schijn)bewegingen, tactiek, inzicht en ook enkele belangrijke psychische handelswijzen die horen bij het afweren van een gewelddadige aanval.

Opmerking: Zelfs een uitgesproken zelfverdedigingshandeling waarbij u met een specifieke techniek reageert op een bepaalde aanvalswijze, kan zich eenvoudig ontwikkelen tot een handgemeen. Als de aanvaller na uw verdediging en tegenaanval nog niet verslagen is en blijft aanvallen, heeft u te maken met een man-tot-mangevecht.

De ontwikkeling van KRAV MAGA

Wanneer we de motieven achter de ontwikkeling van de KRAV MAGA discipline trachten te doorgronden, vinden we veel raakvlakken met de achtergrond van de stichter (zie *hoofdstuk 15: over de auteurs*). Imi Sde-Or genoot tijdens zijn jeugd, in de jaren dertig, in

Tsjecho-Slowakije grote bekendheid als kampioen van diverse sporten, voornamelijk worstelen en boxen.

Ook werd hij beïnvloed door zijn vader die hoofdrechercheur en zelfverdedigingsinstructeur was bij de politie en Imi diverse (vecht)sporten bijbracht, maar ook de harde straatgevechten in Bratislava droegen hun steentje bij. In deze stad, waar Imi opgroeide, moest hij het opnemen tegen de bendes van de nazi-jeugd. In situaties of voorvallen die zowel gewelddadig als gevaarlijk waren, hanteerde Imi altijd zijn natuurlijke gave een ingenieuze, technische oplossing te vinden die altijd eenvoudig doch hoogst effectief bleek.

KRAV MAGA is opgebouwd uit meerdere lichamelijke technieken, hoewel de beoefenaar ook voorzien moet zijn van een bepaalde geestelijke discipline om zijn (of haar) vechtlust te ondersteunen. Er worden speciale trainingsmethodes gebruikt om de echtheid van een aanval zo goed mogelijk na te bootsen waardoor u voorbereid wordt op de gewelddadigheid en realiteit als u echt moet strijden voor uw leven. Deze trainingsmethodes werden in Israël gehanteerd door elitetroepen en hebben zichzelf bewezen in talloze praktijksituaties.

De aard van de KRAV MAGA technieken is uitstekend toepasbaar op realistische situaties. Het systeem bereidt ons voor om te gaan met de steeds gewelddadiger wereld en laat de beoefenaar levens beschermen en redden. Het kwam voort uit een omgeving waar geweld, doorgaans met een politieke achtergrond, helaas al te vaak voorkwam. Als gevolg hiervan is KRAV MAGA 's werelds meest beproefde systeem van zelfverdediging. Het is gedurende meerdere jaren beproefd, gecontroleerd en verbeterd.

Recentelijk is KRAV MAGA ook onderwezen aan burgers en veiligheidsdiensten van vele andere landen. Het heeft bijzonder snel internationale erkenning verkregen uit professionele hoek en vechtsportorganisaties en wordt gezien als een uiterst effectieve en praktische school van zelfverdediging die de visie van grootmeester Imi Sde-Or volgt: ***... dat men in vrede kan lopen.***

De basisprincipes van KRAV MAGA

De basisprincipes van KRAV MAGA zoals omschreven door de stichter, Imi Sde-Or, luiden:

- **Voorkom letsel**: inhoudende dat een goede vaardigheid van zelfverdediging dient te worden bereikt, hoewel u, als u toch gewond raakt, dient te weten hoe u de aanval moet verwerken (schoppen, slaan, enz.) en de juiste actie onderneemt, toegesneden op de nieuw ontstane situatie.

- **Wees bescheiden**: schep niet op over uw vaardigheden en ga conflicten uit de weg. Stap over uw trots heen en beheers uw geestelijke toestand zodat deze u niet in de steek zal laten tijdens een aanval. Wees bereid kritiek en aanwijzingen van anderen aan te nemen.

- **Handel op de juiste manier**: doe de juiste dingen op de juiste plek op het juiste moment. Uw lichamelijke en geestelijke toestand bepalen uw handelwijze tijdens een aanval. Maak gebruik van uw vaardigheden en van de elementen en omstandigheden die zich voordoen om effectief met de situatie om te gaan.

- **Wees effectief zodat u niet hoeft te doden**: de getrainde Krav Maga beoefenaar hoeft geen onnodig letsel toe te brengen aan zijn (of haar) aanvaller en is in staat de aanval op korte en effectieve wijze af te wenden. Toon begrip voor uw aanvaller, zelfs tijdens een gevaarlijke aanval. Daarentegen dient u het oude gezegde in acht te nemen: ***als iemand u wenst te doden, doodt u hem eerst***, hetgeen refereert aan specifieke situaties waarin u geen keuze heeft omdat het 'hij of jij' is.

Het is ook van het grootste belang om de ernst van een mogelijke aanval in te schatten. Dit is bijzonder belangrijk voor jongere mensen die vaak zelfbeheersing en het weglopen van geweld moet worden bijgebracht maar die tevens de mogelijkheden in zich dragen om zichzelf op effectieve wijze te verdedigen. Deze aanpak betekent: probeer in eerste instantie de confrontatie uit de weg te gaan, maar als u wordt aangevallen **reageert u met gepaste mate van geweld**, voldoende om de dreiging weg te nemen en uzelf uit de gevarenzone te verwijderen.

De grondbeginselen van Krav Maga technieken

- **Voorkom letsel!** Schat alle risico's van een specifieke actie goed in en voorkom, waar mogelijk, alle gevaarlijke situaties. Het uitgangspunt voor uw acties dient zelfverdediging te zijn; **Krav Maga benadrukt het gebruik van defensieve technieken.**
- De Krav Maga technieken werden ontwikkeld als verlengstuk van **natuurlijke reflexen van het lichaam.** Deze natuurlijke bewegingen werden vervolgens verfijnd, gepolijst en aangewend om de verdediger behulpzaam te zijn.
- Verdedig en zet de tegenaanval in op de **snelste en meest directe manier**, ongeacht het uitgangspunt, waarbij u rekening houdt met de veiligheid van uw actie.
- **Reageer op de juiste wijze, afhankelijk van de omstandigheden**, waarbij u zorgvuldig uw reactie en de kracht van de tegenaanval inschat om onnodig letsel te voorkomen.
- **Sla toe op elk kwetsbaar lichaamsdeel** om overmacht op de aanvaller te verkrijgen.
- **Gebruik alle voor handen zijnde voorwerpen** om u te verdedigen en de tegenaanval in te zetten.
- **Bij Krav Maga zijn er geen regels** of technische beperkingen (alles is toegestaan).
- Het onderliggende **trainingsprincipe**: het doorgroeien naar een gedegen vaardigheid (waaronder geestelijke training) en gebruikmaking van een scherpe, gedefinieerde techniek als geïmproviseerd antwoord op de dynamiek van de situatie.

Verdediging tegen een aanval met een mes

HOOFDSTUK 1

Verdediging tegen een aanval met een mes

Binnen het KRAV MAGA systeem werden effectieve verdedigingsmethodes ontwikkeld om een aanvaller met een scherp voorwerp te pareren. Dit hoofdstuk beslaat niet het gehele onderwerp aanvallen met een mes; er worden defensieve methodes, tactieken en technieken besproken die ingezet kunnen worden tegen de meest voorkomende aanvallen met een mes. Tot de scenario's behoren verdedigingen op korte, middellange en lange afstanden vanuit diverse hoeken alsmede het ontwapenen en uitschakelen van de tegenstander.

Dit hoofdstuk behandelt het afweren van een aanvaller die met een mes bewapend is, **vanuit het oogpunt van zelfverdediging**. Dat wil zeggen dat u zich **verdedigt** tegen een aanval met een mes en niet **actief deelneemt** aan een gewelddadige confrontatie.

KRAV MAGA legt de nadruk op defensieve technieken tegen een aanvaller met een mes en andere scherpe voorwerpen zoals gebroken flessen, scheermessen, scharen, enz. Het is belangrijk de diverse manieren waarop het mes wordt vastgehouden alsmede de manier waarop wordt aangevallen te demonstreren en te verklaren. Dit stelt u in staat te herkennen op welke manier u wordt aangevallen. Pas dan kunt u op de meest effectieve manier tot de verdediging overgaan.

Basisregels voor de verdediging tegen een aanval met een mes

- Indien mogelijk, dient een dergelijke confrontatie te worden voorkomen. Soms is weglopen de beste manier om dit te bereiken, in het bijzonder als u in staat bent zich snel uit de voeten te maken.

- Op het moment dat u merkt dat u door een aanvaller wordt benaderd, kan hij zich op **verschillende afstanden** bevinden. We maken het onderscheid tussen vier afstanden.
  De eerste: **zeer korte afstand**, waarbij u zich niet kunt verdedigen, tenzij het lot u gunstig gezind is.
  De tweede: **korte afstand**, waarbij een verdediging met de hand kan worden gebruikt. Op deze afstand kunt u uzelf op effectieve wijze verdedigen.
  De derde: **middellange afstand**, waarbij het afweren met de hand in combinatie met een geschikte beweging van het lichaam kan worden ingezet om de effectiviteit van de verdediging en de tegenaanval te verhogen en ook de aanvaller in een vroeg stadium overrompeld kan worden.
  De vierde: **lange afstand**, waarbij u de aanvaller kunt onderscheppen met een trap en hem op relatief grote afstand kunt uitschakelen voordat hij tot de aanval kan overgaan.

- Bij de verdediging tegen een met een mes bewapende aanvaller is het, wanneer mogelijk, **belangrijk om afstand te houden**. Dit maakt het voor de aanvaller noodzakelijk een grotere afstand te overbruggen wil hij zijn doel bereiken, hetgeen u weer in staat stelt de noodzakelijke maatregelen te nemen om u te verdedigen. Gedurende dit tijdsbestek is het soms zelfs mogelijk een nabijgelegen voorwerp op te rapen en deze in uw voordeel te gebruiken. Dergelijke voorwerpen kunnen een stoel of een stok zijn waarmee u zich kunt verdedigen of zelfs de aanvaller uitschakelen. Ook kunt u besluiten een steen te gooien (zie *hoofdstuk 7: Alledaagse voorwerpen als verdedigingswapen*).

- Als u over voldoende tijd beschikt **dient u te kijken hoe de aanvaller het mes vasthoudt**; dit kan een indicatie zijn voor het soort aanval dat hij wil plegen, waarop u uw verdedigingstechniek kunt aanpassen.

- We dienen te onthouden dat **het been sterker is en verder reikt dan de arm**. Het heeft derhalve in de meeste gevallen de voorkeur uzelf met schoppen te verdedigen en op de juiste afstand te staan om ze uit te kunnen delen. Deze afstand dient tevens als veiligheidsmarge, die u in staat stelt als eerste aan te vallen, voordat de aanvaller een dusdanig korte afstand tot u heeft om u letsel toe te brengen.

- Wanneer u een aanval met een mes met de hand afweert, **dient de tegenaanval heel snel** te worden ingezet. Het wordt ten zeerste aanbevolen om **de hand waarmee het mes wordt vastgehouden** vast te pakken om te voorkomen dat de aanvaller hem kan gebruiken. De doorsnee messentrekker is gewoonlijk 'geprogrammeerd' om niet één keer, maar **meerdere keren** te steken! De verdediging en gelijktijdige tegenaanval hebben tot doel de confrontatie binnen de kortst mogelijke tijd te neutraliseren, zodat de aanvaller niet in staat is meerdere malen te steken.

  De kracht en de snelheid waarmee de tegenaanval wordt ingezet beperkt de mogelijkheden van de aanvaller meerdere steken toe te brengen. Dit vindt plaats op twee fronten: de eerste is van zuiver lichamelijke aard en de tweede is het effect op de aaneenschakeling van voorvallen die in beweging worden gezet vanaf het moment dat de aanvaller bewust besluit aan te vallen. Vervolgens zijn er de psychisch-neurologische gevolgen die voortvloeien uit de poging deze aanvallen door te zetten.
  Voor wat betreft het lichamelijke aspect: een krachtige tegenaanval kan deze geheel neutraliseren, dus ook een tweede en mogelijk volgende steekbeweging. Zelfs als een tweede steek dreigt te worden toegebracht, zal een stevige klap op de keel of kin van de aanvaller zijn kracht, armsnelheid en balans beïnvloeden.
  Voor wat betreft het psychisch-neurologisch aspect: een krachtige tegenaanval heeft tot gevolg dat de balans van de aanvaller wordt verstoord en hij belemmerd wordt in het kunnen uitvoeren van een tweede steekbeweging. Feitelijk kan de bij de tegenaanval toegebrachte klap tegen het hoofd de hersenfunctie van de aanvaller beïnvloeden en een volgende aanval blokkeren: de hersensignalen die voor een volgende aanval noodzakelijk zijn, worden 'onderbroken'.

- **Gepaste ontwijking van het lichaam** dient verweven te zijn met de defensieve technieken die worden gebruikt om de aanval af te weren. Deze vormen een aanvullende veiligheidsfactor voor het geval dat de verdediging met de hand niet geheel slaagde en zal eveneens de kans op letsel bij een tweede aanval minimaliseren.

- Een messteek (of een andere aanval) is krachtiger en gevaarlijker als de stekende arm een grotere afstand aflegt en daarmee aan snelheid en kracht wint. Derhalve dienen we de verdediging in te zetten en de aanval af te weren **voordat** de hand waarmee het mes wordt vastgehouden de tijd heeft gekregen volle snelheid te bereiken. Dat wil zeggen: als deze hand zich nog dicht bij het lichaam van de aanvaller bevindt.

- Hoewel KRAV MAGA duidelijk de voorkeur geeft aan **een combinatie van verdediging en tegenaanval**, kunnen zich omstandigheden voordoen waarbij dit moeilijk te verwezenlijken is. Bijvoorbeeld als de aanval zich plotseling en onverwacht voordoet. Onder deze omstandigheden zult u soms alleen bij machte zijn de verdediging in te zetten. Het is derhalve bijzonder belangrijk dat u direct daarna weer geheel tot uzelf komt en **bij de eerste gelegenheid op krachtige wijze de tegenaanval inzet** en de hand waarmee het mes wordt vastgehouden neutraliseert. **Onthoud:** zelfs als de verdediging de aanvankelijke aanval afweert, is het meestal de tegenaanval die levens redt en voorkomt dat de aanvaller zijn (of haar) doel bereikt.

- Bij het gebruik van handmatige verdedigingstechnieken dient u zich, indien mogelijk, **in de richting van de aanvaller te bewegen**. Dit geeft u de mogellijkheid om de tegenaanval in te zetten vanaf de juiste afstand, hetgeen u in staat stelt de aanvaller te overmeesteren en te voorkomen dat hij zijn houding aanpast om tot een volgende aanval over te gaan.

- Als u de aanval met een mes pas op het laatste moment ziet aankomen, kan **een snelle sprong in de goede richting**, met of zonder verdediging met de handen, u buiten het bereik van de aanvaller brengen.

- **Het incident is voorbij** wanneer u erin slaagt uzelf buiten de gevarenzone te begeven of wanneer de aanvaller niet langer in staat is of niet langer van zins is de aanval voort te zetten (omdat hij het opgeeft, buiten bewustzijn is, vlucht, enz.). Wanneer u ter plaatste blijft, dient u uw tegenstander te ontwapenen of zijn mes te pakken of weg te schoppen zodat deze niet nogmaals door de aanvaller of door derden gebruikt kan worden.

- **U zult waarschijnlijk door een aanval worden overrompeld**. Een met een mes of ander scherp voorwerp gewapende aanvaller, zal dit wapen doorgaans verbergen. In de praktijk melden slachtoffers die een gewelddadige confrontatie met een mesdragende aanvaller hebben overleefd, dat zij er geen idee van hadden dat de tegenstander gewapend was totdat letsel was aangebracht. Gewoonlijk zeggen deze overlevenden van aanvallen met een mes dat zij ervan overtuigd waren in een handgemeen verzeild te zijn geraakt. Pas later, nadat letsel was aangebracht, realiseerden zij zich dat de aanvaller een scherp voorwerp bij zich droeg.

Eenvoudig gezegd, is het niet altijd zo dat aan het begin van een aanval een mes wordt gesignaleerd. Als eerste dient men te leren aandacht te schenken aan de handen van de aanvaller: kijk of hij gewapend is. Ten tweede, bij het bepalen van de ideale houding tegenover een aanvaller met een mes, dienen we te beoordelen wanneer we ons bewust werden van de aanwezigheid van een scherp voorwerp.

- **De ideale houding**
  Als u vanaf het begin opmerkt dat de aanvaller een mes draagt, **dient u een neutrale dan wel een passieve houding** aan te nemen. Ga vanuit deze houding over op een defensieve techniek. U dient er rekening mee te houden dat, ook al neemt u een passieve houding aan, dit de aanvaller mogelijk kan uitdagen om op een rechtstreekse manier aan te vallen, zonder schijnbewegingen of andere tactieken te gebruiken, hetgeen de verdediging alleen maar zou bemoeilijken.

  Als u het mes daarentegen pas bemerkt als u de strijd bent aangegaan, dient u niet over te gaan op een passieve of neutrale houding. Uw houding dient aanvankelijk de aanval 'uit te nodigen' zodat u een gepaste verdedigende houding kunt aannemen, waarbij uw armen, handen en vingers dichter naar het lichaam gebracht worden om letstel hieraan te voorkomen.

Trainingstips

- Bij het trainen met een partner kan een zacht voorwerp (bijvoorbeeld een rubberen mes) bij de oefeningen worden gebruikt, totdat de leerling voldoende vaardigheid heeft opgebouwd om zichzelf te verdedigen tegen een aanval die met grote snelheid en veel kracht wordt uitgevoerd. Pas daarna kan hij overgaan op trainingssessies met een harder voorwerp, bijvoorbeeld een houten mes. **Een scherp mes mag uitsluitend bij de training worden gebruikt als men gevorderd is en zelfs dan dienen alle veiligheidsvoorschriften in acht te worden genomen**. De leerling, in de lerende fase, dient vertrouwd te raken met het gevoel zichzelf te verdedigen tegen een aanval met een echt mes.

- Het wordt aanbevolen dat tijdens de eerste trainingen de partner die de rol van de aanvaller speelt **onderarmbescherming draagt**. Dit stelt hem in staat met de gewenste snelheid en kracht aan te vallen zonder letsel op te lopen door de verdedigingstechnieken die op zijn onderarm worden losgelaten.

Een waargebeurd verhaal

Een leerling-bokser uit Finland onderging Krav Maga basistraining tegen aanvallers die met een mes waren bewapend. Kort daarna werd hij in een nachtclub aangevallen waarbij de aanvaller hem in de nek trachtte te steken. De leerling hanteerde de defensieve technieken die hij had geleerd en ging gelijktijdig over tot de tegenaanval via een klap op de kin. De aanvaller viel en verloor het bewustzijn.

Het vasthouden van het mes

Bovenhandse greep

Het jachtmes heeft een asymmetrisch lemmet, gewoonlijk met één snijrand. Bij dit type mes zal de punt van het lemmet, zoals afgebeeld, naar beneden wijzen.

De steek: De messteek wordt verticaal, van boven naar beneden, of diagonaal naar binnen toe, uitgevoerd (voor veel voorkomende steektechnieken: zie 'verdedigingsmethodes' – pag. 12-17).

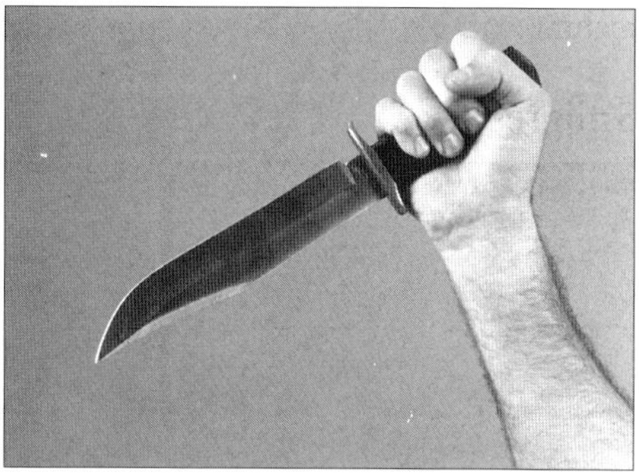

Bovenhandse greep.

Oriëntaalse greep

Bij het gebruik van een jachtmes zoals hierboven getoond, zal de punt naar boven wijzen.

De steek: Verticaal omhoog of diagonaal naar binnen (voor veel voorkomende steektechnieken: zie 'verdedigingsmethodes' – pag. 12-17).

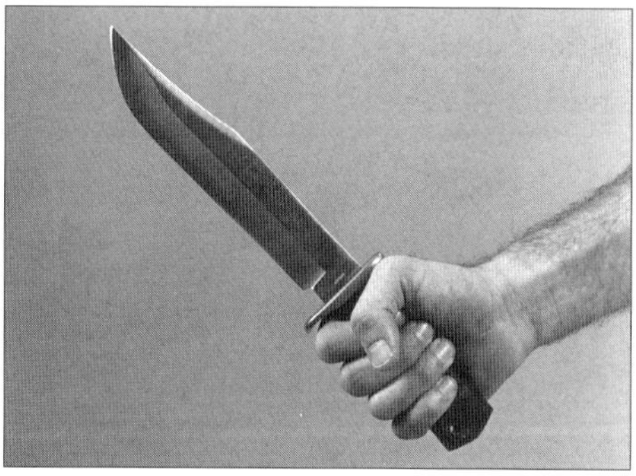

Oriëntaalse greep.

Rechte greep

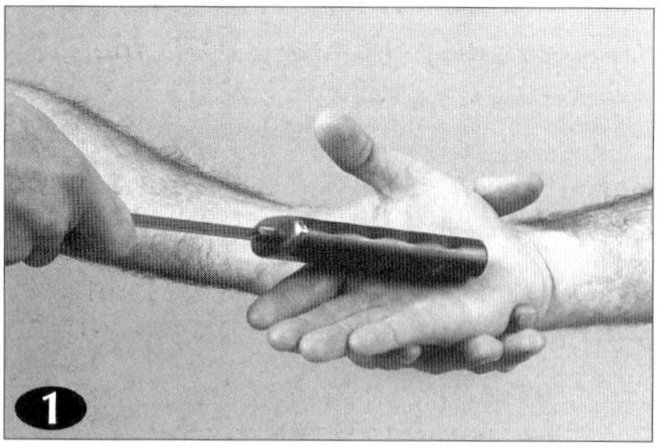

De hoek van het mes in de handpalm.

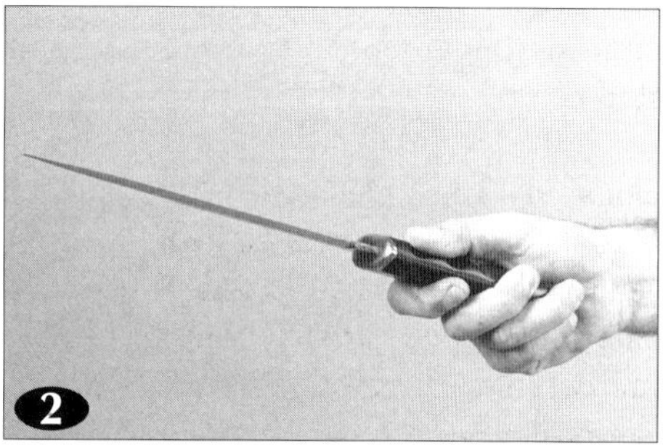

Rechte greep.

De greep: Het mes wordt diagonaal in de handpalm vastgepakt. Om het lemmet tijdens de steekbeweging horizontaal te kunnen houden dient deze onder een hoek van circa 45° in de handpalm te liggen. Om te voorkomen dat het mes tijdens de steekbeweging achteruit glijdt, dient het uiteinde van het heft te steunen tegen de achterkant van de handpalm, waarbij de duim het midden van het heft afklemt. Op deze manier kan een sterke en rechte steekbeweging worden gemaakt.

De steek: gebeurt met een rechte beweging, vergelijkbaar met een stomp; de voet aan de kant van de stekende hand staat meestal naar voren (voor veel voorkomende steektechnieken: zie 'verdedigingsmethodes' – pag. 12-17).

Snijgreep

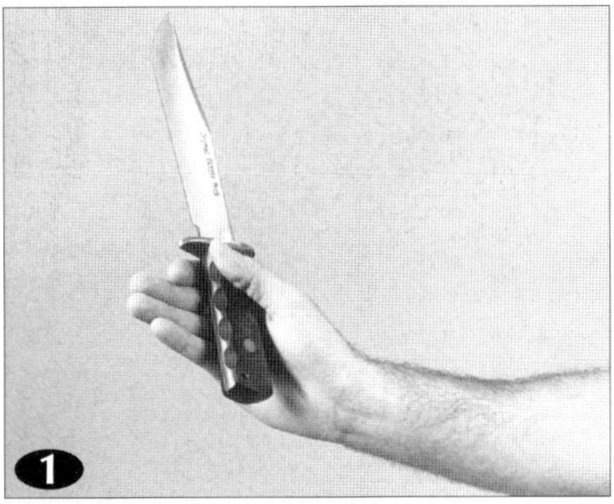

Greep van het mes voor de snijbeweging.

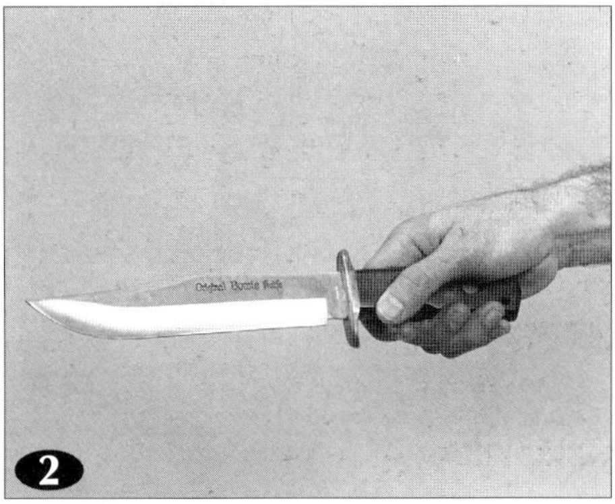

Bij het horizontaal snijden (bovenaanzicht).

De greep: de hoek van het mes en de positie van het lemmet ten opzichte van de handpalm zijn vergelijkbaar met die van de **rechte steek**, maar in dit geval is het mogelijk het heft in de handpalm te bewegen. Als dit het geval is, bevindt de spil zich tussen duim en wijsvinger en steunt het heft niet tegen de achterkant van de handpalm. De duim bevindt zich aan de zijkant van het heft, waarbij het onderste gedeelte van de duim het mes in de handpalm drukt.

De steek: wordt uitgevoerd door de hand zijwaarts te bewegen, horizontaal of diagonaal. Bij het snijden van buiten naar binnen klemmen de vingers het heft van het mes in de handpalm waardoor de snelheid van het mes en de kracht van de beweging worden versterkt.

Een snijbeweging naar buiten toe, kan op twee manier plaatsvinden, afhankelijk of het mes één of twee snijranden heeft. Indien het mes één snijrand heeft (zoals bijvoorbeeld een jachtmes) dient de onderarm gedraaid te worden zodat de snijrand en de handpalm naar buiten wijzen in de richting van de snijbeweging. Wanneer het mes is voorzien van twee snijranden hoeft er niet gedraaid te worden; de rug van de hand wijzigt niet van positie. Een andere overweging om het mes te draaien (zodat de handpalm in de richting van het doel wijst) is het feit dat het mes bij het contact vaster in de hand ligt.

Opmerking: het is ook mogelijk op andere manieren een snijdende aanval uit te voeren.

Verdediging tegen neerwaartse steek: Mes in bovenhandse greep

Plotselinge steek vanaf de voorzijde – bovenhandse greep

De aanvaller staat op korte afstand voor u en steekt plotseling met een neerwaartse beweging. Meestal loopt hij op u toe. Greep van het mes voor de snijbeweging.

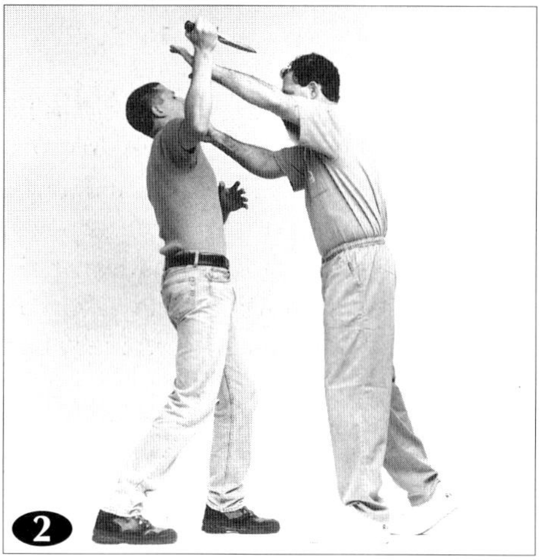

Verdedig met de onderarm, laat uw schouder met deze beweging meegaan en zet gelijktijdig de tegenaanval in met een stomp tegen de kin of nek (onder minder verrassende omstandigheden is het aanbevolen een stap voorwaarts te nemen).

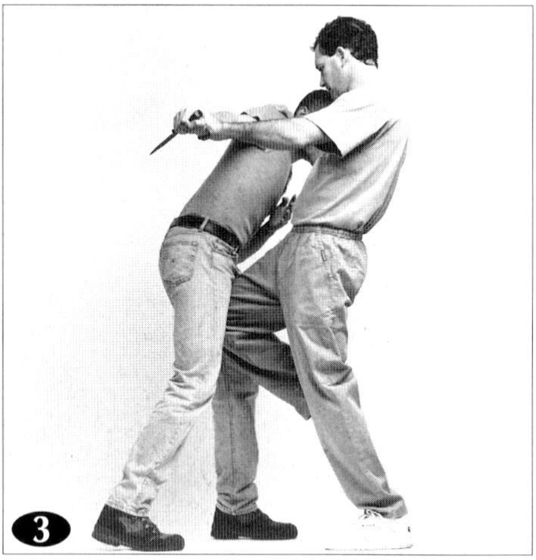

Met uw verdedigende arm drukt u de hand die het mes vasthoudt met de handpalm weg en houdt deze onder controle, hetgeen de aanvaller zal verhinderen nogmaals te steken. Zo gauw u kunt, stapt u voorwaarts, grijpt u de schouder of het hemd van de aanvaller en geeft u hem een kniestoot in het kruis.

Foto 2, vanachteren gezien.

Het hardste gedeelte van de onderarm, halverwege elleboog en pink, houdt de onderarm van de aanvaller in bedwang. De verdedigende onderarm raakt de pols van de stekende hand. Als u de aanval tijdig goed kunt inschatten, kunt u de tegenaanval **gelijktijdig met de verdediging uitvoeren**. Als het moment en de afstand het toestaan, verdedigt u zichzelf en zet u de tegenaanval in terwijl u voorwaarts stapt. Onder omstandigheden waarbij u verrast wordt, is het aan te bevelen eerst te verdedigen en direct daarna de tegenaanval in te zetten.

Terwijl u zich met de hand verdedigt, is het aan te bevelen om tijdens de tegenaanval op een agressieve manier naar voren te stappen, in voorwaartse richting en iets naar beneden druk uit te oefenen met uw onderarm om te voorkomen dat het mes nogmaals kan worden gebruikt. Het is van het grootste belang **de aanvallende onderarm** vast te grijpen om te voorkomen dat de aanvaller zijn hand terug kan trekken en nogmaals tot de aanval kan overgaan. Dit bereikt u door de onderarm van de aanvaller weg te duwen en met de hand vast te pakken of door uw handpalm achter zijn onderarm te klemmen. Dit maakt het hem moeilijk het mes nogmaals te gebruiken en gewoonlijk is er niet meer nodig om een **tweede steek** te voorkomen, omdat u inmiddels de tegenaanval heeft ingezet. Aan het eind van dit stadium behoort u de onderarm van de aanvaller stevig vast te hebben gepakt. Beëindig het incident door de aanvaller te ontwapenen of u zo snel mogelijk uit de gevarenzone te verwijderen.

Variatie: *Een belangrijke variant op deze techniek is de verdediging met de hand en de tegenaanval uit te voeren zonder de onderarm van de aanvaller te pakken; trap de belager in het kruis waarna u* ***rustig weggaat****.*

Plotselinge steek vanaf de zijkant – neerwaartse steek

De aanvaller is bijna binnen steekafstand en bevindt zich naast u. Hier wordt een steek met de rechterhand getoond waarbij de aanvaller links van u staat.

De aanvaller komt op u af en tracht u te steken. U weert de stekende beweging af met de onderarm (terwijl u de verdediging inzet, dient u uw hoofd iets tussen de schouders in te trekken).

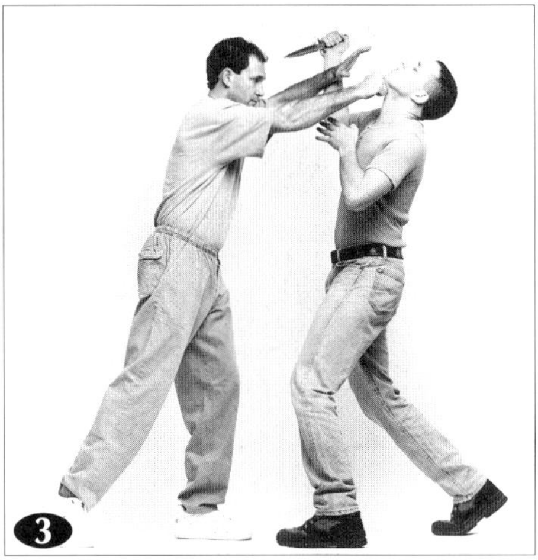

Ga de aanvallende beweging zo snel mogelijk uit de weg of zet meteen de tegenaanval in waarbij u uw lichaam draait en u, indien nodig, op de aanvaller toe stapt. Blijf druk uitoefenen tegen de voorarm van de stekende hand en grijp deze zo snel mogelijk met uw hand of haak uw hand achter zijn onderarm.

Grijp de aanvaller bij zijn kleding of schouder en schakel hem uit met een kniestoot in het kruis.

Deze techniek kan op effectievere wijze worden uitgevoerd **als u de aanval tijdig ziet aankomen** omdat het dan mogelijk is gelijktijdig te verdedigen, te draaien en de tegenaanval in te kunnen zetten. De verdediging tegen een onverwachte aanval wordt uitgevoerd als enkele actie: uw onderarm blokkeert de onderarm van de aanvaller. In een direct daaropvolgende beweging voert u de tegenaanval uit waarbij u gelijktijdig druk uitoefent op de aanvallende onderarm en deze stevig vastpakt om te voorkomen dat de aanvaller zijn hand vrij kan maken en opnieuw steekt.

Vervolg de tegenaanval met een kniestoot in het kruis terwijl u zijn hemd of schouder vastgrijpt. Ten slotte verwijdert u zich uit de gevarenzone.

Een waargebeurd verhaal

David stapte de lift in op de begane grond van een flat in New York. De lift stopte bij één van de lagere verdiepingen en een man die er verdacht uitzag stapte in. Enkele seconden nadat de lift zich weer in beweging had gezet, stak de man zijn hand in zijn binnenzak. David, die gevaar voelde, greep de onderarm van de man vast en sloeg hem neer. Toen hij de hand van de man uit zijn zak trok, hield de man een groot knipmes vast.

Plotselinge steek vanaf de zijkant – neerwaartse steek

De aanvaller is bijna binnen steekbereik en de stekende hand bevindt zich het dichtst bij u. Hier wordt de steek met de rechterhand uitgevoerd terwijl de aanvaller rechts van u staat.

Terwijl de aanvaller op u toe stapt en steekt, weert u de stekende onderarm af met uw onderarm. Vervolgens stapt u snel weg of zet u de tegenaanval in, zoals hieronder beschreven.

Oefen meer druk uit op de onderarm van de aanvaller en dirigeer de steekrichting van u weg door zijdelingse en benedenwaarts gerichte druk uit te oefenen. Pak daarna de stekende hand en houd deze onder controle. Gelijktijdig slaat u uw tegenstander.

Vervolg de tegenaanval met een schop of een kniestoot in het kruis.

De steek wordt vanaf de zijkant toegebracht, in de richting van uw borst of nek. De verdediging met de onderarm wordt uitgevoerd als een enkele, vloeiende beweging. Dit wordt gevolgd door de tegenaanval die gelijktijdig wordt uitgevoerd met het dirigeren van de onderarm van de aanvaller waarbij u druk blijft uitoefenen, deze vastgrijpt en neerwaarts duwt.

Als u de aanval tijdig ziet aankomen, kunt u van **de beweging van de aanvaller** gebruikmaken door deze beweging ten eigen voordele om te zetten.

Wanneer uw reactie te traag bleek en de aanvaller nogmaals probeert te steken, is het niet altijd mogelijk om de aanvallende hand van richting te doen veranderen en deze vast te pakken. Afhankelijk van de omstandigheden, kunt u de volgende opties overwegen: draai in de richting van de aanvaller terwijl u zich met uw linkerhand verdedigt en de tegenaanval inzet met de rechterhand; neem afstand van de aanvaller; verdedig uzelf en beheers de daaropvolgende steekbeweging; geef een schop tegen de knie of ribben van de aanvaller.

Opmerking: deze laatste drie technieken, genoemd als verdediging tegen een plotselinge aanval met een mes, zijn in principe gelijk. Maak gebruik van een verdediging met de onderarm om de aanval af te weren en zet zo snel mogelijk de tegenaanval in, gericht op een kwetsbare plek van de aanvaller. Indien nodig, kunt u wederom de tegenaanval inzetten, de aanvaller ontwapenen en de gevarenzone verlaten.

Steek, neerwaartse beweging – trap in het kruis

U ziet de aanvaller als hij nog twee of drie stappen van u verwijderd is.

Terwijl de aanvaller voorwaarts beweegt en de steek wil toebrengen, stapt u gelijktijdig snel op hem af (met een diagonale stampende stap voorwaarts) en plaatst het been waarmee u gaat schoppen in het midden van het lichaam van de aanvaller.

De aard van de steek is krachtig, diagonaal en naar beneden gericht (een lijn volgend van boven de schouder van de aanvaller naar zijn tegenoverliggende heup). Dit wordt voorafgegaan door een stap in uw richting waarbij de aanvaller zijn bovenlichaam licht achterover buigt om een krachtige aanval te kunnen uitvoeren; hierdoor wordt zijn kruisstreek kwetsbaar.

Om de aanvaller tegen te houden en op veilige afstand uit te schakelen, geeft u hem een schop in het kruis (zoals afgebeeld). De aanvaller wordt geraakt terwijl hij voorwaarts beweegt en zijn arm zal naar achteren wijken voordat hij de aanval kan inzetten. De heup van het schoppende been dient mee te draaien om maximale kracht uit te kunnen oefenen.

Foto 3 vanachteren gezien: val aan met een snelle schop (met de bal van de voet) in het kruis die naar boven en voorwaarts gericht is om de aanvaller uit te schakelen voordat hij een stekende beweging kan maken.

De tegenaanval wordt ingezet met een schop in het kruis. Voer dit uit met een draaiende beweging van de heup om maximale kracht te kunnen uitoefenen. De hoek waaronder de schop wordt gegeven bedraagt circa 45° diagonaal omhoog en voorwaarts; deze trap schakelt de aanvaller uit **als hij nog relatief ver weg is en hij u niet met zijn mes kan bereiken**, omdat zijn arm naar achteren zal wijken.

Terwijl de aanvaller op u toekomt en u wil steken, benadert u hem en geeft u hem een schop. De afstand waarmee u de aanvaller benadert, is afhankelijk van de aanvankelijke onderlinge afstand en hetgeen u gaat ondernemen, zoals hieronder beschreven.

Optie 1: Zoals hier is afgebeeld, doet u een snelle stap diagonaal voorwaarts om u uit de lijn van de aanval te verwijderen. Hierdoor komt het schoppende (rechter) been pal voor het doel en voorkomt dat deze in aanraking komt met het been van de aanvaller.

Optie 2: Zonder verder vooruit te stappen, brengt u uw lichaamsgewicht boven het linkerbeen. Met het andere been schopt u de aanvaller in het kruis terwijl u het lichaam enigszins laat meedraaien. Deze optie is te gebruiken wanneer de aanvankelijke afstand tussen u en de aanvaller klein is (of wanneer u besluit te wachten tot de aanvaller binnen schopafstand komt).

Variatie: *Wanneer u de voorkeur geeft met het linkerbeen te schoppen dient u het rechterbeen als standbeen te kiezen; voorkom dat de benen van de aanvaller in de weg staan.*

Verdediging tegen een opwaartse steek: mes in oriëntaalse greep

Plotselinge steek van voren – oriëntaalse greep

De aanvaller verrast u op korte afstand. Leun voorwaarts, voer de verdediging met de onderarm uit en zet de tegenaanval in: een rechte klap in het gezicht. Indien mogelijk voert u de verdediging en tegenaanval **gelijktijdig** uit.

Wanneer u besluit de tegenaanval voort te zetten, stapt u voorwaarts en drukt u de onderarm van de aanvaller weg (zoals afgebeeld). Draai de handpalm en duw deze voorwaarts en naar buiten. Pak de schouder van de aanvaller om hem op effectievere wijze uit te schakelen.

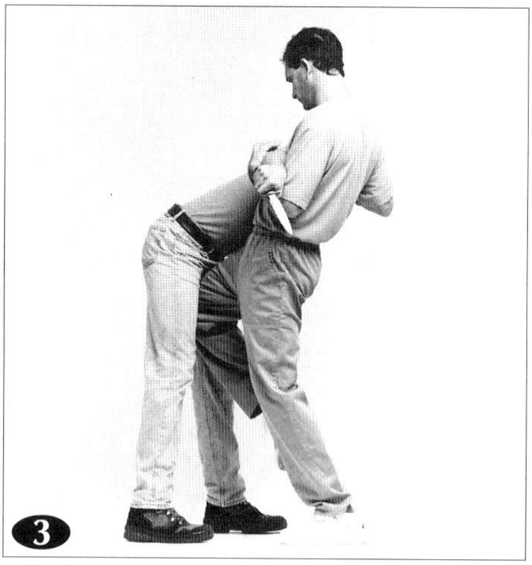

Pak de onderarm van de aanvaller vast en geef hem een kniestoot in het kruis. Voor de manier waarop u de armklem aanlegt, zie de *dreiging vanachteren op korte afstand – hoofdstuk 4: Afweer van bedreiging met vuurwapen.*

De hier beschreven aanval vindt plotseling, van voren, en op korte afstand plaats. De verdedigende onderarm is die tegenover de aanvallende onderarm. Deze weert de aanval af met gebogen elleboog waarbij de onderarm van de aanvaller bij de pols wordt geraakt. Uw bovenlichaam leunt voorwaarts waarbij u ervoor zorgt dat het mes niet in de buurt van uw maagstreek komt. Het is bijzonder belangrijk om de knieën recht te houden en niet te buigen; dit stelt u in staat om een grotere afstand tussen uzelf en het mes te bewaren. Gelijktijdig met de verdediging dient een tegenaanval te worden ingezet: een rechte stomp in het gezicht of de keel van de aanvaller.

Om de verdediging en de tegenaanval gelijktijdig uit te voeren, **dient de aanval tijdig te worden gesignaleerd**. Anders zult u de tegenaanval direct na de verdediging moeten inzetten omdat het bij een verrassingsaanval moeilijk is om gelijktijdig twee bewegingen uit te voeren.

U heeft na het uitvoeren van de verdediging en tegenaanval de mogelijkheid verdere actie te ondernemen:

- Neem afstand door een stap achteruit te doen, dit stelt u in staat een betere positie in te nemen en het effect van de tegenaanval in te schatten, bovendien zal een volgende aanval worden bemoeilijkt.

- Als aanvullende tegenaanval kan een schop in het kruis worden gegeven waarbij u ervoor zorgt dat uw verdedigende arm niet gehinderd wordt.

- Stap krachtig voorwaarts zoals hier getoond, wring uw arm onder en rond de onderarm van de aanvaller waardoor deze stevig wordt afgeklemd tussen uw bovenarm, onderarm, borst en hand. U kunt dan de tegenaanval voortzetten (zie ook *bedreiging van achteren, op korte afstand – hoofdstuk 4: Afweer van bedreiging met vuurwapen*).

- Wanneer de aanvaller veel omhoog gerichte kracht uitoefent met zijn onderarm, dient u diagonaal voorwaarts te bewegen en zijn pols vast te pakken. Vervolgens legt u een armklem aan zoals omschreven in de volgende, in dit hoofdstuk behandelde, technieken.

- De beslissing hoe u verder moet gaan, is afhankelijk van het effect van uw tegenaanval en hoe u zich tijdens het incident voelt.

Onthoud: er is een andere mogelijkheid aan te bevelen: **verlaat de gevarenzone zo snel mogelijk** (in het bijzonder als u snel bent). Dit is wellicht minder heldhaftig maar doorgaans de meest veilige oplossing!

Grootmeester Imi demonstreert een defensieve verdedigingstechniek tegen een aanval met een mes in oriëntaalse greep.

Steek, oriëntaalse greep – diagonale verdediging met de onderarm

Deze verdediging wordt uitgevoerd wanneer u het geluk heeft de aanvaller tijdig in de gaten te hebben, maar hij inmiddels te dichtbij is om te schoppen. Deze techniek is ook te gebruiken als u geen vertrouwen heeft in uw schoptechniek; of wellicht omdat u eenvoudigweg de voorkeur geeft aan deze verdediging.

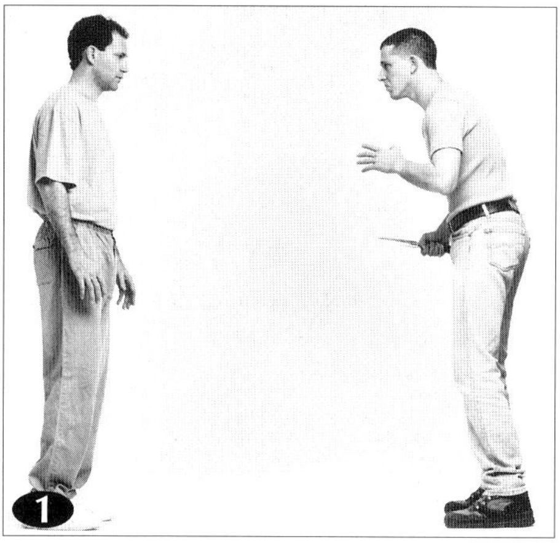

De met een mes gewapende aanvaller dreigt u te steken.

Foto 2: De aanvaller komt op u af en wil u steken; storm op hem af en zet een verdediging met de onderarm in die u diagonaal voorwaarts 'trekt' waarbij het bovenlichaam voorover wordt gebogen. Dit wordt gecombineerd met een snelle draai van het lichaam, hetgeen u in principe uit de gevarenzone brengt. Dit onderdeel van de verdediging wordt lichaamsverdediging genoemd.

Voer de verdediging met de onderarm en een draai van het lichaam uit, grijp de onderarm of pols van de aanvaller en sla hem op de kin. Dit dient gelijktijdig te gebeuren terwijl u uw balans naar voren verplaatst.

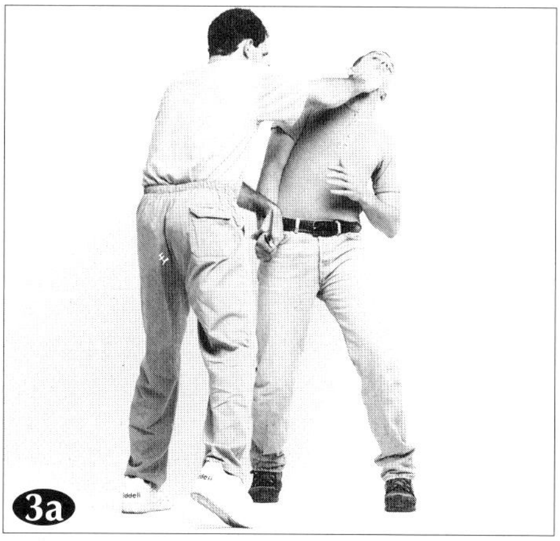

Foto 3 vanachteren gezien: Vervolg de verdediging door u uit de gevarenzone te begeven of ga verder als omschreven vanaf foto 4.

Grijp de aanvallende hand stevig vast, breng uzelf buiten het bereik van het mes en de aanvaller en verplaats uw gewicht naar uw andere been.

Geef de aanvaller een schop in het kruis. Dit kan worden gevolgd door hem te ontwapenen, zoals getoond op foto 6.

Bij een optimale verdediging worden alle bewegingen, zoals in foto 2 en 3 getoond, **gelijktijdig en in één vloeiende beweging uitgevoerd**. Tijdens de leerfase dient dit echter in twee delen plaats te vinden: (1) verdediging met de onderarm met voorwaartse stap en draai van het lichaam en (2) het vastpakken van de onderarm van de aanvaller en het inzetten van de tegenaanval.

Draai de pols van de aanvaller om, graaf met je vingers krachtig in de handpalm die het mes vasthoudt (naast het heft) en verwijder met een krabbende beweging het mes uit de hand van de aanvaller.

Let op: bij de oriëntaalse greep bestaat altijd het gevaar dat de aanvaller **diagonaal en bijna horizontaal naar binnen toe** toeslaat in plaats van in opwaartse richting. Derhalve heeft het de voorkeur (in de meeste gevallen) een schop tegen de kin van de aanvaller te geven, vergelijkbaar met de verdediging die gebruikt wordt voor de grotere afstand. Dit wordt verderop in dit hoofdstuk behandeld. Als u derhalve besluit deze techniek toe te passen, om u te vrijwaren van de hierboven genoemde gevaren, dient u als volgt te handelen: Storm diagonaal voorwaarts en weer de onderarm van de aanvaller af met uw verdedigende onderarm, zo dicht mogelijk bij het lichaam van de aanvaller, voordat de aanval zich verder kan voortzetten. Dit om te voorkomen dat de stekende arm onverwachte bewegingen kan maken. De positie van de verdedigende onderarm biedt goede bescherming tegen zelfs een diagonale steekbeweging, waarvoor u uw elleboog slechts enkele centimeters hoeft te bewegen.

Een variant: dwing de aanvaller op de grond door zijn pols om te draaien.

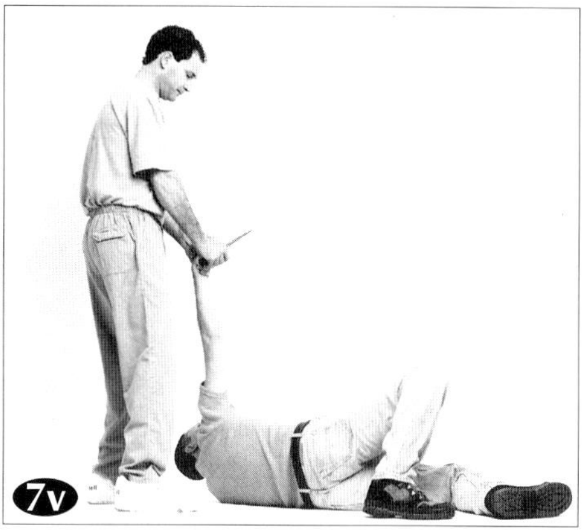

De houding van de aanvaller nadat hij tegen de grond is gewerkt.

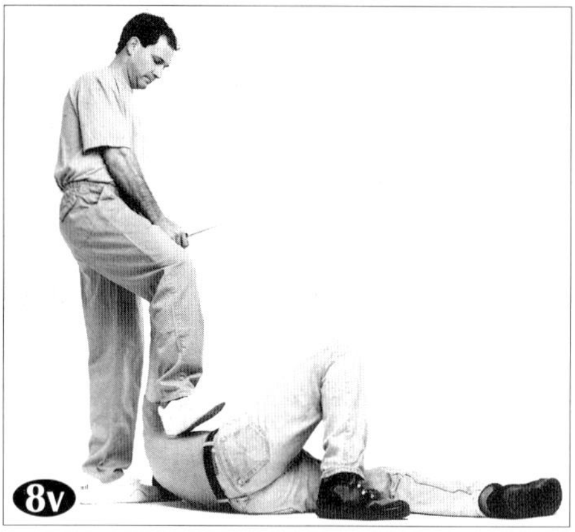

Indien nodig, schopt u de aanvaller in de ribben of nieren en neemt u hem het mes af zoals getoond in foto 6.

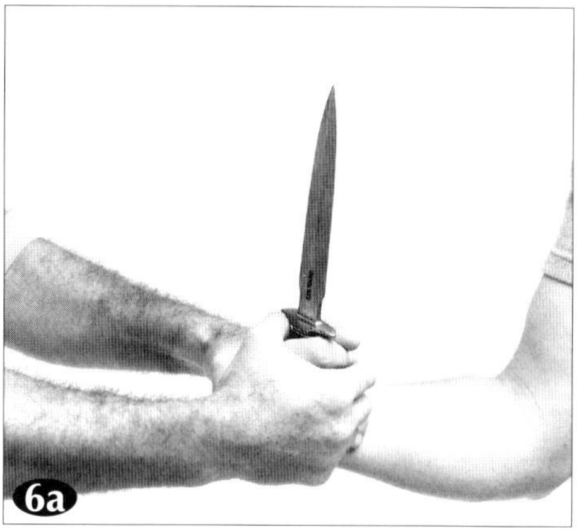

Detail foto 6: draai de pols van de aanvaller om.

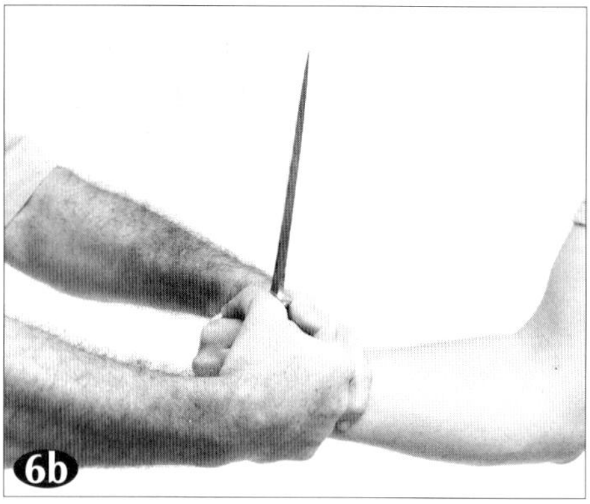

Detail foto 6: graaf met uw vingers in de handpalm van de aanvaller.

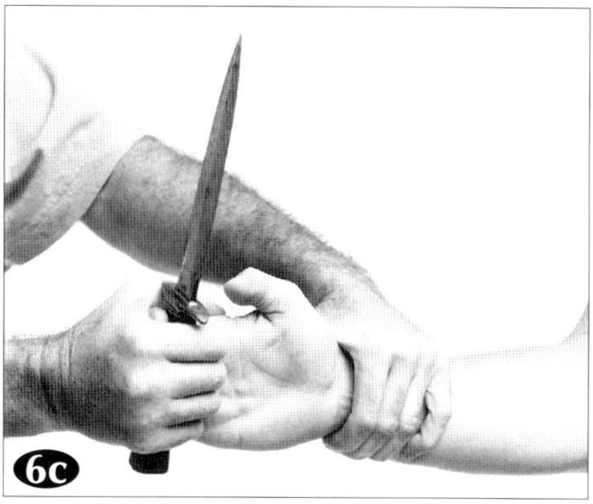

Detail foto 6: met een schrapende beweging grijpt u het heft van het mes en verwijdert u die uit de hand van de aanvaller.

Onthoud: beweging van het lichaam is een belangrijk onderdeel van de verdediging. Het doel hiervan is uzelf te verwijderen uit de gevarenzone, door diagonaal voorwaarts te stappen en het lichaam te draaien. De tegenaanval, een rechte stomp op kin of keel, dient zo snel mogelijk uitgevoerd te worden en kan soms zelfs toegebracht worden voordat u de verdediging met de onderarm inzet. Dit is een bijzonder krachtige tegenaanval dankzij de houding van het lichaam (naar voren leunend) en het feit dat de klap wordt toegebracht als de aanvaller zich naar u toe beweegt om zijn aanval in te zetten.

Het gehele incident kan snel geneutraliseerd zijn, mogelijk zelfs na de eerste tegenaanval. In het gunstigste geval zal de tegenaanval de aanvaller doen vallen of zijn mes doen loslaten; indien dat niet het geval is, schopt u hem in het kruis en zet u aanvullende tegenaanvallen in. U kunt ook een **armklem** toepassen, een techniek waarbij de pols wordt vastgepakt en naar buiten toe omgedraaid wordt, waardoor de aanvaller tegen de grond wordt gewerkt. Deze armklem wordt in detail belicht in het onderdeel *afweer van een bedreiging met een handgranaat – hoofdstuk 6: Gijzelingssituaties.*

Nadat de aanvaller op de grond is terechtgekomen, kunt u aanvullende tegenaanvallen inzetten zoals bijvoorbeeld een schop in de nieren of, als de situatie hierom vraagt, een schop tegen het hoofd.

Waarschuwing: deze tegenaanvallen kunnen de dood tot gevolg hebben en **dienen niet te worden toegepast tenzij u zich in een levensbedreigende situatie bevindt**, nadat de aanvaller door de eerste tegenaanval tegen de grond is gewerkt!

Opmerking: het gebruik van de hier besproken armklem en de ontwapening van de aanvaller is vooral bedoeld voor politiefunctionarissen en anderen die er de voorkeur aan geven de tegenaanval te beperken tot slaan (bijvoorbeeld tegen een tiener die met een mes is gewapend). Met andere woorden: nadat de verdediging en de stomp zijn uitgevoerd, wordt de aanvaller door een relatief eenvoudige techniek tegen de grond gewerkt en wordt hem het mes afgenomen.

Er zijn drie basismogelijkheden om het mes uit de hand van de aanvaller los te krijgen: (1) '**schraap**' het uit zijn hand, of hij nu op de grond ligt of niet. (2) '**stomp**' de rug van zijn hand, zodat het mes in zijwaartse richting wordt losgelaten. (3) '**draai de pols**' van de aanvaller om, nadat hij tegen de grond is gewerkt via de elleboog van de arm die het mes vasthoudt. De aangebrachte druk doet de greep op het mes verslappen en het mes valt uit zijn hand in uw hand of op de grond. Door meer kracht uit te oefenen kunt u zelfs de pols van de aanvaller breken.

Opmerking: wanneer u één hand gebruikt om het mes van de grond op te rapen, dient u de andere hand paraat te houden om een tegenaanval of de verdediging in te zetten.

Steek in de maag vanaf de zijkant, oriëntaalse greep – verdediging met de onderarm

De aanvaller benadert u vanaf dezelfde kant als zijn aanvallende hand of diagonaal vanaf die kant (hier benadert hij u van rechts met het mes in de rechterhand).

De aanvaller steekt diagonaal in de richting van uw maag. Weer dit af met de onderarm en voorovergebogen lichaam. Indien mogelijk, doet u gelijktijdig een stap diagonaal achterwaarts en keert u zich naar de aanvaller.

Uw verdedigende arm gaat over van de verdediging naar een tegenaanval (bestaande uit een zijwaartse slag met de meshand (hamerstoot) tegen kin, keel of nek van de aanvaller). Gelijktijdig wisselt u van greep en pakt u de onderarm van de aanvaller met uw andere hand vast.

Schakel de aanvaller uit met een zijdelingse slag met de meshand of een hamerstoot.

Deze techniek is te gebruiken als de aanvaller van plan is u in ribben of maagstreek te steken en u de aanval tijdig ziet aankomen; beweeg diagonaal achterwaarts en draai naar de aanvaller terwijl u zich verdedigt met de onderarmtechniek.

De verdediging, die de steek afweert, wordt uitgevoerd met een slaande beweging die de onderarm van de aanvaller bij de pols afweert en vervolgens van zijn onderarm 'afstuit' om de tegenaanval in te kunnen zetten. Het wisselen van handen kan snel worden gedaan: de achterste hand beweegt voorwaarts om de onderarm van de aanvaller vast te pakken, om hiermee te voorkomen dat het mes nogmaals gebruikt kan worden. Met de eerdere verdedigende hand wordt een krachtige karateslag of onderarmstoot toegebracht.

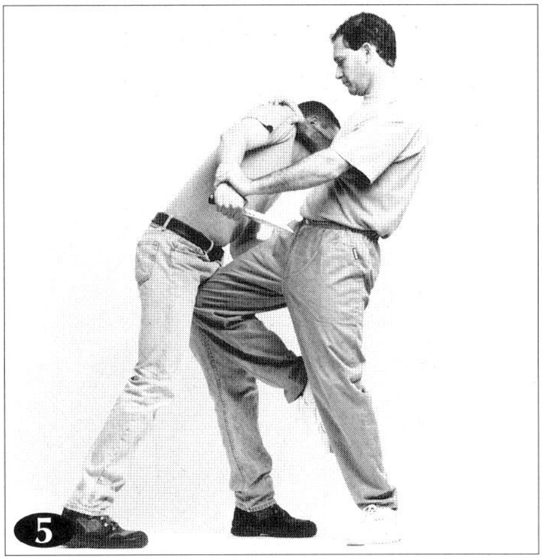

Zet de tegenaanval voort door het hemd of de schouder van de aanvaller vast te pakken en een kniestoot met het achterste been in het kruis te geven; of (zoals afgebeeld) doe eerst een stap naar voren met het achterste been waarna u hem met het voorste been een kniestoot in het kruis geeft.

Opmerking: Om te voorkomen dat het wapen nogmaals kan worden ingezet terwijl u de hand van de aanvaller vast heeft, drukt u deze weg in zijn richting.

Variant: *Als het een verrassingsaanval betreft of wanneer de aanval in de richting van uw ribben of rug wordt gericht, dient u, na het inzetten van de verdedigingstechniek, weg te springen om afstand te nemen van de aanvaller. Hierdoor bent u beter in staat zich te verdedigen dan wanneer u dicht bij de aanvaller blijft en de tegenaanval inzet (zie de volgende techniek).*

Opmerking: Tegen een aanvaller die van dezelfde kant komt maar **met zijn linkerhand** in uw ribben wil steken, dient u een verdediging met de onderarm in te zetten die erop is gericht de aanval af te weren of te neutraliseren. Direct daarna springt u opzij om de afstand tot de aanvaller te vergroten en uzelf in de gelegenheid te stellen de meest effectieve, tactische techniek toe te passen. Dit is noodzakelijk omdat de verdedigingstechniek een situatie creëert waarbinnen het moeilijk is de tegenaanval in te zetten, waarbij u voorkomt dat de aanvaller nogmaals kan steken. Deze actie kan ook worden toegepast tegen een aanvaller die u van links benadert met het mes in de rechterhand.

Steek in maagstreek of ribben vanaf de zijkant – verdediging en snelle aftocht

De aanvaller verrast u vanaf de zijkant met een, op de maagstreek of ribben gerichte, steekbeweging. Buig voorover en weer de steek af met de onderarm, ter hoogte van de pols van de aanvaller.

Spring weg van uw aanvaller om een 'veiligheidszone' te creëren. Deze beweging stelt u in staat een volgende aanval op juiste manier af te weren.

Het is duidelijk dat, als u verrast wordt, het moeilijk zal zijn andere dan reflexmatige verdedigingstechnieken toe te passen. Als u er moeite mee heeft de tegenaanval in te zetten en gelijktijdig de hand met het wapen af te weren, dient u, omdat u geen alternatief heeft, zo snel mogelijk afstand te nemen.

Steek, oriëntaalse greep – trap tegen de kin

Tegen een dergelijke aanval is het aan te bevelen een hoge, voorwaarts gerichte schop te geven die **uit de buurt van het mes blijft**. Om op effectieve wijze de kin (en niet de maag of borst) van de aanvaller te raken, dient u de knie van het schoppende been omhoog te brengen voordat u het been strekt en de trap toebrengt. Trap met uw voet (zie foto).

Verdediging van het lichaam: beweeg door te draaien en een stap zijwaarts te maken uit de gevarenzone en plaats uw voeten snel in de richting van de aanvaller.

De aanvaller wordt, terwijl hij op u toeloopt, geraakt door de trap. Zijn aanvallende arm zal achterover wijken en hij bevindt zich nog op een te grote afstand om u met zijn mes te raken. Afhankelijk van timing en de afstand tot de aanvaller, kunt u ook **deze afstand aanpassen** door een stap voor- of achteruit te nemen.

De afstand tussen u en de aanvaller is, nadat u heeft gemerkt dat hij u wil steken, relatief groot en voldoende om een schop te geven.

De aanvaller komt op u af. Wanneer u van plan bent hem met uw rechterbeen te schoppen, verwisselt u met een snelle stap van standbeen en draait u het lichaam zodat de tenen van de linkervoet diagonaal naar buiten wijzen. Hierdoor creëert u een lichaamsverdediging.

Overige mogelijkheden:

- U kunt ook de aanvaller tegen de kin trappen zonder een stap voorwaarts te doen. U dient dan de hierboven beschreven bewegingen van voeten en heup uit te voeren zonder de stand van uw hielen te wijzigen.

- Als u er de voorkeur aan geeft met uw linkerbeen te schoppen, het been tegenover de aanvallende (rechter) hand, doet u een stap voorwaarts met uw standbeen (rechts). Dit zorgt ervoor dat u zich uit de lijn van de aanval beweegt en voorkomt dat het schoppende been door het mes wordt geraakt.

Til uw knie hoog op en schop de aanvaller tegen de kin. De heup van het schoppende been wordt naar voren gedraaid om de kracht van de trap te maximaliseren.

Verdediging tegen een aanval met een mes met rechte greep

Steek, rechte greep – verdediging van binnen naar buiten

Op veilige afstand van de aanvaller kunt u met de handen de verdediging inzetten (zie opmerking over uitgangspositie).

De aanvaller valt aan. Begin de verdediging met de onderarm, die u diagonaal voorwaarts 'trekt' en het lichaam afschermt. Uw elleboog dient laag gehouden te worden om de mate van verdediging te vergroten en u gelijktijdig te verdedigen tegen een laag ingezette steekbeweging. Bij het begin van het afweren raakt uw onderarm de achterkant van de hand van de aanvaller.

De stekende hand wordt zijwaarts weggeduwd. De verdedigende onderarm glijdt naar voren vanaf de pols of het gebied pal achter de hand van de aanvaller, naar de elleboog.

De verdediging met de onderarm 'leidt' de verdediging van het lichaam. Tijdens deze actie drukt u uw onderarm haaks weg van het lichaam. Dit breidt de verdedigingsmogelijkheden uit en vergroot het beschermde gebied van uw lichaam.

De bescherming van het lichaam is eveneens belangrijk en beide verdedigingstechnieken (hand en lichaam) dienen op hoge snelheid te worden uitgevoerd!

Onthoud dat de verdediging met de onderarm zo snel mogelijk moet worden uitgevoerd en gericht moet zijn op de achterkant van de hand of pols van de aanvaller, **niet op zijn onderarm**.

Grijp de onderarm van de hand met het mes terwijl u een krachtige tegenaanval inzet. Afhankelijk of de aanvaller zijn hand al dan niet snel terugtrekt, grijpt u zijn arm bij de pols of zijn bovenarm bij de elleboog.

Pak de pols en de vuist van de aanvaller met beide handen beet, wissel van standbeen en neem enige afstand van de aanvaller.

Geef een trap in zijn kruis en neem zo nodig verdere actie. We denken hierbij aan het ontwapenen van de aanvaller, het aanleggen van een houdgreep op de hand van de aanvaller of het tegen de grond werken van de aanvaller, zoals eerder omschreven.

Foto 3, vanachteren gezien: voor een effectieve verdediging dient de elleboog laag gehouden te worden.

Omdat de aanvaller waarschijnlijk snel zal steken en zijn arm zal terugtrekken om nogmaals toe te slaan, is het van het grootste belang de beweging van de aanvallende arm te beperken. U dient echter **onder geen enkele voorwaarde het mes vast te pakken** als dit wordt teruggetrokken.

U moet derhalve uw verdedigende arm voorwaarts bewegen en de onderarm langs die van de aanvaller laten glijden om een 'verbinding' tot stand te brengen. Met de hand van uw verdedigende arm kunt u dan de stekende arm vastpakken. Deze 'verbinding' zal voorkomen dat het mes anders wordt gericht en het stelt u tevens in staat de stekende arm van de aanvaller vast te pakken. Als de stekende beweging lager is, of de aanvaller neemt aanvankelijk een lage houding aan, dient u eveneens uw houding te verlagen zodat u met de onderarm het gebied van de onderbuik kunt afschermen.

Opmerking: de voorwaarde dat u de beginhouding aanneemt voordat u de verdediging inzet **is alleen van toepassing tijdens de leerfase**. Onthoud dat u bij een echt incident wellicht moet uitgaan van een passieve of meer neutrale houding. Een ander aspect dat dient te worden overwogen is dat de aanvaller u met gestrekte arm in voorwaartse richting zal willen steken indien uw houding een dergelijke actie toestaat. Voordat u tot deze vorm van verdediging overgaat, dient u te zorgen dat u de handen dicht tegen het lichaam houdt en dat één voet iets voor de andere staat. Dit simuleert een minder parate houding, hetgeen zich onder realistische omstandigheden kan voordoen (of een situatie waarbij u de aanvaller niet uitdaagt andere dingen te doen behalve de meest eenvoudige, directe steekbeweging te maken). Als u deze techniek gaat toepassen, dient u de handen en het lichaam zodanig op te stellen dat u de posities zoals afgebeeld op de eerste en tweede foto aanneemt. Onthoud dat de verdedigende hand uw beweging 'leidt'.

Steek, rechte greep – verdediging van binnenuit naar de aanvallende zijde

Als u voldoende afstand heeft tot de aanvaller kunt u de verdediging met de hand inzetten (zie opmerking over stand van de voeten). U verdedigt met dezelfde hand als bij de vorige techniek, zij het tegen de binnenkant van de arm van de aanvaller.

De verdedigende onderarm die vooruit wordt gestoten en bijna haaks gehouden wordt, raakt de binnenkant van de aanvallende pols en weert deze af in een vegende beweging waarbij het contact bewaard blijft.

3

Uw verdedigende hand maakt een zwaaiende beweging, die de steek afweert. Deze verdediging gaat vooraf aan het verdedigen van het lichaam. Als aanvullende voorzorgsmaatregel dient het lichaam iets achterover geheld te worden, terwijl de techniek met de hand wordt uitgevoerd.

4

Houd de elleboog van de verdedigende arm hoog, om een effectieve tegenaanval in te kunnen zetten. Gelijktijdig pakt u met de linkerhand de aanvallende arm, waarbij u er rekening mee houdt dat deze kan worden teruggetrokken.

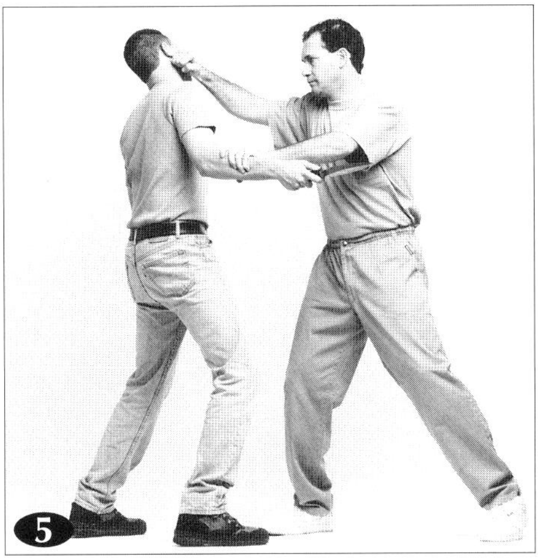

5

Zet de tegenaanval in met een zijdelingse slag met de meshand of een hamerstoot tegen hoofd, nek of keel van de aanvaller.

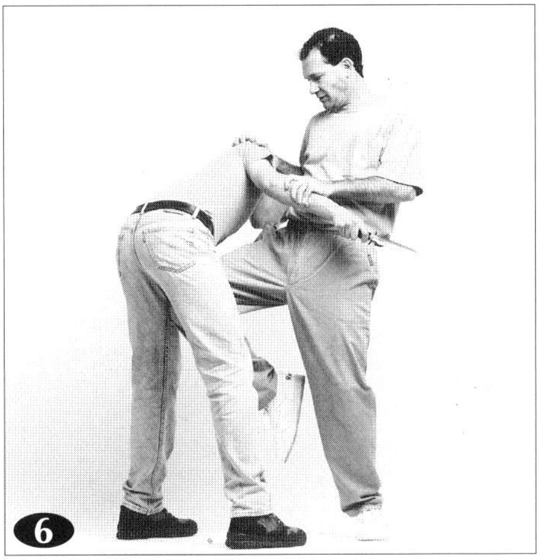

6

U vervolgt de tegenaanval door de schouder van de aanvaller vast te pakken en een kniestoot in het kruis te geven. Dit kan met het rechterbeen of met het linkerbeen worden uitgevoerd, afhankelijk van de hoek.

Zet de verdediging met de onderarm in bij de handpalm of pols van de aanvallende arm. Een vegende beweging doet de lijn van de aanval veranderen. Dit is noodzakelijk vanwege de hoek waarmee de aanval wordt uitgevoerd. Tijdens de verdediging houdt u uw andere hand dicht bij uw nek. Voer de eerste tegenaanval (karateslag of stoot) zo snel mogelijk uit. Gelijktijdig grijpt u met uw andere hand de hand van de aanvaller.

Let op: Een ervaren messentrekker kan toeslaan **en meteen zijn arm terugtrekken om nogmaals toe te slaan!** Onthoud dit wanneer u de hand van de aanvaller gaat grijpen. Probeer hem beet te pakken in de buurt van zijn elleboog, zodat wanneer de stekende arm nogmaals op u afkomt, u deze bij de pols kunt opvangen. Bij het vastpakken van de arm van de aanvaller, houdt u de elleboog van uw grijpende arm laag en oefent u druk uit. Dit zal voorkomen dat het mes nogmaals op u gericht kan worden.

De ontwijkende beweging van het lichaam is bij deze verdedigingstechniek nog belangrijker dan omschreven bij de vorige techniek. Om u minder kwetsbaar te maken, buigt u het gebied waar de aanvaller op richt iets achterover. Dat wil zeggen: als de steekbeweging op uw nek is gericht, **dient u het bovenlichaam achterover te hellen**.

Opmerking: De uitgangspositie voor het gebruik van deze techniek heeft uitsluitend betrekking op de leerfase. In het dagelijks leven nemen we niet altijd een vechthouding aan en in een levensbedreigende situatie kan het zijn dat we onvoldoende tijd hebben om deze houding aan te nemen. In tactische zin is het soms aan te bevelen een overduidelijke defensieve houding aan te nemen om de aanvaller niet de indruk te geven dat u zich gaat verdedigen. We lijken de steekbeweging 'uit te nodigen' zodat de aanvaller eerder een eenvoudige, rechtstreekse steekbeweging maakt, zonder gebruik te maken van schijnbewegingen. Om een meer realistische situatie na te bootsen, dient u deze techniek vanuit een houding uit te voeren die niet verraadt dat u op het punt staat actie te ondernemen en derhalve geen bedreiging vormt voor de aanvaller. Met andere woorden: **laat de aanvaller niet merken dat u in staat bent zichzelf te verdedigen**.

Grootmeester Imi bij de demonstratie van een verdedigingstechniek tegen een aanval met een mes.

Plotselinge, rechte steek, gericht op de onderbuik

De aanvaller maakt een rechte steekbeweging in de richting van uw onderbuik. Een reflexmatige reactie is met beide handen de steekbeweging af te weren en het bekken naar achteren te bewegen.

Transformeer deze reflex naar een afwerende beweging met uw pols, waarbij u met een kleine draaibeweging de aanval afslaat. Uw bekken beweegt naar achteren.

De natuurlijke reactie op deze laag gerichte aanval, in het bijzonder als deze onverwacht wordt uitgevoerd, is het bekken naar achteren te brengen en de handen naar voren.

De verdediging met de handen behelst een scheppende beweging van de pols. De tegenaanval wordt ingezet nadat de aanvallende hand is afgeweerd en het bekken terugkeert naar de uitgangspositie, waarna een trap kan worden gegeven op een kwetsbare plek. Een trap tegen het middenrif zal ook tot gevolg hebben dat de aanvaller achteruitwijkt. Een gevorderde leerling kan gelijktijdig met de verdediging soms ook een stomp geven.

Draai het bekken weer snel terug terwijl u gelijktijdig een krachtige trap geeft tegen het kruis, de borst of kin van de aanvaller.

Variatie: *Andere reflexmatige bewegingen die deze steektechniek kunnen afweren vinden plaats met een open hand (vergelijkbaar met de techniek die in het volgende hoofdstuk wordt besproken); of een verdediging met gedraaide onderarm, naar beneden gerichte handpalm en naar boven staande elleboog.*

Steek, rechte greep – trap naar het midden van het lichaam

Voordat de steek wordt toegebracht, is de afstand tussen u en de aanvaller relatief groot en kunt u schoppen.

Als de aanvaller naar voren komt om te steken, geeft u hem een schop midden tegen het lichaam, waarbij uw bovenlichaam achterover helt en uw heup naar voren draait. Het exacte raakpunt hangt af van de timing van de trap en de hoek van het lichaam van de aanvaller tijdens de aanval. Op deze foto wordt hij in de maag geschopt.

Bij deze techniek is het van belang uw bovenlichaam achterover te hellen, zij het zonder uw zwaartepunt naar achteren te verplaatsen, terwijl u gelijktijdig een krachtige, hoge schop geeft. De schoptechniek is een combinatie van een voorwaartse en draaiende schopbeweging.

Door de manier waarop de schop wordt gegeven, kan hij op elke plek in het midden van het lichaam van de aanvaller worden gericht, vanaf het kruis tot aan de kin. Als u stevige puntschoenen draagt, kunt u met de tenen schoppen; in andere gevallen schopt u met de onderkant van uw voet of hiel.

Variatie: *Als de omstandigheden het toelaten, kunt u deze techniek uitvoeren met een draai van het lichaam, waarbij u van standbeen verandert om explosieve kracht te kunnen uitoefenen (zie de vorige techniek:* ***steek, oriëntaalse greep – trap tegen de kin****).*

Als u de schop in een eerder stadium geeft, kunt u de kin van de aanvaller raken. Een plotselinge verandering van standbeen stelt u in staat sneller te schoppen.

Opmerking: Als we spreken van het midden van het lichaam, bedoelen wij het gebied langs een verticale lijn vanaf het hoofd naar beneden. De exacte plaats waar de schop wordt gegeven hangt af van de houding van de aanvaller. Het lichaam van de aanvaller moet gezien worden als een silhouet. Gewoonlijk is het zo dat het midden van het silhouet gezien dient te worden als het midden van het lichaam. Deze lijn wijzigt natuurlijk voortdurend.

Steek, rechte greep – voorwaartse schop tegen oksel

Voor de steek is de afstand tussen u en de aanvaller relatief groot en voldoende om te kunnen schoppen.

Als de aanvaller een steekbeweging maakt, schopt u met uw linkerbeen in de richting van zijn oksel aan de kant van de aanvallende arm; hierbij helt u uw lichaam achterover.

Bij deze techniek, evenals de vorige, moet het lichaam achterover geheld worden, het bekken gelijktijdig naar voren gedraaid en dient er te worden en geschopt. De verdediging wordt uitgevoerd vanuit de neutrale 'passieve' beginhouding en het schoppende (linker) been wordt in lijn gebracht met de stekende (rechter) hand. De oksel is een gevoelig, niet bewegend gebied en derhalve relatief eenvoudig aan te vallen. Afhankelijk van afstand en timing kan een geoefende vechter elders op de stekende arm een schop geven, bijvoorbeeld op pols, onderarm of elleboog.

Opmerking: De laatst genoemde twee technieken zijn in principe dezelfde. Behalve uw persoonlijke voorkeur welk been te gebruiken om te schoppen, hangt de keuze tussen deze technieken af van de hoek waaronder de aanvaller zich bevindt: als de aanvaller diagonaal rechts van u staat, schopt u hem met uw rechtervoet in de oksel. Als hij diagonaal links van u staat, schopt u met uw linkerbeen in de richting van zijn lichaam. Dit demonstreert een basisprincipe van KRAV MAGA: **kies de verdediging of de aanval, afhankelijk van de onderlinge afstand van uw lichaam ten opzichte van het zijne.**

Steek, rechte greep – zijdelingse verdediging en schop

Voor de aanval is er een veilige afstand tussen u en de aanvaller, hetgeen inhoudt dat hij naar u toe moet komen om u te steken.

Als de aanvaller nadert en steekt, springt u diagonaal zijwaarts en naar voren waarbij u het bovenlichaam opzij brengt en uw borst naar de grond gericht is. Schop de aanvaller in de maag of het kruis.

De schoppende beweging wordt gevolgd door een zijwaartse schop tegen de knie van de aanvaller of het onmiddellijk afstand nemen van de aanvaller.

Als u besluit de tegenaanval voort te zetten, dient u te handelen naar de nieuw ontstane situatie. Grijp bijvoorbeeld de stekende arm van de aanvaller met uw rechterhand waarna u een stomp geeft.

Deze techniek is het meest geschikt voor gebruik tegen een aanvaller die met grote snelheid op u afkomt, omdat deze u uit de lijn van de aanval doet bewegen. Hij is ook eenvoudig in te zetten terwijl u zich beweegt, bijvoorbeeld als u van standbeen verandert of

Geef de aanvaller met uw linkervuist een kaakslag. Als hij een jas of een hemd met lange mouwen draagt, is het beter om hem (gelijktijdig) bij de mouw vast te pakken.

als u uit balans raakt. Het is bijzonder eenvoudig toe te passen wanneer uw schoppende been naar voren is gericht.

Uw hoofd bepaalt de bewegingen van uw lichaam: in dit geval buigt u het bovenlichaam zodanig dat uw borst naar de grond is gericht en maakt u een huppelsprong diagonaal voorwaarts. De richting en afstand van die beweging dienen aangepast te zijn aan de afstand tot de aanvaller en zijn afhankelijk van het lengteverschil tussen de ledematen van u en de aanvaller. De tijdsduur tussen aanval en verdediging is ook van groot belang. Als u bijvoorbeeld lange benen heeft of minder snel reageert, kunt u zijwaarts of zelfs diagonaal naar achteren bewegen. Als uw benen relatief kort zijn of u reageert snel, dient u verder naar voren te gaan.

Bij het begin van de beweging met het lichaam, brengt u uw rechterhand in de richting van uw nek om een mogelijke steek in die richting tegen te gaan. U dient de schop te richten op de maag of op het kruis van de aanvaller, hetgeen afhangt van zijn houding tijdens de aanval.

Verdere actie is afhankelijk van de effectiviteit van uw eerste tegenaanval. Indien nodig, kunt u de aanvaller nogmaals schoppen of de hand met het mes vastpakken en met uw andere hand de tegenaanval voortzetten. **Onthoud**: de actie is pas afgerond **wanneer u alle aspecten van de dreiging heeft geneutraliseerd**.

***Variatie**: Schop slechts één keer en vervolg door controle te nemen over de aanvallende hand waarna u tot de tegenaanval over gaat. Andere optie: maak u snel uit de voeten na uw eerste of tweede tegenaanval.*

Een waargebeurd verhaal

Een beveiligingsbeambte, getraind in KRAV MAGA, werd aangevallen door een stevig gebouwde terrorist. De terrorist rende plotseling op hem af en trachtte hem meerdere keren in de nek te steken met een 40 cm lang mes. De beveiligingsbeambte voerde een eenvoudige verdedigingstechniek uit tegen deze aanvaller, waarbij de onderarm van de aanvaller door zijn eigen onderarm werd afgeschermd. Vervolgens duwde hij de terrorist naar achteren, trok zijn wapen en schoot hem neer.

Steek, rechte greep – zijwaartse trap

De aanvaller benadert u vanaf de zijkant. Op deze afstand moet hij naar voren stappen om te kunnen steken.

De aanvaller stapt naar voren om te steken. Leun zijwaarts, breng het lichaam naar beneden en stap, indien nodig, gelijktijdig naar voren. Bij dit voorbeeld stapt u naar voren door van standbeen te veranderen. Uw hand (die het dichtst bij de aanvaller is) is klaar om de verdediging, indien nodig, in te zetten.

Deze techniek combineert een verdediging van het lichaam met een tegenaanval. Het bovenlichaam wordt naar de zijkant gedraaid en de heup van het schoppende been schiet naar voren, terwijl u de aanvaller schopt. Hierdoor kunt u een krachtige schop geven en gelijktijdig vitale onderdelen van uw lichaam beschermen. De zijdelingse schop is de actie waarmee de naderende aanvaller kan worden tegengehouden als hij zich nog op grotere afstand bevindt. Dit wordt uitgevoerd terwijl u zich naar voren beweegt om de juiste onderlinge afstand te verkrijgen.

Schop de aanvaller tegen zijn knie of onderribben om hem te stoppen als hij zich nog op grotere afstand bevindt. Uw standbeen en bovenlichaam zijn gebogen. Door uzelf onder en uit de lijn van de aanval te begeven, creëert u de lichaamsverdediging.

De mogelijkheden om u te verplaatsen en zo de meest gunstige afstand ten aanzien van uw aanvaller aan te nemen, zijn: uw benen achterwaarts kruisen, van standbeen veranderen, schoppen zonder van plaats te veranderen of zelfs zijdelingse schoppen te geven terwijl u zich terugtrekt. De twee **meest kwetsbare punten** van het lichaam van de aanvaller zijn knie en maagstreek.

Met betrekking tot uw **veiligheid** kunt u uw hand gebruiken om de stekende hand af te weren. Het is echter twijfelachtig of deze handeling werkelijk noodzakelijk zal zijn. In het geval van een **plotselinge aanval** kunt u tot een dergelijke defensieve actie overgaan, zij het reflexmatig. Terwijl u uw bovenlichaam doet overhellen, schopt u explosief zijwaarts.

Als een aanvaller u van voren benadert, kunt u deze techniek vanuit een neutrale houding toepassen met een kleine toenadering en een draai van het lichaam, hetgeen u de juiste hoek geeft om een zijwaartse schop te geven. Na bovengenoemde actie te hebben uitgevoerd, kunt u meerdere schoppen geven om het gevaar te neutraliseren. Grijp de hand van de aanvaller en zet de tegenaanval in met uw linkerhand of neem veilige afstand van uw aanvaller.

Opmerking: Deze laatste twee technieken kunnen ook worden ingezet tegen andere aanvallen met een mes die in dit hoofdstuk worden beschreven.

Verdediging tegen een zwaaiend mes

Degenen die deze aanvalsmethode kiezen, creëren vanaf het begin een complexe gevechtssituatie. Gewoonlijk is het doel van de aanvaller eerst verwondingen (ook oppervlakkige) toe te brengen en vervolgens tot een steekaanval over te gaan.

Veel van de principes die voorheen zijn behandeld (in het bijzonder tegen aanvallen met een rechte greep) zijn ook van toepassing op de verdediging tegen een aanval met een zwaaiend mes.

- **Het gooien van een klein voorwerp:** in een vroeg stadium, **als de aanval wordt ingezet**, kunt u een klein voorwerp zoals een bos sleutels, horloge of portemonnee in zijn gezicht gooien om de aanvaller af te leiden en hem te doen schrikken. Deze techniek wordt beschreven in *hoofdstuk 7: Alledaagse voorwerpen als verdedigingswapen*. Volg dit op met een stap naar voren en schop de aanvaller in het kruis.

- **Verdediging door zijwaarts te leunen en te schoppen**: zoals beschreven tegen een rechte steek en uitgevoerd in de juiste richting op het juiste moment.

- **Schoppende verdediging, achterover hellen van het lichaam**: bijvoorbeeld een rechte schop tegen het lichaam of hoofd van de aanvaller zoals afgebeeld op foto A en B (zie volgende pagina); of een zijdelingse schop zoals getoond in de technieken tegen een rechte steek.

- **Verdediging met de onderarm om de stekende arm af te weren**: buig uw lichaam achterover om de eerste aanval teniet te doen (zie foto C). Nadat het mes van de ene naar de andere kant is bewogen en weer terugveert, verdedigt u zich door één of beide onderarmen tegen de aanvallende arm aan te leggen waardoor u de aanval blokkeert. Indien nodig, **kunt u ook de eerste beweging** met de onderarm blokkeren zoals afgebeeld op foto D. Deze principes worden ook beschreven in *hoofdstuk 8: Korte stok contra aanval met mes.*

Opmerking: De zwaaiende beweging is complexer en moeilijker met de hand te verdedigen, in het bijzonder als de aanvaller korte, snelle zwaaibewegingen maakt. Terwijl u de aanval blokkeert (of zo kort mogelijk daarna), **dient u de aanvaller met een tegenaanval uit te schakelen.**

Aanval met een mes: bijzondere omstandigheden

Een aanval vanachteren

Degene die op u afkomt en u met een mes aanvalt **maakt een goede kans u te steken** en dient beschouwd te worden als iemand die u **wil vermoorden**! Als het gaat om een aanvaller die u vanachteren benadert, waardoor een 'verrassingselement' ontstaat, mag het duidelijk zijn dat dit een bijzonder moeilijke aanval is om af te weren.

Tegen een vastbesloten aanvaller heeft u in principe de volgende mogelijkheden: (1) vlucht. (2) verdedig, val aan om de aanval teniet te doen en trek u terug zodra dat mogelijk is. (3) schakel de aanvaller uit met effectieve verdedigingstechnieken en agressieve tegenaanvallen.

Een aanval vanachteren.

Vanwege de ernst van de situatie, dient u zich niet terughoudend op te stellen bij het ondernemen van actie of tegenaanvallen die u het leven kunnen redden of de aanvaller letsel toe kunnen brengen. Hiertoe behoren ook technieken die gewone mensen als buitensporig of extreem gewelddadig ervaren. Het is toegestaan (zelfs aanbevolen) om gebruik te maken van **alle voorhanden zijnde voorwerpen** die u kunt gebruiken om dit doel te bereiken, zie *hoofdstuk 7: Alledaagse voorwerpen als verdedigingswapen.*

Intuïtie

Als u vermoedt, door te zien, te horen of intuïtief, dat u op het punt staat om vanachteren aangevallen te worden, kunt u op één van de volgende manieren handelen.

- **Een aanval naar achteren toe**: waarbij u achterom kijkt en uw bovenlichaam naar voren buigt, hetgeen, indien nodig, vergezeld kan worden door een stap voorwaarts. Hierna maakt u een rechte trapbeweging naar achteren. In KRAV MAGA wordt deze trap **verdedigende trap achterwaarts** genoemd. Deze wordt recht naar achteren uitgevoerd, te vergelijken met de manier waarop een paard met zijn achterbeen schopt.

- **Omdraaien terwijl u een verdedigingstechniek toepast**: terwijl u zich omdraait beweegt u zich iets opzij en voert u een verdedigingstechniek met de onderarm uit. Gewoonlijk heeft dit tot gevolg dat de aanvaller naast u komt te staan. In deze houding dient u zich te verdedigen en de tegenaanval in te zetten die afgestemd is op de hoek en de aard van de steekbeweging. Zo gauw u kunt dient u met een geschikte techniek een beslissende tegenaanval uit te voeren.

- **Afstand nemen**: nadat u een dreigende aanval heeft opgemerkt, dient u afstand te nemen van de aanvaller. Afhankelijk van de omstandigheden, zult u zich voorwaarts, schuin voorwaarts of naar de zijkant bewegen. Terwijl u beweegt, kijkt u achterom en draait u zich zo snel mogelijk in de richting van de aanvaller waarbij u hem 'trakteert' op een schop of een verdediging met de hand waarna de tegenaanval volgt.

Als u bent gestoken...

Het mes is in uw lichaam gedrongen. Gewoonlijk zult u aanvankelijk niet merken dat u bent gestoken maar slechts een pijn voelen alsof u bent gestompt. Het verwijderen van het mes kan bloedingen en meer letsel, waaronder inwendige bloedingen, tot gevolg hebben en dient derhalve **uitsluitend door een daartoe bevoegd persoon** te worden uitgevoerd. Bovendien kan de aanvaller, als het mes is verwijderd, dit nogmaals gebruiken! Het gaat er ons hier vooral om **te voorkomen dat de aanvaller u nogmaals kan steken**.

Nadat u zich heeft gerealiseerd vanachteren te zijn aangevallen dient u aan te nemen dat de aanvaller gebruikmaakt van een wapen zoals een mes, een bijl of een vergelijkbaar wapen. Reageer kordaat: beweeg snel door drie of vier stappen afstand te nemen van de aanvaller en u in zijn richting om te draaien. Als u zich niet snel genoeg beweegt, is het waarschijnlijk dat u meerdere keren wordt aangevallen waardoor u **aanzienlijk meer letsel** zult oplopen. De richting waarin u zich beweegt dient naar voren of naar de zijkant te zijn, hetgeen afhangt van de omstandigheden. Terwijl u afstand neemt, kijkt u achterom om de aanvaller in het oog te krijgen en neemt u gepaste actie, hetgeen afhangt van de afstand waarop hij zich bevindt en de houding die hij aanneemt. Blijf altijd vechtlustig: raak niet in paniek en geef niet op!

Als u voelt dat u niet kunt blijven staan, kunt u nog altijd afstand nemen door u op de grond te laten vallen. Val zo dicht mogelijk bij de aanvaller neer, kom op uw zij terecht en zet de tegenaanval vanaf de grond in met schoppen tegen knie of kruis.

Zelfs na één keer gestoken te zijn, kan een expert snel in de richting van de aanvaller draaien en de verdediging en tegenaanval inzetten. **Het belangrijkste is hierbij de nadruk op overleven te leggen**. Vele slachtoffers van een aanval met een mes wisten, ondanks talloze verwondingen, te overleven. Deze personen bleven terugvechten en **gaven niet op**. U dient derhalve niet de wil om te vechten, overwinnen en overleven te verliezen, ook niet als u één of meerdere steekwonden heeft opgelopen.

U draagt een wapen en wordt aangevallen met een scherp of stomp voorwerp

Als u wordt aangevallen terwijl uw vuurwapen in de holster zit of om andere reden niet gebruiksklaar is, dient uw 'lege handen'-verdedigingstechniek te worden gebruikt om dreigend letsel te voorkomen. De meeste aanvallers kunnen een afstand van 5-7 meter overbruggen voordat de verdediger in staat is een pistool of wapenstok te hanteren! Vele politieagenten hebben hierdoor helaas het leven gelaten...

Bij experimenten met een aanvaller die een mes draagt en minder dan 6 meter afstand heeft tot iemand die zich bewust was van het dreigende gevaar, is gebleken dat de verdediger over onvoldoende tijd beschikte om zijn vuurwapen te trekken en dat hij meerdere keren werd gestoken! Dit is te wijten aan de tijd die noodzakelijk is om op effectieve wijze te reageren, hetgeen is samengesteld uit de tijd die nodig is om de informatie over de aanval te verwerken, de beslissing te nemen het pistool te trekken en de tijd die nodig is om te richten en te schieten. De benodigde tijd hiervoor varieert tussen 1,5 en 3 seconden; een tijd waarbinnen de aanvaller ongestoord tot de aanval kan overgaan. Het is derhalve, ook al draagt u een vuurwapen, noodzakelijk om defensieve technieken en tegenaanvallen te oefenen om een aanval op korte afstand te kunnen overleven.

Nadat het aanvankelijke gevaar door middel van schoppen, technieken met de hand en/of tegenaanvallen is weggenomen en er vervolgens een veilige afstand is genomen tot de aanvaller, kunt u op een veilige en effectieve manier uw vuurwapen trekken (zie foto A). Wanneer u een soldaat bent met machinegeweer of karabijn, en op korte afstand wordt aangevallen, moet het u mogelijk zijn dit wapen te gebruiken om u te verdedigen en de tegenaanval in te zetten. Feitelijk gebruikt u het vuurwapen in eerste instantie als slagwapen om de eerste aanval af te weren en daarna de tegenaanval in te zetten: het slaan met het vuurwapen (foto C) of schoppen. Pas dan kunt u het vuurwapen als zodanig gebruiken om de aanval te neutraliseren.

Er zijn gevallen bekend waarin een aanvaller met een mes in een delirium verkeerde (waarschijnlijk onder invloed van verdovende middelen, plotselinge krankzinnigheid, religieus fanatisme, enz.) en zelfs na enkele keren te zijn beschoten bleef aanvallen omdat hij geen pijn voelde en zich er niet van bewust was dat hij was geraakt (hetgeen kan voorkomen als kogels van een klein kaliber worden gebruikt). Dit illustreert het geweldige doorzettingsvermogen van een aanvaller die met een mes gewapend is. U dient er derhalve op voorbereid te zijn dat u zich met de handen moet verdedigen en een tegenaanval moet inzetten indien u niet de mogelijkheid heeft een vuurwapen te trekken (zie foto B). Feitelijk dient u uw vuurwapen slechts als hulpmiddel te zien: **vertrouw niet uitsluitend op uw vuurwapen** als 'magisch' wapen om u uit deze situatie te redden. U dient zich als krijger op te stellen, met of zonder wapens zoals pepperspray, wapenstok of vuurwapen.

Conclusie

Bij het uitvoeren van een aanval met een mes is het doel van de aanvaller u te doden of ernstig te verwonden. Bij zijn aanval maakt hij gebruik van kracht en snelheid en zal meestal meerdere keren steken. Bij verdedigingstechnieken met de hand is de basisregel de aanval af te weren of te stoppen, het meermaals gebruiken van het wapen te voorkomen en, zo snel mogelijk, de tegenaanval in te zetten om de aanvaller uit te schakelen. Indien nodig, dient de aanvaller te worden ontwapend.

Schoptechnieken zijn op grotere afstand effectief tegen aanvallers met een mes. Het doel hiervan is de aanvaller te verwonden en uit te schakelen voordat hij dichtbij genoeg is om uw leven in gevaar te brengen.

De technieken die in dit hoofdstuk zijn beschreven, zijn alleen te gebruiken als u geen andere keuze heeft. Als u wel een keuze heeft, geniet het de voorkeur om de gevarenzone zo snel mogelijk te verlaten of, indien mogelijk, een wapen (vuurwapen, ijzeren staaf, stok, stoel, enz.) te gebruiken om uw verdediging kracht bij te zetten.

Verdediging tegen een bedreiging met een mes

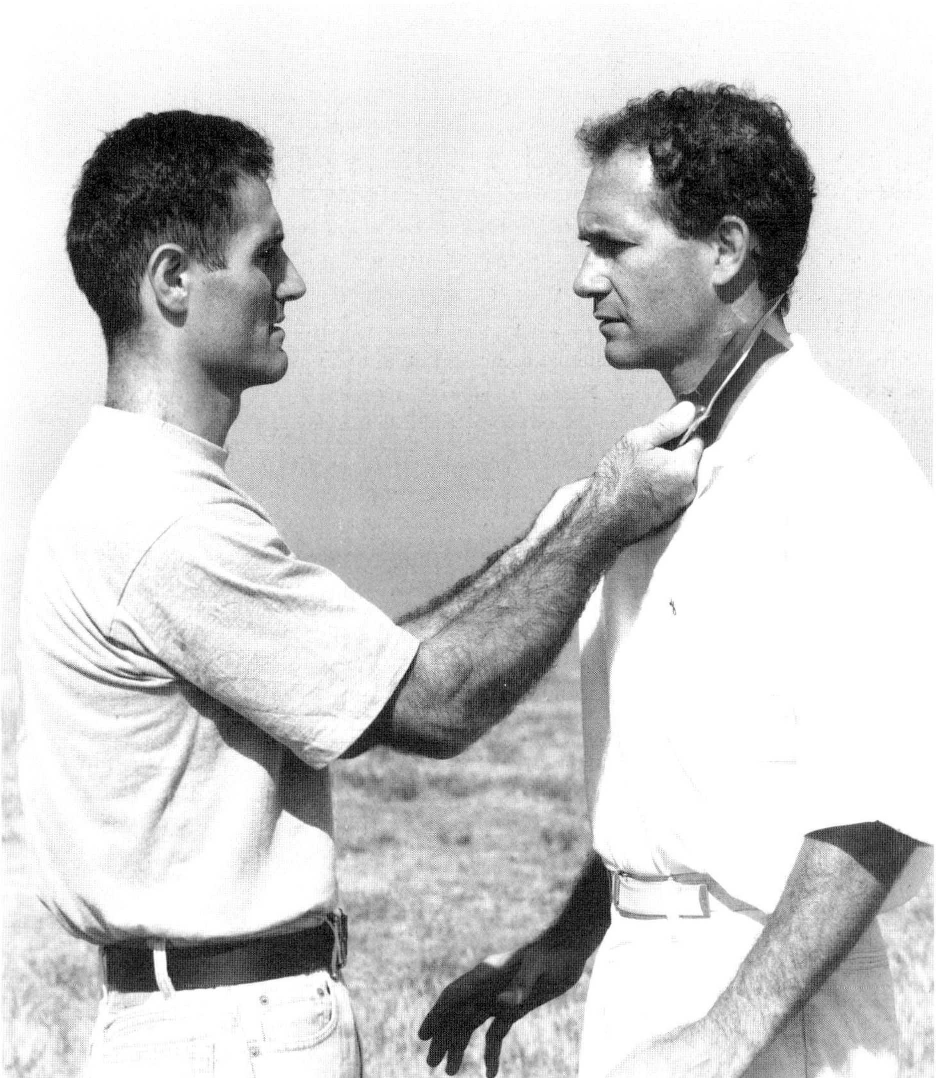

HOOFDSTUK 2

Verdediging tegen een bedreiging met een mes

Het doel van een aanvaller die u met een mes bedreigt, is vergelijkbaar met dat van iemand die u met een vuurwapen bedreigt. Dit doel wijkt af van dat van een aanvaller die daadwerkelijk een stekende beweging maakt met een mes. Degene die u met een mes bedreigt **wenst iets te bereiken** door middel van bedreiging en intimidatie. Het doel van de aanvaller kan zijn het verkrijgen van informatie, geld of andere bezittingen of het slachtoffer van de ene plek naar de andere te loodsen. Gewoonlijk houdt hij het mes op een agressieve en bedreigende manier vast of drukt hij deze tegen het lichaam van het slachtoffer om angst aan te jagen en de onmiddellijke medewerking van het slachtoffer te verkrijgen. Derhalve is de kern van het probleem de bedreiging en de positie van het mes, die gewoonlijk stil tegen het lichaam van het slachtoffer wordt gehouden.

De aanvaller kan zijn slachtoffer van diverse afstanden bedreigen (korte, middellange en lange) en tevens vanuit diverse richtingen en onder diverse hoeken. Hij kan zijn wapen op diverse hoogtes houden en zelfs tegen een lichaamsdeel van het slachtoffer om deze tot medewerking te dwingen. De aanvaller zal het slachtoffer waarschijnlijk ook vastpakken bij zijn arm, zijn haar of een ander lichaamsdeel.

Onze technieken om een bedreiging met een mes tegen te gaan zijn voor het grootste gedeelte gebaseerd op de grondbeginselen die worden gebruikt om een bedreiging met een vuurwapen, een aanval met een mes of een steek met een bajonet af te weren.

Basisregels

- Voer de techniek **meteen en snel uit** nadat u zich bewust wordt van de bedreiging. Onthoud dat een bewegend mes een gevaarlijker bedreiging vormt, terwijl een bedreiging met een bewegingsloos mes minder gevaar met zich meedraagt. Hoe meer tijd er verstrijkt vanaf het begin van de aanval, hoe gevaarlijker de situatie zal worden en des te waarschijnlijker het is dat dit zal ontaarden in een daadwerkelijke aanval met een mes.

- Het meest geschikte ogenblik om de bedreiging teniet te doen is **wanneer de aandacht van de aanvaller wordt afgeleid**, bijvoorbeeld als hij praat, opdrachten geeft of luistert naar de smeekbedes van het slachtoffer.

- Als antwoord op een verdedigende beweging, zal de aanvaller waarschijnlijk **reflexmatig reageren** door de hand waarmee hij het mes vasthoudt terug te trekken om te kunnen steken. Ook is het mogelijk dat hij meteen steekt of op een andere manier het slachtoffer aanvalt door een schop of met zijn vrije hand. De basistechnieken tegen een bedreiging met een mes houden rekening met een dergelijk 'natuurlijk' gedrag en met voorspelbare reacties van de aanvaller op uw verdedigende acties.

- Veel van de defensieve technieken om een bedreiging met een mes op korte afstand teniet te doen, in het bijzonder als de aanvaller het slachtoffer beetpakt, zijn gebaseerd op de hieronder vermelde beginselen en defensieve technieken die van toepassing zijn op een bedreiging met een vuurwapen: (1) **actieve verdediging met de hand**, gekoppeld aan het corresponderende **ontwijkende lichaamsbeweging**, (2) **controle krijgen over het wapen of, feitelijk de hand waarmee deze wordt vastgehouden**, terwijl u op de aanvaller toe stapt. (3) **Het uitvoeren van een krachtige tegenaanval**, (4) afronden door **de aanvaller te ontwapenen of u buiten de gevarenzone te begeven**.

- In de meeste gevallen dient u zich, bij de eerste gelegenheid, zo ver mogelijk buiten het bereik van de aanvaller te begeven. Het is het vermelden waard dat de specifieke technieken om de bedreiging met een mes te neutraliseren vaak worden uitgevoerd **zonder de aanvaller te ontwapenen**. Deze aanpak geniet de voorkeur omdat het in vele gevallen efficiënter en effectiever is om de hand van de aanvaller die het mes vasthoudt vast te pakken, een krachtige tegenaanval uit te voeren en u uit de gevarenzone terug te trekken. Pas daarna kunt u overgaan tot ontwapening.

- De verdedigende acties, waaruit de techniek om een bedreiging met een mes **op lange afstand** zijn opgebouwd, zijn gebaseerd op de grondbeginselen en defensieve technieken tegen een naar voren gerichte steekbeweging met een stok of een geweer met bajonet. Deze techniek luidt: **weer eerst de bedreiging af** met de open hand waarbij u, indien nodig, naar voren leunt, het lichaam draait en de aanvaller **schopt**.

De navolgende voorbeelden geven aan hoe u op de juiste wijze dient om te gaan met diverse bedreigingen met een mes. In eerste instantie past u de basistechnieken toe en vervolgens, gebaseerd op hetgeen u geleerd heeft, gaat u over op technieken die afgeleid zijn van de basistechnieken. Onthoud dat in een realistische situatie de handelingen van de aanvaller niet precies te voorspellen zijn. Nadat u de grondbeginselen heeft geleerd, dient u derhalve op een realistische manier te oefenen om ervaring op te doen en kennis te maken met een grote reeks potentiële levensbedreigende situaties die niet allemaal in dit hoofdstuk worden besproken. Deze aanpak van training dient u toe te passen op **alle onderwerpen** die in dit boek worden behandeld.

Bedreiging van voren op lange afstand

U merkt dat u van voren wordt bedreigd met een mes. De aanvaller staat relatief ver bij u vandaan en houdt het mes voor zich.

Op de meest directe manier weert u met uw hand het gevaar naar de zijkant af (met gestrekte vingers en tegen de rug van de hand van de aanvaller). Deze defensieve handbeweging doet het lichaam iets draaien, hetgeen een extra verdediging vormt. In sommige gevallen zult u hierbij iets naar voren moeten buigen om de afstand te overbruggen.

Vervolg met een trap in het kruis, waarbij u uw lichaam achterover helt en uit de baan van het mes. Verlaat vervolgens de gevarenzone of schakel de aanvaller uit zoals in de volgende stappen wordt omschreven. Het is mogelijk dat door de plotselinge afweertechniek of de krachtige schop de aanvaller het mes zal laten vallen.

Detail foto 2: weer de rug van de hand van de aanvaller af.

Als u de gevarenzone niet verlaat, is het aan te bevelen het volgende te ondernemen: terwijl u uw been na de trap terugtrekt, grijpt u de hand met het mes bij de elleboog met uw rechterhand vast en drukt u deze naar beneden.

Vervolgens deelt u een stomp uit en, indien nodig, gaat u over tot aanvullende tegenaanvallen, bijvoorbeeld met de knie of met schoppen.

Het afweren van de hand van de aanvaller lijkt op de verdediging die wordt gebruikt tegen een aanval met een stok of een geweer met bajonet. Uw hand wijst met de duim omhoog en de pink naar beneden terwijl de vingers gestrekt zijn. Uw hand beweegt diagonaal voorwaarts om zijn doel te raken: de hand van de aanvaller die het mes vasthoudt.

Deze defensieve handbeweging wordt zo efficiënt mogelijk uitgevoerd, in een rechte lijn naar de zijkant van de hand van de aanvaller die u horizontaal zijwaarts duwt. Als het mes veel hoger wordt vastgehouden en dichter bij uw gezicht staat, zult u deze actie verticaal moeten uitvoeren. In dit geval wijzen uw vingers naar boven.

Tussen het afweren en de schop zult u gewoonlijk op explosieve wijze iets naar voren stappen zodat uw gewicht boven het standbeen komt te liggen. Dit draagt er eveneens toe bij dat de afstand tot het doel wordt verkort en u bovendien vanuit 'neutrale houding' een snelle en krachtige schop kunt geven. Het is aan te bevelen te schoppen met de voet die tegenover de afwerende hand staat. Raak de aanvaller in het kruis met een voorwaarts gerichte schop.

Om u voor te bereiden op realistische omstandigheden, dient u zich ook te oefenen in het **snel verlaten van de gevarenzone, direct nadat u de aanvaller heeft geschopt**. Indien dit in de praktijk niet mogelijk blijkt, dient u door te gaan als hieronder beschreven.

U grijpt en controleert de hand van de aanvaller, zet de tegenaanval in en ten slotte ontwapent u hem. Na de aanvankelijke afweer en tegenaanval dient u te kijken of er in de directe omgeving voorwerpen zijn die u kunt gebruiken om de verdediging of tegenaanval te intensiveren.

Variatie: *Wanneer de aanvaller naast of achter u staat en u bedreigt van grotere afstand, is de te gebruiken techniek in beginsel dezelfde. Deze techniek behelst ook het afweren van de hand van de aanvaller. Dit doet u met de handpalm of de binnenzijde van uw onderarm waarna u in tegenovergestelde richting van het mes buigt en de aanvaller zo snel mogelijk schopt. Meestal gebruikt u hierbij een zijdelingse schop of een defensieve schop naar achteren. Indien nodig, kunt u de aanvaller schoppen zonder zijn arm af te weren. In dit geval dient veel nadruk te worden gelegd op de verdediging van het lichaam terwijl u de schop geeft.*

Bedreiging van voren, met het mes buiten bereik

U wordt door een aanvaller op middellange of lange afstand met een mes bedreigd. Deze situatie lijkt op de bovenstaande, zij het dat de aanvaller dichterbij staat maar het mes zich buiten bereikt bevindt, wat het u moeilijk maakt deze te bereiken.

Geef een snelle, krachtige, naar voren gerichte schop in het kruis van de aanvaller, waarbij u het lichaam achterover helt. Indien mogelijk, verlaat u snel de gevarenzone. Als dat niet mogelijk is, blijft u de tegenaanval voortzetten om de aanval te neutraliseren.

Deze techniek lijkt veel op de hiervoor omschreven techniek, zij het dat de afweerbeweging niet wordt gebruikt. De meest geschikte manier om deze techniek toe te passen is als u doet alsof u medewerking verleent en de bevelen van de aanvaller zogenaamd opvolgt (bijvoorbeeld als u doet alsof u uw portemonnee uit uw zak haalt).

Bedreiging van voren, korte afstand

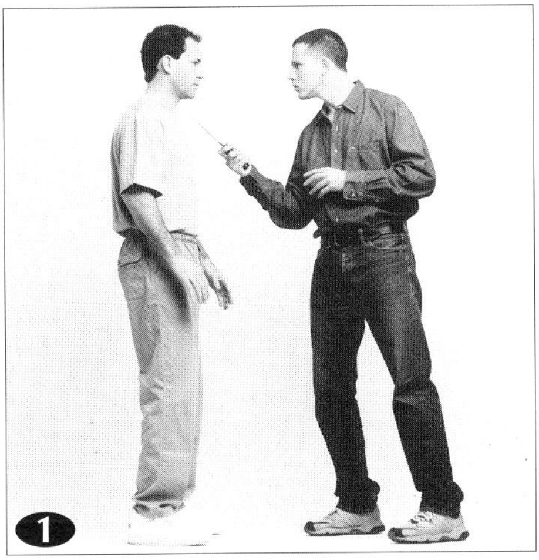

U wordt bedreigd met een mes dat zeer dicht bij uw keel of bovenlichaam wordt gehouden.

Begin met een defensieve handbeweging en een draai van het lichaam. Duw het mes in horizontale positie door de aanvaller bij de pols vast te pakken. Bij het vastpakken van de pols dient uw duim naar beneden gericht te zijn en uw wijsvinger naar boven. Uw gewicht wordt diagonaal voorwaarts gebracht, in de richting van de afwerende hand.

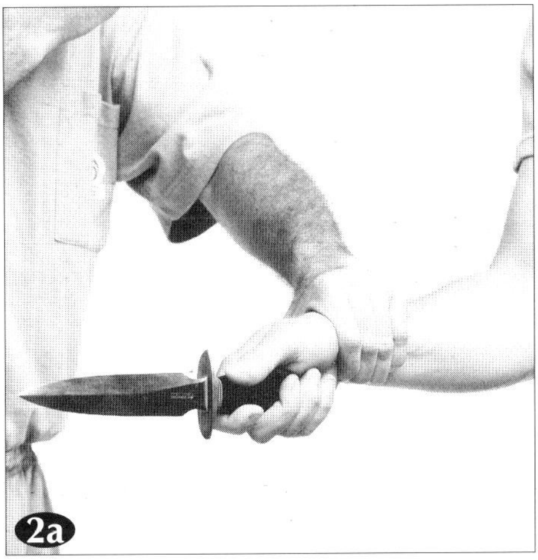

Detail foto 2: Het vastpakken van de pols van de aanvaller, waarbij u deze zijwaarts wegduwt.

Stap met de voet aan de kant van de afwerende hand naar voren en breng uw gewicht naar voren om druk te kunnen uitoefenen op de hand van de aanvaller. Zet de tegenaanval in met een stomp in voorwaartse richting en oefen druk uit op de hand die het mes vasthoudt terwijl uw elleboog wordt gestrekt. Het is dan mogelijk de aanvaller uit te schakelen of hem achteruit te duwen, waarna u zo snel mogelijk de gevarenzone kunt verlaten.

Wanneer u besluit niet weg te gaan uit de gevarenzone kunt u verdere actie ondernemen door, zoals hier afgebeeld, met beide handen de hand van de aanvaller vast te pakken en achteruit te stappen waardoor u de juiste positie krijgt om een krachtige schop te kunnen geven.

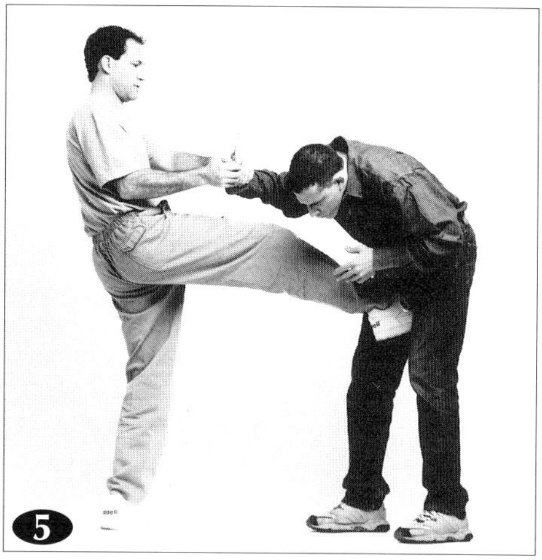

Schop de aanvaller in het kruis.

Ontwapen uw tegenstander zoals omschreven onder: **steek, oriëntaalse greep – diagonale verdediging met de onderarm** (*zie vorig hoofdstuk*).

Deze techniek is gebaseerd op de techniek voor **een bedreiging van voren, op afstand** (zie *hoofdstuk 4: Afwerking van bedreiging met vuurwapen*). In dit geval grijpt u de aanvaller echter bij de pols. De meeste technieken die worden gebruikt om een bedreiging met een mes van voren, op korte afstand, te neutraliseren, zijn gebaseerd op dezelfde principes als deze specifieke techniek. Zij zijn opgebouwd uit een verdediging met de hand (door de pols van de aanvaller vast te pakken en weg te duwen), verdediging van het lichaam (door te draaien en diagonaal voorwaarts te bewegen), het in bedwang krijgen van de hand die het mes vasthoudt (door deze vast te pakken en diagonaal naar beneden te duwen), de tegenaanval in te zetten, de aanvaller te ontwapenen (optioneel) en snel de gevarenzone te verlaten.

Opmerking: Bij sommige bedreigingen op korte afstand, is het mogelijk, als de aanvaller u niet vastpakt, de eerste techniek toe te passen: weer de bedreiging af, schop uw aanvaller, verlaat de gevarenzone zo snel mogelijk.

Bedreiging op de keel, van voren

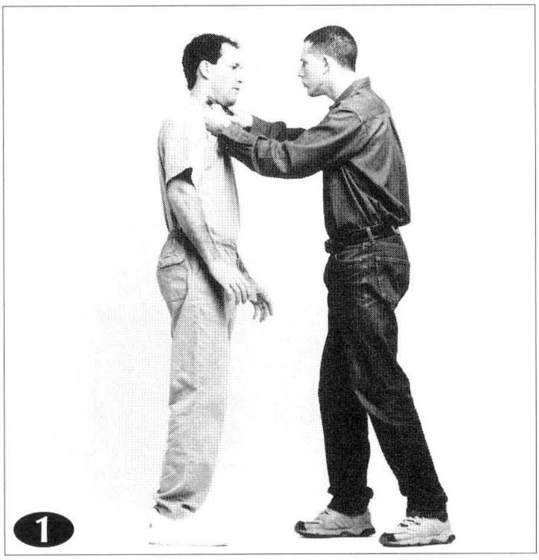

De aanvaller drukt u rechts een mes tegen de keel. U was niet in staat deze situatie te voorkomen. Hij pakt u ook bij uw kleding om u beter in bedwang te kunnen houden.

Vergelijkbaar met de vorige techniek, wordt (in dit geval) met de linkerhand het mes van uw keel gedrukt door de pols van de aanvaller vast te pakken en af te weren. Dit gebeurt zo snel mogelijk. Gelijktijdig verdedigt u het lichaam door te draaien en verplaatst u uw gewicht diagonaal voorwaarts waardoor u een veilige afstand van het mes kunt nemen.

Stap voorwaarts met dezelfde voet (links), pak de pols van de aanvaller en geef hem een rechte stomp terwijl u zijn hand met het mes diagonaal naar beneden drukt.

Pak de hand met het mes ook met uw andere hand beet om een betere controle te verkrijgen en zet de tegenaanval in met een kniestoot in het kruis. Vervolgens ontwapent u de aanvaller of duwt u hem achterwaarts waarna u de gevarenzone verlaat.

Zoals afgebeeld bij de vorige techniek, dient u de hand van de aanvaller af te weren en vast te pakken. Vervolg deze actie met een draai van het lichaam en stap diagonaal naar voren.

Zet de tegenaanval snel en krachtig in. De druk op de hand die het mes vasthoudt dient diagonaal en naar beneden gericht te zijn in de richting van het lichaam van de aanvaller.
Het mes kan zowel links als rechts op uw keel gezet worden. Voor het geval het mes links wordt geplaatst, dient u de onderstaande techniek te gebruiken.

Bedreiging op de keel, met naar binnen gericht mes

De aanvaller heeft u vastgepakt en zet u het mes op de keel. Dit lijkt op de hiervoor beschreven techniek, zij het dat het mes naar binnen is gericht.

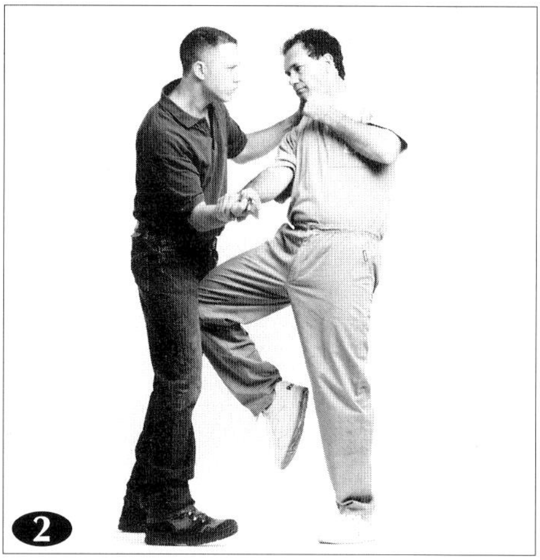

Gebruik de basistechniek met uw **rechterhand**. Pak de pols van de aanvaller beet en weer deze af terwijl u gelijktijdig een draai maakt om uw keel uit de buurt van het mes te brengen. Als u diagonaal voorwaarts stapt met het rechterbeen, geeft u de aanvaller een kniestoot in het kruis, terwijl u de arm van de afwerende hand (rechts) strekt.

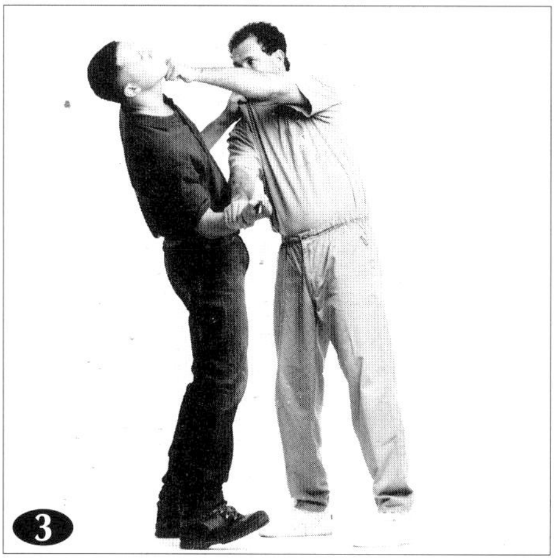

Stap dichter op de aanvaller af en sla hem. Zet de tegenaanval in, duw de aanvaller weg en verwijder u uit de gevarenzone of ontwapen hem.

Het mag duidelijk zijn dat een naar binnen gerichte afweer met de linkerhand, zoals omschreven, tot gevolg zal hebben dat uw keel wordt doorgesneden. Derhalve wordt deze verdedigingstechniek **rechts** uitgevoerd. Weer het mes af door de pols van de aanvaller met uw rechterhand vast te pakken. Bescherm uw lichaam door afstand te nemen van het mes, verplaats uw gewicht diagonaal voorwaarts en zet de tegenaanval in met een kniestoot.

Indien nodig, is het mogelijk de eerste tegenaanval met een stomp uit te voeren, terwijl u met het rechterbeen diagonaal voorwaarts stapt. Vervolgens geeft u een kniestoot met uw linkerbeen in het kruis van de aanvaller.

Variaties:

- *Weer de pols van de aanvaller af en grijp die met uw rechterhand. Neem afstand van het mes en grijp snel de pols, eveneens met uw linkerhand. U heeft nu de hand van de aanvaller met beide handen vast. Dit is veel veiliger en bovendien kunt u tegelijkertijd tegenaanvallen uitvoeren met uw knie. Dit lijkt op de techniek die gebruikt wordt bij een bedreiging met een-vuurwapen*, diagonale bedreiging van voren, van een afstand (*hoofdstuk 4: Afweer van bedreiging met vuurwapen*)

- *Een verdediging van de buitenkant, uitgevoerd met uw linkerhand, is in sommige gevallen ook mogelijk. Zet de tegenaanval gelijktijdig in met een stomp en voer de eerder beschreven verdedigingstechniek van het lichaam uit (door met het rechterbeen diagonaal voorwaarts te stappen). Weer de pols van de aanvaller af met uw linkerhand. Bij deze variatie wordt het vastpakken later uitgevoerd dan in de getoonde techniek.*

Bedreiging vanachteren, vastgepakt bij de schouder

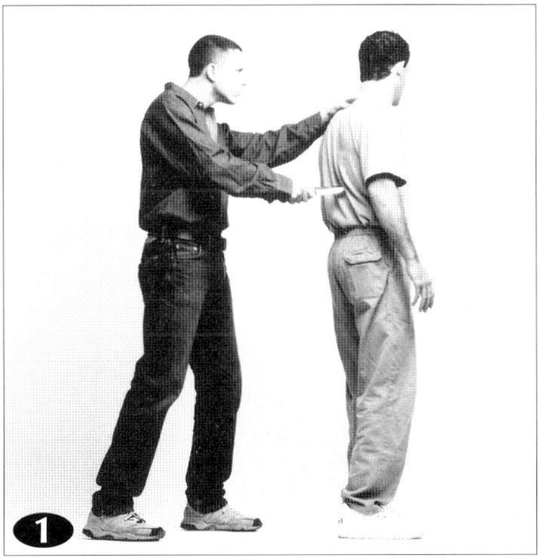

Op enige afstand grijpt de aanvaller u bij uw kleding op de schouder en houdt een mes tegen uw rug. Het is waarschijnlijk zijn bedoeling u 'slechts' te bedreigen of te ontvoeren.

Zoals bij de basistechniek om een bedreiging met een vuurwapen vanachteren te neutraliseren, weert u de hand met het wapen af, draait u zich gelijktijdig om en stapt u krachtig op uw aanvaller af (zie *verdedigingstechnieken tegen vuurwapens*, bijvoorbeeld *bedreiging vanachteren, korte afstand*).

Deze techniek is bijna identiek aan die, welke gebruikt wordt om de bedreiging met een vuurwapen vanachteren te neutraliseren; wij raden u aan dit hoofdstuk goed te bestuderen.

De afwerende hand 'trekt' het lichaam in een draaibeweging, hetgeen gevolgd wordt door een snelle stap in de richting van de aanvaller. Als de aanvaller u met zijn hand naar voren duwt (met dezelfde hand die uw kleding vastheeft) of als u merkt dat de duwende hand of het mes het u moeilijk zal maken de hier afgebeelde draai naar links te maken, voert u de techniek naar rechts uit, waarbij u de onderarm van de aanvaller met uw rechterhand vastpakt.

Ook hier, evenals bij de vorige techniek, zijn de beginselen hetzelfde: verdediging met hand en lichaam, het in bedwang houden van de hand met het wapen, krachtige tegenaanval en ontwapening of het vluchten uit de gevarenzone.

Nadat u de hand van de aanvaller heeft afgeweerd, brengt u uw hand diagonaal voorwaarts. Dan pakt u zijn onderarm (van de hand die het mes vasthoudt) met een vegende beweging bij de elleboog beet. Gelijktijdig geeft u de aanvaller een elleboogstoot tegen zijn kin of keel. Zie erop toe dat uw elleboog met veel kracht en horizontaal naar binnen en voorwaarts beweegt.

***Variatie**: Als de aanvaller u niet vastpakt, is het meestal mogelijk zijn hand af te weren door deze met de onderarm te raken, gelijktijdig een snelle stap te nemen, naar voren te leunen en een defensieve schop naar achteren te geven, waarbij u de beginselen hanteert die zijn omschreven bij de eerste techniek van dit hoofdstuk.*

Een waargebeurd verhaal

Avi, een Israëlische instructeur van Krav Maga, wandelde op Copa Cabana Beach in Rio de Janeiro. Hij werd door drie mannen benaderd die hem wilden beroven. De man links van hem drukte hem een mes op de keel, de tweede doorzocht zijn zakken en de derde stond vlakbij. Avi weerde de hand met het mes af – conform de in dit hoofdstuk beschreven technieken. Als gevolg hiervan raakte het mes het gezicht van de tweede aanvaller. Gelijktijdig werd de eerste aanvaller (met het mes) met twee stompen tegen de grond geslagen. De tweede aanvaller trok zich vanwege zijn verwondingen terug en de derde rende weg. Het 'slachtoffer' van de beroving trok zich snel terug.

Bedreiging vanachteren, korte afstand

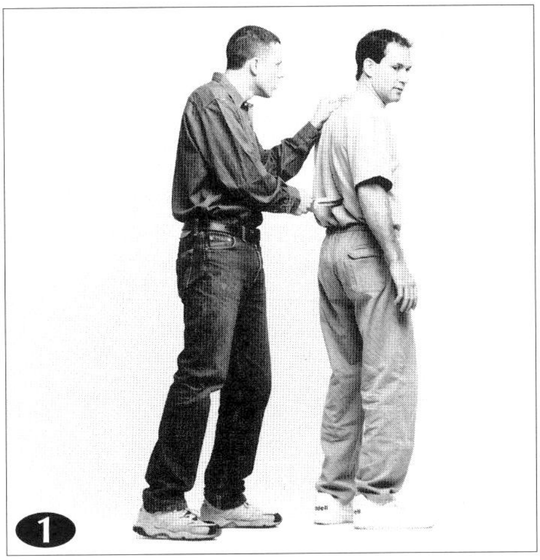

De aanvaller benadert u op korte afstand vanachteren. Hij pakt u bij de schouder en drukt een mes tegen uw rug. U kunt niet draaien of een stap naar links nemen **vanwege de naar voren gerichte druk die op uw linkerschouder wordt uitgeoefend**.

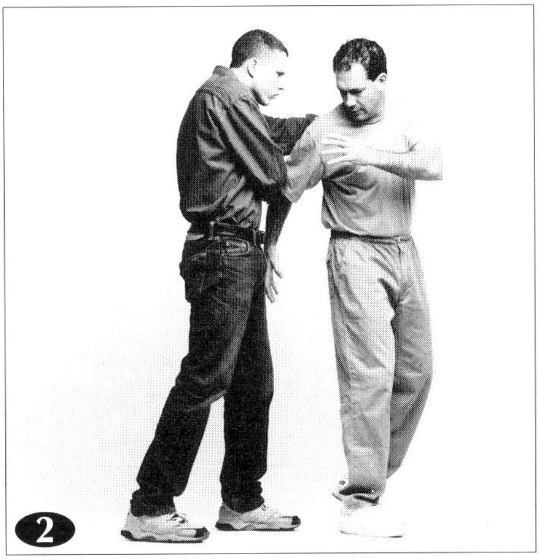

Evenals bij de vorige techniek moet u de hand van de aanvaller wegduwen en daarna een snelle draai maken waardoor u dichter bij de aanvaller komt te staan. De aanvaller is nu zeer dichtbij, hetgeen het moeilijk maakt met uw verdedigende hand zijn onderarm beet te pakken. Derhalve grijpt u zijn elleboog of bovenarm met uw andere hand en stapt u met uw rechterbeen in de richting van de aanvaller.

U pakt de aanvaller beet door uw rechterarm om hem heen te slaan (omdat u naar rechts bent gedraaid). Met uw linkerhand grijpt u hem bij de elleboog en drukt u deze naar binnen. Stap snel naar voren met uw linkerbeen en duw de aanvaller naar achteren. Geef hem vervolgens met het rechterbeen een aantal kniestoten in het kruis.

Deze techniek, vergelijkbaar met de vorige, begint met het afweren van de hand met het wapen. Het afweren wordt meteen opgevolgd door een draai van het lichaam en een stap naar voren met dezelfde voet als de afwerende arm.

Vanwege de uiterst korte afstand tussen u en uw aanvaller, is het bijzonder moeilijk de basistechniek van het grijpen van de onderarm uit te voeren. De oplossing is hier om de aanvaller nog dichter te benaderen en hem te 'omhelzen'.

Gelijktijdig neutraliseert u de hand met het mes door de bovenarm nabij de elleboog vast te pakken en de aanvaller naar achteren te duwen.

Rond deze techniek af door de aanvaller een flinke duw naar achteren te geven en snel de gevarenzone te verlaten of door met uw linkerhand de onderarm of pols van de hand met het mes vast te pakken en de aanvaller te ontwapenen.

Variatie: *In sommige gevallen (zoals hieronder afgebeeld) kunt u de onderarm in plaats van de bovenarm van de aanvaller* ***met uw linkerhand*** *beetpakken.*

Bedreiging van de zijkant, korte afstand

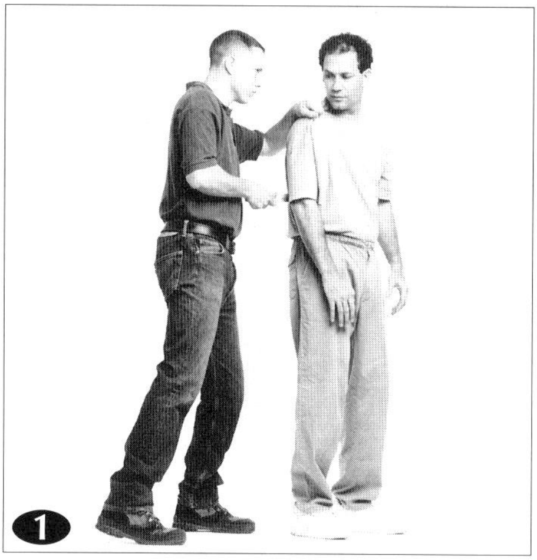

De aanvaller, die u van de zijkant benadert, grijpt u bij de schouder en drukt het mes tegen uw ribben, achter uw arm. Hij is hoogstwaarschijnlijk van plan u te beroven. Hij tracht uw bewegingsvrijheid te beperken door u met het mes te bedreigen. Het mes wordt zodanig vastgehouden dat deze voor omstanders bijna niet te zien is.

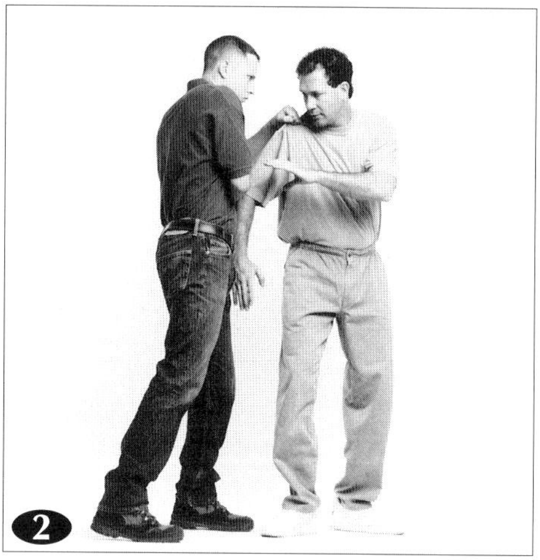

Met een plotselinge beweging, terwijl u uw rechterarm recht naar beneden houdt, weert u de hand met het mes af in de richting van de maag van de aanvaller, terwijl u gelijktijdig een draai met het lichaam maakt. Uw andere hand is nu vrij om de onderarm van de aanvaller vast te pakken, terwijl u (indien nodig) naar hem toestapt.

Evenals bij de basistechnieken om een bedreiging met een vuurwapen vanachteren of van de zijkant te neutraliseren, weert u ook hier de bedreiging af, voert u een draai met het lichaam uit om het te verdedigen en valt u uw tegenstander aan. Gezien de onderlinge afstand tussen u en de aanvaller, is het moeilijk een 'gewone' defensieverdediging uit te voeren. Derhalve dient u met uw andere hand (links) de onderarm van de aanvaller vast te pakken om zijn bewegingsvrijheid te beperken en om te voorkomen dat hij zijn hand kan terugtrekken. Door uw rechterhand ook te gebruiken kunt u hier meer kracht bij uitoefenen. Zet de tegenaanval zo snel mogelijk in, waardoor het voor uw tegenstander moeilijker wordt zijn wapen te gebruiken. Als laatste ontwapent u de aanvaller of verwijdert u zich uit de gevarenzone.

Pak de onderarm van de aanvaller en blijf druk uitoefenen met uw afwerende (rechter) arm. Zet de tegenaanval zo snel mogelijk in door bijvoorbeeld een krachtige kopstoot te geven.

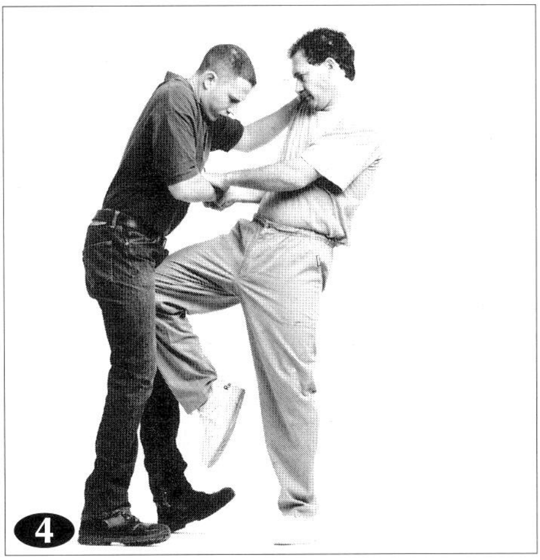

Met uw afwerende (rechter) hand pakt u de hand van de aanvaller die het mes vasthoudt en geeft u een kniestoot in het kruis. Vervolgens verwijdert u zich uit de gevarenzone of ontwapent u de aanvaller.

Bedreiging vanachteren, mes op de keel

De aanvaller bevindt zich achter u, grijpt u vast en zet u het mes op de keel.

Hef uw handen op en pak de pols van de aanvaller met een klauwachtige beweging vast en trek het mes van uw keel weg, terwijl u gelijktijdig uw keel in de tegenovergestelde richting beweegt.

Het doel van de aanvaller is in dit geval om het slachtoffer op een dusdanige manier te bedreigen dat hij geen weerstand kan bieden, ongeacht of het hier een beroving of een gijzeling betreft. Deze verdedigingstechniek is gebaseerd op de fundamentele KRAV MAGA

Geef de aanvaller een kopstoot in het gezicht en vergroot de afstand tot het mes bij uw keel door de pols nog lager te trekken. Lift uw rechterschouder een beetje. Tijdens deze actie duwt u de hand met het mes stevig tegen uw borst. Indien nodig geeft u een klap tegen het kruis van de aanvaller.

Maak een draai met het lichaam (met het hoofd in de richting van de hierdoor ontstane opening) waarbij u bijzonder goed oplet **dat het mes niet dichter bij uw keel komt** en draai uw hoofd uit de opening.

Zet de tegenaanval in terwijl u de hand van de aanvaller nog altijd strak tegen uw borst geklemd houdt.

techniek die wordt gebruikt om zich te bevrijden uit een vanachteren aangelegde wurggreep.

De aanvaller kan niet zien dat u uw handen omhoog doet om zijn pols te grijpen en als hij dat beseft, is het al te laat. Een krachtige ruk aan de hand met het mes, terwijl u uw keel naar achteren beweegt en gelijktijdig een achterwaartse kopstoot geeft, is de eerste fase van deze verdedigingstechniek. Dit wordt onmiddellijk gevolgd door een krachtige draai naar binnen waarbij u het lichaam buigt om u uit de houdgreep los te maken. De opening die in de houdgreep van de aanvaller ontstaat, wordt gecreëerd door de stevige ruk aan zijn pols en de snelle beweging van uw lichaam. Door uw linkerschouder lager te houden wordt de ontsnapping vergemakkelijkt en door uw rechterschouder op te trekken voorkomt u dat de aanvaller het mes dichter op uw keel kan zetten.

Opmerking: Gewoonlijk wordt dit gezien als een **risicovolle techniek** en dient derhalve **uitsluitend als laatste redmiddel** te worden gebruikt. Soms is het beter om te wachten tot u in een gunstiger situatie komt.

Verdediging tegen een aanvaller met een stok

HOOFDSTUK 3

Verdediging tegen een aanvaller met een stok

Als een aanvaller een stok als wapen hanteert, zal hij deze gewoonlijk aan het uiteinde vasthouden met één of beide handen. Hij kan u aanvallen met een **bovenhandse, neerwaartse beweging, een voorwaartse beweging, een horizontale beweging vanaf de zijkant** of **een diagonale beweging van boven**, die op verschillende hoogte uitgevoerd kan worden. Er zijn ook andere, minder vaak gebruikte aanvalshoeken zoals van beneden naar boven, hetgeen zowel verticaal als diagonaal kan worden uitgevoerd.

Een geoefende aanvaller kan de stok, afhankelijk van de lengte en het gewicht ervan, aan beide uiteinden vastpakken en diverse aanvalstechnieken toepassen. Ook kan hij tijdens de aanval de greep op de stok wijzigen, bijvoorbeeld door van hand te wisselen of door de stok vast te pakken zodat het kortste, achterste deel van de stok ook als wapen kan worden ingezet.

Opmerking: de verdediging tegen een aanval met een stok is ook te gebruiken tegen aanvallen met objecten die op een stok lijken zoals een ijzeren staaf, bijl, knots, honkbalknuppel of geweer, als dan niet met bajonet.

We dienen te onthouden dat **het snelste en gevaarlijkste deel van de stok de voorkant is**, het deel dat op u gericht wordt. Naarmate u zich verder naar het uitende van de stok begeeft, wordt de aanval minder krachtig en derhalve minder gevaarlijk.

De verdediging tegen een aanval met een stok omvat twee acties die meestal gelijktijdig in één verdedigingstechniek worden toegepast: **verdediging met de hand** en **verdediging met het lichaam (ontwijken)**. De verdediging met het lichaam is gebaseerd op een snelle stap voorwaarts (soms diagonaal) en op een zeer dichte benadering van de aanvaller. Deze verdediging met het lichaam wordt meestal gebruikt als de aanvaller de stok verticaal neerwaarts, diagonaal neerwaarts of horizontaal beweegt (zie tekeningen A, E en D).

Bij een bovenhandse aanval is de verdediging met de hand gebaseerd op een **glijdende verdediging** die de stok of de onderarm van de aanvaller van richting doet veranderen (tekeningen A, B en E). Tegen een horizontale aanval (tekening D) is de verdediging met de hand, na voorwaarts te zijn gestapt, gericht op het **absorberen van de kracht** van het minder gevaarlijke, langzamer bewegende deel van de stok of de arm van de aanvaller. Een binnenwaartse beweging met de hand weert een zwaaiende beweging van voren of een stekende beweging af (tekeningen B en C).

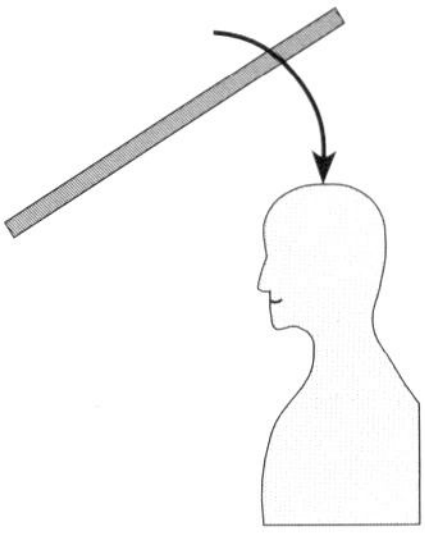

A Bovenhandse slag van boven.

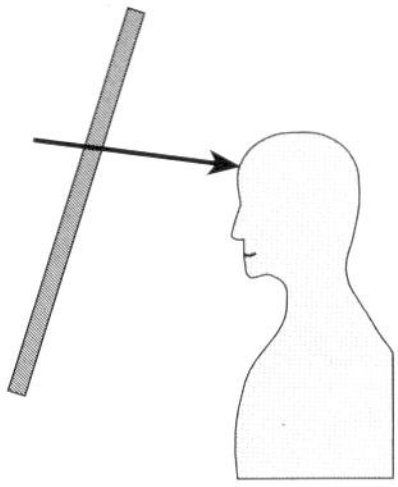

B Voorwaartse slag.

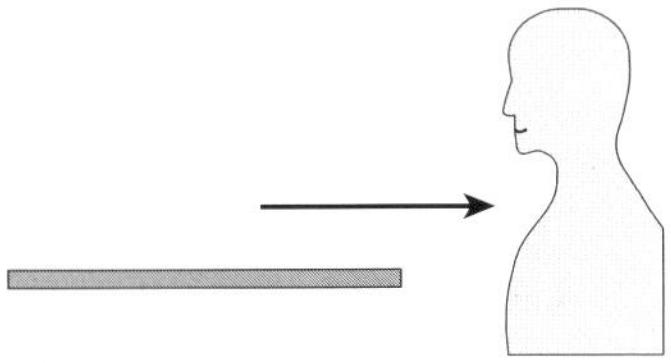

C Voorwaartse steekbeweging op diverse hoogten.

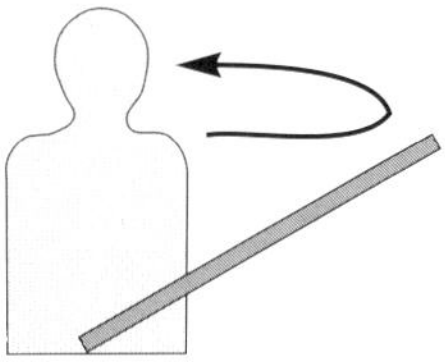

D Horizontale slag vanaf de zijkant op diverse hoogten.

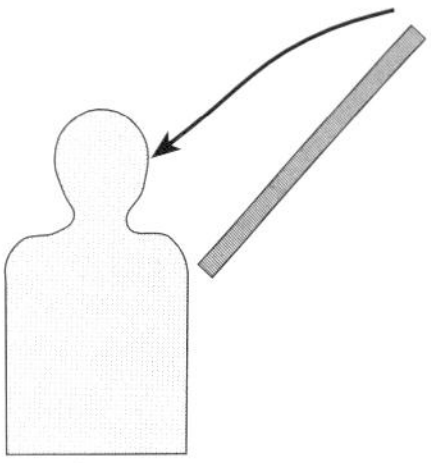

E Diagonale slag van boven op diverse hoogten en hoeken.

Bovenhandse slag – verdediging met stekende beweging naar binnen

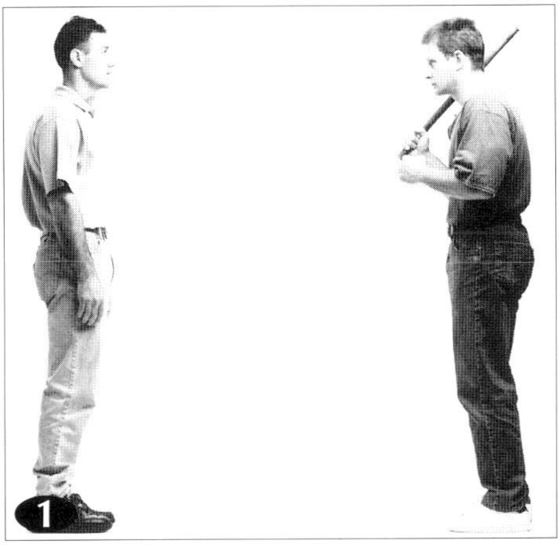

Uitgangspositie, neutrale houding.

De aanvaller heft de stok op en komt tijdens de aanval op u af. Begin door uw hand verticaal omhoog te brengen met een 'stekende verdediging', die wordt uitgevoerd terwijl u voorover leunt en op de aanvaller afstapt. De rug van de verdedigende hand wijst naar buiten. Met uw andere hand bereidt u de tegenaanval voor waarbij u uw hoofd tussen de schouders intrekt.

Neem een snelle stap voorwaarts met een stekende beweging, waarbij u uw onderarm tegen de binnenkant van de onderarm van de aanvaller brengt. U zet zo snel mogelijk de tegenaanval in op de keel of kin van de aanvaller. Ten opzichte van de aanvaller, is uw lichaam diagonaal voorwaarts geplaatst zodat een denkbeeldige lijn kan worden getrokken tussen uw meest naar voren gerichte hand en uw meest naar achteren geplaatste hiel.

Deze actie rondt u af door de aanvaller vast te pakken en hem een kniestoot in het kruis te geven.

Foto 3 vanachteren gezien: de stok glijdt langs uw arm en lichaam. Uw hoofd is ingetrokken tussen uw schouders, uw bovenarm raakt de achterkant van uw oor. U kunt met willekeurig welke voet naar voren stappen, hetgeen afhangt van de situatie.

Begin met een verdediging met de hand (stekende beweging) die gericht is op de binnenkant van de onderarm van de aanvaller. Als u werd verrast door de aanval kan, afhankelijk van timing en de manier waarop u wordt aangevallen, de aanval gericht zijn op de stok zelf. In beide gevallen zal de stok of de arm van de aanvaller, na te zijn afgeweerd, afschampen langs het vlezige deel van uw arm. De actie van uw verdedigende hand 'trekt' uw lichaam in een voorwaartse beweging.

Bij de stekende verdediging, als u uw arm heft, is de elleboog van de verdedigende arm naar beneden gericht en de arm zelf (biceps) dicht bij uw hoofd, die tussen de schouders is ingetrokken. Deze handeling kan ook effectief zijn als de aanvaller de stok **met beide handen** vasthoudt, maar in dit geval dient u de stekende verdediging naar de **buitenkant** van de onderarm te richten (*zie volgende techniek*).

A Voorwaarts leunen: de **juiste houding** die uw hoofd dichterbij de aanvaller brengt en daarmee uit de buurt van de stok.

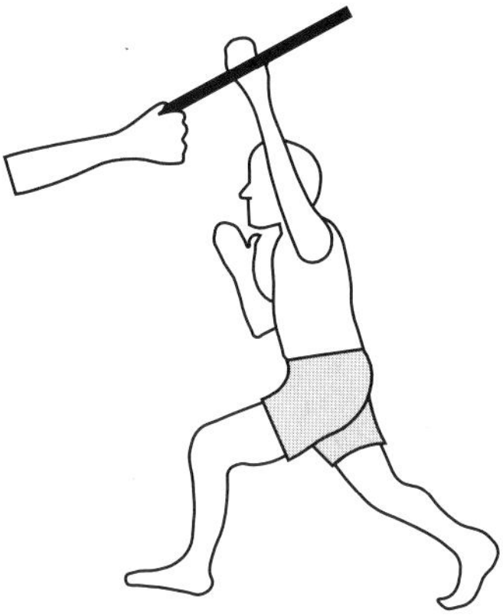

B Rechtop blijven staan: de **onjuiste houding** waarbij uw hoofd te ver van de aanvaller blijft.

De verdediging met het lichaam is gebaseerd op het snel voorwaarts stappen op het moment dat de aanvaller zijn arm heft om u aan te vallen. U kunt **willekeurig welke voet** gebruiken om naar voren te stappen. Een stap met de linkervoet versterkt de verdedigende handbeweging. Een stap met de rechtervoet doet uw lichaam zich op effectievere wijze verwijderen uit de lijn van de aanval.

C Verdediging tegen een verrassingsaanval.

Als u de aanval ziet aankomen en deze relatief langzaam wordt uitgevoerd, heeft u de tijd om meer nadruk te leggen op de stap voorwaarts, die de verdediging met de hand voorafgaat. Onthoud dat de verdedigingstechniek en de stap voorwaarts **uitgevoerd moeten worden op het moment dat de aanvaller zijn hand heft**, als hij dichtbij genoeg staat om een bedreiging te vormen.

Onthoud: bij de verdediging tegen een verrassingsaanval, duurt het te lang om het lichaam met een stap voorwaarts naar voren te brengen; de nadruk dient gelegd te worden op het vooroverbuigen van uw bovenlichaam (en de verdediging met de hand). Dit vermindert de afstand tot de aanvaller en plaatst het doel (bijvoorbeeld uw hoofd) uit de gevarenzone (zie afbeelding).

Als u van voren wordt aangevallen (*zie tekening B bij de inleiding van dit hoofdstuk*) is het duidelijk dat de verdedigingstechnieken meer op de stok gericht zullen zijn dan op de onderarm van de aanvaller. Houd uw hoofd laag en naar voren gericht; uw verdedigende hand zal verder naar voren gebracht moeten worden dan in foto's 2 en 3 wordt afgebeeld.

Verdediging tegen een bovenhandse slag – vanuit stilstand (leerfase)

1

Geef een 'klap' tegen de buiten- of binnenkant van de aanvallende arm. Hoewel dit een techniek is uit de leerfase, wordt hiermee de effectiviteit van de verdediging geïllustreerd. Deze techniek is toe te passen als u verrast wordt. Uw verdediging wordt voortgezet door een stap voorwaarts te nemen en de tegenaanval in te zetten.

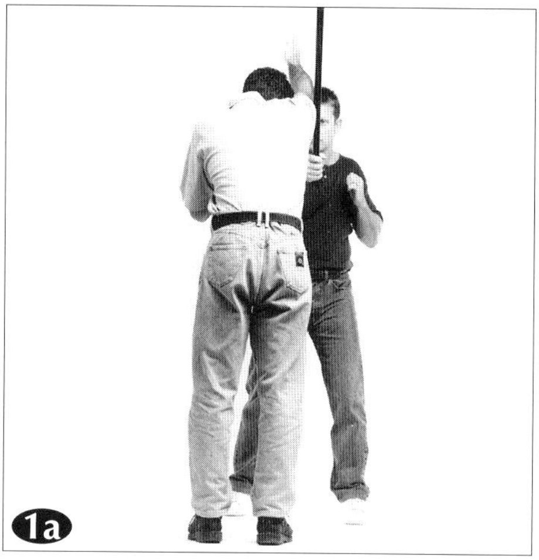

1a

Foto 1 vanachteren gezien, waarbij het afschampen van de stok langs uw arm en lichaam wordt getoond. Het buitenste, vlezige deel van uw onderarm ligt in het verlengde van de aanvallende arm.

Tijdens deze leerfase, die de effectiviteit van deze techniek illustreert, maken we gebruik van een slaande beweging tegen dát deel van de stok dat zich het dichtst bij de hand van de aanvaller bevindt. Als trainingsmethode is deze techniek bedoeld om de verdediging van de leerling te ontwikkelen. In oefensituaties kan gebruik worden gemaakt van een echte of gewatteerde stok waarmee op volle kracht kan worden aangevallen. U kunt hierop reageren met een snelle, reflexmatige handverdediging tegen de plotselinge, bovenhandse aanval met een stok die op uw hoofd gericht is en waarbij u niet snel genoeg voorwaarts kunt stappen.

De richting en hoek van de aanval bepalen of u de verdediging tegen de binnen- of buitenkant van de onderarm van de aanvaller gebruikt. Een andere belangrijke factor betreft de mogelijke aanwezigheid van **andere aanvallers** en de positie die ze ten opzichte van u innemen.

Bovenhandse slag – 'stekende verdediging' naar buiten

Uitgangspositie: u staat schuin voor de aanvaller of pal voor hem.

Op het moment dat de aanvaller zijn arm opheft en u aanvalt, voert u met de rechterhand een 'stekende verdediging' uit, terwijl u voorwaarts stapt met de voet tegenover de verdedigende hand.

Afronding van de eerste verdedigingsfase: maak een 'stekende beweging' met uw arm langs de buitenkant van de onderarm van de aanvaller met naar beneden gerichte elleboog. Uw lichaam helt diagonaal voorwaarts en uw hoofd wordt laag gehouden, tussen de schouders. De biceps van de verdedigende arm raakt uw oor (de rug van uw hand wijst naar buiten). Uw andere hand houdt u bij uw gezicht.

Terwijl u het lichaam draait, pakt u de aanvallende hand met beide handen beet. Uw been heeft u uit de lijn van de stok verwijderd.

Trek de hand van de verdediger krachtig naar beneden en verplaats uw linkerhand. Het vastpakken van de aanvaller is eenvoudig als hij een hemd met lange mouwen draagt.

Zet de tegenaanval in door met uw rechterhand een stomp te geven. De hoek waaronder deze wordt gegeven is afhankelijk van de houding van de aanvaller.

Ontwapen de aanvaller: houd de pols van de aanvaller met de ene hand vast en de stok met de andere hand. Pak de duim van de aanvaller beet en wring de stok uit zijn handen. Als het ontwapenen niet lukt, moet u met uw knie een stoot geven tegen de pols en de rug van de hand van de aanvaller, terwijl u de stok probeert los te wrikken.

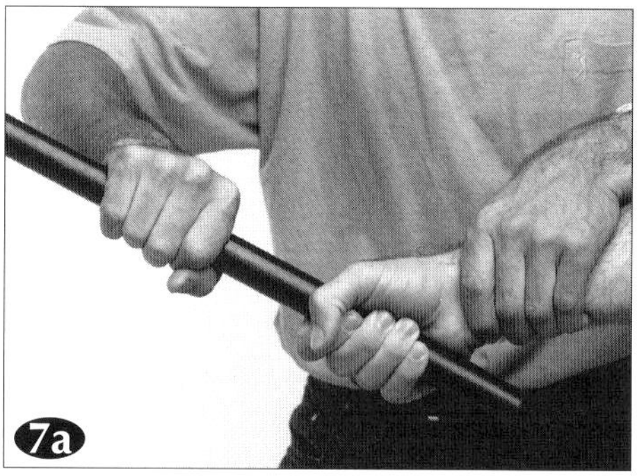

Detail foto 7: pak de pols en de stok om de aanvaller te ontwapenen.

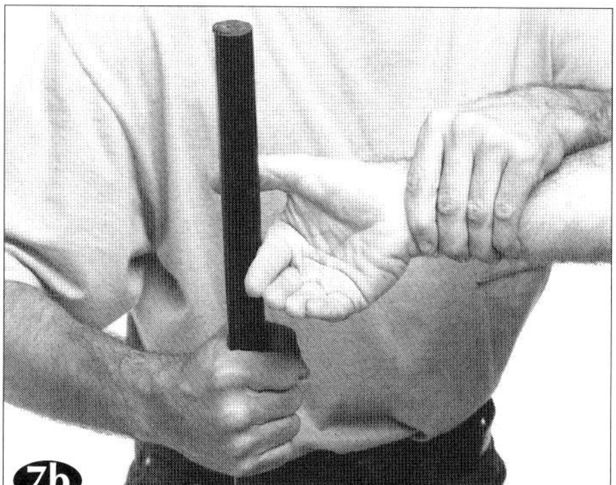

Detail foto 7: draai de stok, om deze uit de hand van de aanvaller los te maken.

In tegenstelling tot foto 4, waar uw beide handen de aanvallende hand afweren, zult u hier gebruikmaken van alleen uw rechterhand. Bij het uitvoeren van een snelle draai van het lichaam, zet u met uw linkerhand de tegenaanval in. Als gevolg van de draai met het lichaam en de verdedigende techniek, heeft uw been zich uit de lijn van de stok bewogen.

Grijp de aanvallende arm (of de mouw) vast om te voorkomen dat de aanvaller de stok nogmaals kan gebruiken en zet de tegenaanval in met een stomp. Als de stok met een gelijkmatige beweging naar beneden wordt gezwaaid, zult u nog steeds in staat zijn de aanvallende arm beet te pakken (alleen als deze zich in de buurt van het lichaam van de aanvaller bevindt).

Wanneer een aanvaller zijn arm heft om u met een stok op het hoofd te slaan, geniet het gewoonlijk de voorkeur om voorwaarts te springen en de verdediging in te zetten tegen de **binnenkant** van de aanvallende arm, zoals beschreven in de eerste techniek van dit hoofdstuk.

De hier getoonde techniek kan worden toegepast als u recht tegenover de aanvallende hand of de aanvaller staat en wanneer de situatie een slaande verdedigingstechniek vereist die langs de **buitenkant** van de onderarm van de aanvaller wordt ingezet om deze af te weren. In het laatste geval is het noodzakelijk om diagonaal voorwaarts te stappen. De hier getoonde stap voorwaarts wordt uitgevoerd met de voet tegenover de verdedigende hand om het lichaam sneller en effectiever in veiligheid te kunnen brengen, omdat de richting waarin de stok wordt bewogen diagonaal neerwaarts is.

Eindig met een tweede tegenaanval zoals een schop in het kruis.

De onderstaande tekeningen illustreren de diverse mogelijkheden van deze benadering (verdediging aan de buitenkant van de arm van de aanvaller) als u van voren of vanaf de zijkant wordt aangevallen.

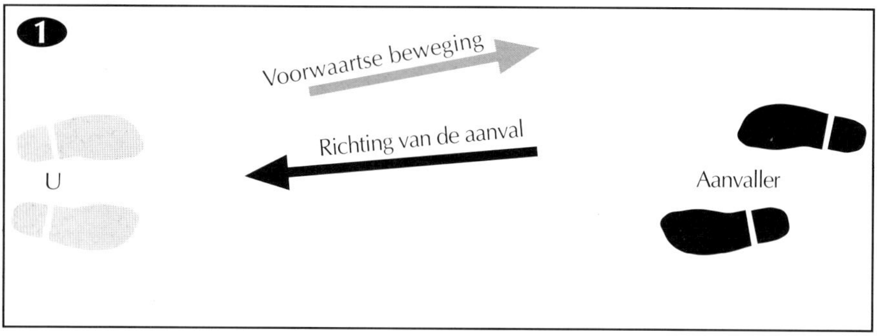

Tekening 1: U staat tegenover de aanvaller en stapt diagonaal naar buiten om de slaande verdediging te kunnen uitvoeren. In deze situatie, als de stok met één hand wordt vastgehouden, is het meestal aan te bevelen de eerste techniek toe te passen: **bovenhandse slag – 'stekende verdediging' naar binnen**.

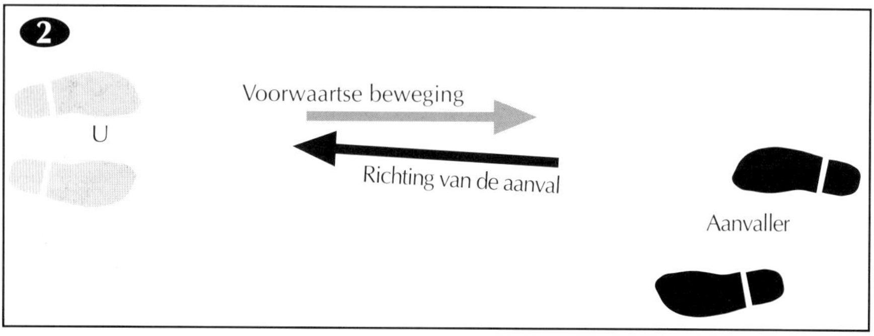

Tekening 2: Het uitvoeren van de genoemde verdediging is het beste vanuit deze positie, als u precies tegenover de aanvallende hand staat. De stap voorwaarts voert u recht naar voren uit, zoals afgebeeld op foto 3.

Bij de verdediging naar buiten (zoals hier afgebeeld) kunnen zich omstandigheden voordoen waarbij dezelfde hand en voet naar voren moeten staan. Dit kan bijvoorbeeld noodzakelijk zijn om een aanvaller die vanaf de zijkant aanvalt af te weren of als u, om tactische redenen, dicht achter de aanvaller plaats moet nemen. In dit geval kan **het lichaam van de aanvaller als schild worden gebruikt** tegen een aanvullende bedreiging zoals een tweede aanvaller (voor nadere details, zie *bovenhandse klap – stekende verdediging naar buiten, twee stappen voorwaarts*).

Bovenhandse slag met twee handen – 'stekende verdediging'

De aanvaller bedreigt u. Begin met een 'stekende' verdediging met de hand en een stap voorwaarts.

De verdediging, te vergelijken met de vorige techniek, wordt uitgevoerd op de onderarm van de aanvaller of op de stok.

Maak een draai met het lichaam, terwijl u uw been naar achteren beweegt, bij de stok vandaan. Grijp de hand van de aanvaller en druk deze naar beneden.

Uw eerste tegenaanval.

De stap voorwaarts en de verdedigingstechniek worden gelijktijdig uitgevoerd en zijn te vergelijken met de vorige techniek. Terwijl de handen van de aanvaller zich nog naar beneden bewegen, draait u met uw lichaam, pakt zijn arm vast en drukt deze naar beneden met uw andere hand. U dient uw eerste tegenaanval zo snel mogelijk in te zetten.

Variatie: *In plaats van een draai met het lichaam te maken, zoals in foto 3 getoond, kunt u de aanvaller een kniestoot in het kruis geven.*

Aanvaller naast u, aanval met bovenhandse slag

De aanvaller staat naast u.

Er wordt een bovenhandse aanval uitgevoerd. Voer gelijktijdig een 'stekende' verdedigingstechniek en een draai met het lichaam uit die u tegenover de aanvaller brengt en doe een stap voorwaarts.

Voer de verdedigingstechniek met de hand uit en zet de tegenaanval in. Deze acties, vergelijkbaar met de hierna genoemde, worden uitgevoerd zoals omschreven bij de eerste techniek van dit hoofdstuk. Het is belangrijk dat uw hoofd door uw arm wordt afgeschermd.

De verdediging tegen een aanval met een bijl is in principe gelijk aan die tegen een aanval met een stok. Dit is een toepassing van de techniek **bovenhandse slag – 'stekende verdediging' naar binnen** tegen een aanval met een bijl.

Opmerking: Bij deze techniek is het belangrijk de 'stekende' verdediging gelijktijdig uit te voeren met een draai van het lichaam in de richting van de aanvaller (u moet recht tegenover de aanvaller staan) om te voorkomen dat de stok, die langs uw onderarm glijdt, **uw hoofd niet zal raken**.

Bovenhandse slag – 'stekende verdediging' naar buiten, twee stappen voorwaarts

Neutrale uitgangspositie.

Terwijl u naar voren stapt, zet u een stekende verdediging in op de buitenkant van de aanvallende onderarm. De richting van de snelle stap is diagonaal voorwaarts, te nemen met de voet aan de kant van de verdedigende hand (rechter voet, rechterhand).

Afronding van de stekende verdediging en de eerste stap. Bij het uitvoeren van de 'stekende' beweging, wijst uw elleboog naar beneden, is de arm gestrekt en wijst de rug van de hand naar buiten (indien nodig kunt u vanuit deze positie de tegenaanval inzetten zonder de tweede stap te zetten).

Vervolg met een tweede stap met de voet tegenover de verdedigende hand (linkervoet) om schuin achter de aanvaller te komen. Het doel van deze beweging is de afstand te verminderen en als preventie tegen andere bedreigingen die van rechts of vanachteren kunnen plaatsvinden. Met één of beide handen drukt u, terwijl u naar voren stapt, de hand van de aanvaller naar beneden, waardoor hij zijn wapen niet nogmaals kan gebruiken.

Grijp de hand die de stok vasthoudt beet en houd deze onder controle, terwijl u gelijktijdig de tegenaanval inzet; dit hangt af van uw positie (naast of achter de aanvaller).

Bij deze techniek doet u **twee stappen** voorwaarts. De techniek kan in onderstaande situaties worden toegepast; **eerste situatie**: er zijn twee aanvallers en de standaard verdediging kan tot gevolg hebben dat u de rug naar de tweede aanvaller toekeert of te dicht bij hem in de buurt komt. De extra stap dient om dit te voorkomen. Voor meer details, zie *hoofdstuk 10: Verdediging tegen twee gewapende aanvallers.*

De tekeningen 1A-1C illustreren hoe u dient te handelen.

Tekening 1a: Situatie waarbij u zich achter de aanvaller moet bewegen.

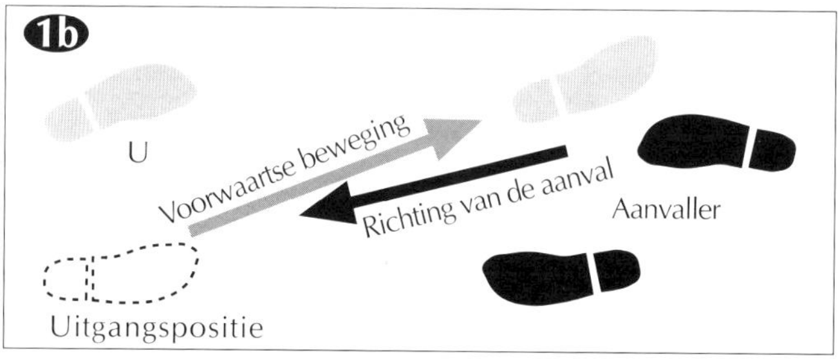

Tekening 1b: Doe één stap voorwaarts en zet gelijktijdig de verdediging met de hand in (zoals getoond op foto 3).

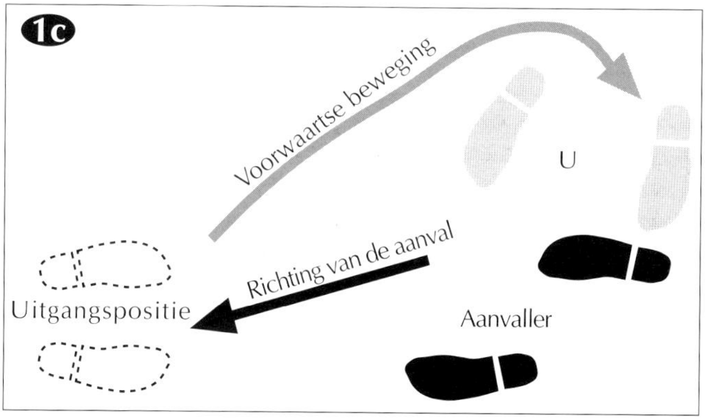

Tekening 1c: Met een tweede stap beweegt u zich achter de aanvaller (zoals getoond op foto 4). De aanvaller vormt nu een schild tegen een aanvullende bedreiging.

Tweede situatie: De aanvaller benadert u vanaf de zijkant (of diagonaal vanaf de zijkant) en maakt een bovenhandse slagbeweging met de stok. Terwijl u de stekende beweging uitvoert, stapt u in de richting van de aanvaller (met dezelfde voet als de verdedigende hand), draait u uw lichaam om recht tegenover hem te komen en uw hoofd met uw arm af te schermen. Hiermee voorkomt u dat de stok uw hoofd kan raken. De tekeningen 2a en 2b geven aan hoe u deze techniek dient toe te passen.

Tekening 2a: De aanvaller staat diagonaal rechts van u en valt u aan met een bovenhandse slag.

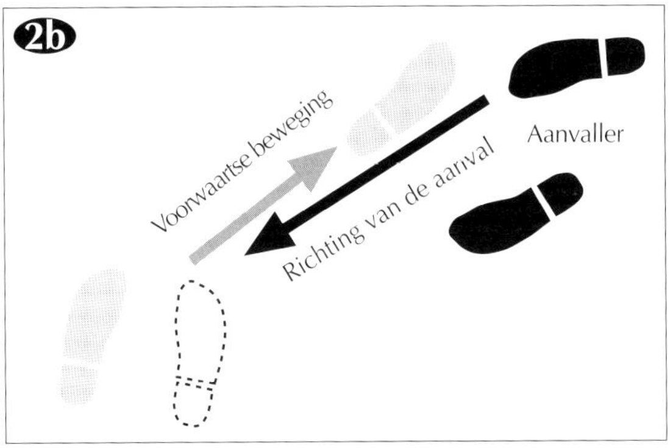

Tekening 2b: Voer met de rechterhand de verdedigingstechniek uit terwijl u uw lichaam draait en met uw rechtervoet naar voren stapt.

Derde situatie: Als verdediging tegen een langere stok of als de aanvankelijke afstand groter is, zet u **twee stappen** voorwaarts omdat onder deze omstandigheden een enkele stap niet voldoende is. Tekening 3 geeft aan hoe u deze techniek dient toe te passen.

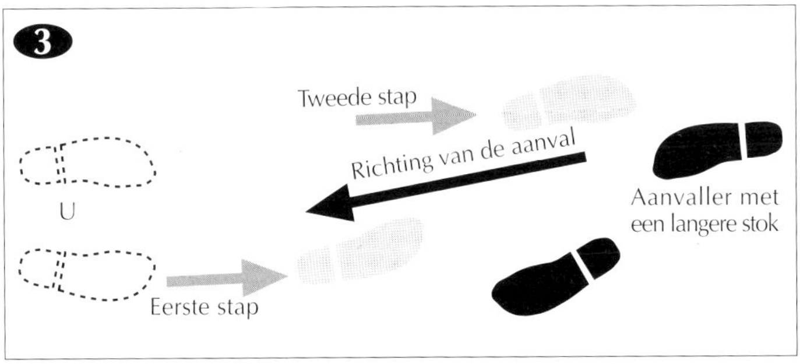

Tekening 3

Horizontale slag van de zijkant – naar voren springend

Uitgangspositie: bijvoorbeeld neutrale houding.

De aanvaller komt op u af terwijl hij zijn stok horizontaal zwaait. Draai met uw lichaam en stap naar voren met uw schouder en been aan de aangevallen zijde naar voren gericht (linkerkant). Terwijl u naar voren stapt, wijst uw linkerhand naar beneden en uw rechterhand naar boven, om uw hoofd af te schermen.

Op het moment dat u in contact komt met de aanvaller, staan uw schouder en arm erg dichtbij de schouder van de aanvaller. De rug van uw linkerhand en de handpalm van uw andere hand, wijzen naar buiten.

Grijp de arm waarmee de stok wordt vastgehouden, terwijl u een tegenaanval inzet die aangepast is op de onderlinge afstand (bijvoorbeeld een horizontale elleboogstoot tegen het hoofd van de aanvaller).

Zet de tegenaanval voort met een kniestoot in het kruis.

Dezelfde techniek wordt uitgevoerd tegen een aanvaller die de stok met beide handen vasthoudt.

Deze verdediging is bijna geheel gebaseerd op het verminderen van de afstand tussen u en de aanvaller. Om dit doel te bereiken, draait u naar binnen toe en stapt u snel voorwaarts om de aanvaller zo dicht mogelijk te benaderen, waarbij u uw schouder in de richting van de aanvaller beweegt.

Opmerking: U dient zich te richten op de schouder van de aanvaller (aan de kant waarmee hij de stok vasthoudt).

Dezelfde techniek wordt gebruikt wanneer de aanvaller de stok met beide handen vasthoudt, zij het dat u in dit geval in aanraking komt met zijn boven- of onderarm.

Zet een verdedigingstechniek in die u naar voren 'trekt'. Til uw rechterhand snel op, ter hoogte van uw linkerwang, terwijl u uw linkerhand naar beneden gericht houdt, met de rug van uw hand naar buiten gericht (zie foto 3.1.).

Als u door de stok geraakt wordt, zal dit minder hard aankomen als u de klap krijgt met het deel dat zich dichtbij de hand van de aanvaller bevindt, en de klap zal ook een groot oppervlak beslaan zodat letsel geminimaliseerd wordt.

***Variatie**: Neem twee stappen voorwaarts. De eerste stap zoals hierboven beschreven. De tweede stap, met de rechtervoet in de richting van de bewegende stok, heeft tot gevolg dat u de aanvaller laat meedraaien. Deze beweging vermindert de slagkracht van de aanvaller. Het doel van het draaien tijdens de stap voorwaarts, kan ook de bedoeling hebben de aanvaller tussen u en een eventuele tweede aanvaller te brengen (als er een tweede aanvaller achter u of links van u staat). Tevens is dit een goede techniek wanneer u een grotere afstand moet afleggen om de aanvaller dicht te benaderen.*

Steek met een stok – binnenwaartse verdediging van buiten

Uitgangspositie: bijvoorbeeld een neutrale houding. De aanvaller zal proberen u te steken met zijn stok.

De aanvaller stapt op u af en maakt een stekende beweging. Begin met een binnenwaartse verdediging met de hand, hetgeen gevolgd wordt door te draaien en naar voren te leunen, waarbij u diagonaal voorwaarts en naar buiten toe (rechts) stapt.

De verdediging wordt uitgevoerd met gestrekte vingers. Leun naar voren om uw bereik te vergroten, draai uw lichaam uit de lijn van de aanval en stap diagonaal voorwaarts. Met uw andere (linker) hand schermt u uw wang af.

Wissel van hand, terwijl u diagonaal voorwaarts stapt. U pakt de stok met uw linkerhand en bereidt een schop voor met uw linkervoet. Op het moment dat uw rechtervoet de grond raakt, kunt u een schop geven.

Tegen een steek met een stok (of een vergelijkbaar voorwerp zoals een ijzeren staaf, hooivork of geweer met bajonet) voert u een binnenwaartse verdediging met uw hand uit, met gestrekte vingers. Om de verdediging effectiever te maken, strekt u uw vingers met uw pink omlaag en uw duim omhoog gericht. U buigt zich voorover en draait om

Grijp de stok en schop de aanvaller in het kruis; het grijpen van de stok wordt ten zeerste aanbevolen in een dergelijke situatie.

Ga verder met de tegenaanval, bijvoorbeeld door de aanvaller te stompen met uw vrije hand.

uit de lijn van de aanval te geraken en een groter bereik te krijgen waardoor u in staat wordt gesteld de stok bij het begin van de aanval af te weren.

Opmerking: Als het wapen een speer, hooivork of geweer met bajonet is, dient u ervoor te zorgen dat uw hand **geen contact maakt met het scherpe deel van het wapen**. Bij het afweren van het wapen, beschermt u uw andere hand door deze naar uw schouder te brengen, uit de lijn van de aanval.

In sommige situaties, waarbij een relatief lang wapen wordt gebruikt, kunt u deze tijdens het afweren vastpakken en naar u toe trekken, om uw stap voorwaarts te versnellen. Uw andere hand vervangt de afwerende hand, waarmee u het wapen van u af duwt. Gelijktijdig geeft u de aanvaller een schop in het kruis.

Opmerking: Als de aanvaller snel en met kracht op u afkomt, is het niet altijd mogelijk een schop te geven, omdat u daarvoor enige afstand tot de aanvaller moet hebben. In een dergelijk geval kunt u de tegenaanval beginnen met een stomp, elleboogstoot, kniestoot, enz.

Bij het gelijktijdig uitvoeren van uw bewegingen, dient u de schop op precies het juiste moment te geven. Dit bereikt u door met uw linkervoet een schop te geven (zie foto 4), een fractie van een seconde voordat uw rechtervoet de grond raakt. Hierdoor maakt u een diagonaal voorwaarts huppelende beweging. Als uw voet, waarmee u de stap heeft gezet, de grond raakt, dienen de tenen iets naar buiten gericht te zijn, waardoor u het bereik van de schoppende voet vergroot.

Variatie: *Weer het wapen af, terwijl u een kleine stap zijwaarts maakt en het lichaam draait. Vervolgens draait u snel uw lichaam terug, grijpt u het wapen en geeft u de aanvaller een schop in het kruis.*

Steek met een stok – binnenwaartse verdediging van binnenuit

Uitgangspositie: bijvoorbeeld een neutrale houding. Deze versie van de verdedigingstechniek is oorspronkelijk bedoeld voor een aanvaller met een van bajonet voorzien geweer. Zodra de aanvaller zijn beweging inzet, begint u te verdedigen.

Voer een binnenwaartse verdediging met uw hand uit, waarmee uw bovenlichaam voorover wordt 'getrokken' terwijl u het lichaam draait en diagonaal voorwaarts stapt. Uw verdedigende hand is open om het bereik van de verdediging te vergroten.

Terwijl u diagonaal voorwaarts stapt, buigt u uw knieën en leunt u in de richting van het wapen. Om te voorkomen dat de aanvaller zijn wapen verder kan gebruiken, brengt u beide onderarmen naar voren en gebruikt u uw ellebogen als schild. Houd uw ellebogen laag en de handpalmen in de richting van de aanvaller.

Met uw vingers in een klauwachtige greep, pakt u de stok beet, tilt u deze iets omhoog en geeft u de aanvaller een schop in het kruis. Ook kunt u hem met uw andere voet schoppen na een snelle stap voorwaarts te hebben gemaakt.

Deze techniek is te gebruiken als de aanvaller een wapen hanteert met een lange achterkant, zoals een lange stok of een geweer met bajonet.

Als de aanvaller u niet met de achterkant van het wapen kan raken, zet u de tegenaanval in zoals beschreven bij de vorige techniek, waarbij u van handen wisselt om de stok vast te pakken en de aanvaller een schop in het kruis geeft.

De verdediging van binnenuit dient uitgevoerd te worden op de 'aanvallende' kant van de aanvaller. De verdediging met de hand en de verdediging van het lichaam zijn dezelfde als die zijn beschreven in de vorige techniek, maar nadat de stekende beweging is afgeweerd, is het niet ondenkbaar dat de aanvaller de achterkant van het wapen zal gebruiken om u te raken.

U dient uw houding derhalve, terwijl u naar voren stapt, te verlagen en beide onderarmen naar voren te houden, terwijl de binnenkant van uw onderarm het wapen afweert. Vervolgens tilt u het wapen omhoog om een schop te kunnen geven. Door aan het wapen te trekken, kunt u de aanvaller in een dusdanige positie brengen dat het makkelijker wordt om hem te schoppen.

De 'gespiegelde' uitvoering van de vorige techniek, kan ook in deze situatie worden gebruikt, als de aanvaller u niet met de achterkant van het wapen zou kunnen raken, bijvoorbeeld als hij het wapen aan het uiteinde vast heeft.

Grootmeester Imi demonstreert een verdedigingstechniek tegen een bovenhandse aanval.

Afweer van een bedreiging met een vuurwapen

HOOFDSTUK 4

Afweer van een bedreiging met een vuurwapen

Als u bedreigd wordt door een aanvaller met een vuurwapen, **is het van belang de bedreiging te neutraliseren en de aanvaller uit te schakelen** met een snelle, eenvoudige techniek die veilig is en gebaseerd op de grondbeginselen en bewegingspatronen van KRAV MAGA. Deze actie is opgebouwd uit vier componenten; (1) verdedigende actie: afweren (met de hand) en u uit de vuurlinie begeven, (2) controle over het wapen verkrijgen, (3) de aanvaller uitschakelen door middel van een effectieve tegenaanval, (4) de aanvaller ontwapenen.

Grondbeginselen voor de verdediging tegen een aanvaller met een vuurwapen

Ga ervan uit dat degene die u onder schot houdt **waarschijnlijk iets van u wil.** Dit kan geld, bezittingen of informatie zijn maar hij kan u ook willen gijzelen. **Meestal is het niet zijn hoofddoel u om het leven te brengen.** Gezien de ernst van de bedreiging, waar u en omstanders aan worden blootgesteld, dient u snel en daadkrachtig op te treden. Daarentegen is een poging om een aanvaller met een vuurwapen te overmeesteren, zonder dat u de onderstaande technieken tot in de puntjes beheerst, altijd **bijzonder gevaarlijk** en kan ernstig letsel (of zelfs de dood) tot gevolg hebben. De delicate afweging om een aanvaller wel of niet aan te vallen, dient, door degenen die zich in een dergelijke situatie bevinden, **goed overwogen** te worden. De risico's dienen zo goed mogelijk te worden ingeschat.

Tip: Het beste moment om de verdediging in te zetten, is wanneer de aandacht en de concentratie van de aanvaller is afgeleid, bijvoorbeeld als hij opdrachten geeft of antwoord geeft op een vraag die hem gesteld wordt.

De richting waarin het vuurwapen wijst, wordt **vuurlinie** genoemd. Dit is de lijn die het meeste gevaar oplevert voor u en eventuele omstanders. Als eerste dient u derhalve de **vuurlinie** te veranderen door het vuurwapen af te weren om er daarna controle over te krijgen. Zo snel mogelijk dient u zich uit de vuurlinie te begeven en de aanvaller vanuit een andere hoek te benaderen, waardoor het voor hem moeilijker wordt gebruik te maken van zijn vuurwapen.

Als u niet langer door het vuurwapen zelf wordt bedreigd (uit de vuurlinie), **vormt de aanvaller de grootste bedreiging.** U dient ervoor te zorgen dat hij geen gebruik van zijn vuurwapen kan maken of u op een andere manier kan aanvallen.U dient hem derhalve met overtuiging aan te vallen omdat hij (en niet het vuurwapen) de grootste bedreiging vormt. Nadat u de aanvaller op agressieve wijze heeft aangevallen, ontwapent u hem en beëindigt u het incident door afstand te nemen terwijl u het vuurwapen meeneemt.

Onthoud: De aanvaller kan een getraind vechter zijn en mag derhalve **niet worden onderschat**. Fixeer uw ogen niet op het vuurwapen en 'sein' uw intentie om actie te ondernemen niet door aan de aanvaller. Het is fundamenteel fout en naïef om te denken dat u enige 'medewerking' van de aanvaller zal krijgen.

Treed met doortastendheid op tegen de aanvaller en onthoud dat de aanvaller, eenmaal bedreigd, ook voor zijn leven zal vechten!

Tijdens het veranderen van de vuurlinie, dient u de controle over het vuurwapen te bemachtigen. Die controle **dient gehandhaafd te blijven** totdat de aanvaller is ontwapend. Met de ene hand pakt u het vuurwapen stevig vast (of de hand waarmee deze wordt vastgehouden) om de beweging van zijn hand te beperken. Als dit niet mogelijk blijkt, grijpt u het vuurwapen met beide handen vast en geeft u de aanvaller een harde schop.

Opmerking: Terwijl u de aanvaller ontwapent door het vuurwapen in zijn hand om te draaien, dient u de richting van de loop omhoog of omlaag te richten. **Zorg er in alle gevallen voor dat u niet nogmaals in de vuurlinie terechtkomt**. Dit beginsel geldt voor alle vormen van ontwapening: tegen een bedreiging met een pistool, geweer, jachtgeweer of machinegeweer.

Let op: Gezien de vanzelfsprekende risico's bij de verdediging tegen een bedreiging met een vuurwapen, dienen deze technieken nooit uitsluitend op basis van theoretische kennis te worden toegepast, **maar pas na uitgebreide, herhaalde oefeningen onder toezicht van een bevoegde instructeur!**

Nadat u de basistechnieken heeft geleerd en u de onderliggende principes begrijpt, oefent u de verdedigingstechnieken op meerdere afstanden en onder verschillende hoeken in diverse situaties. **Voorbeelden**: Het wegnemen van een bedreiging waarbij de aanvaller zich achter een obstakel bevindt; het wegnemen van een bedreiging terwijl u in een auto zit; het wegnemen van een bedreiging waarbij u naar voren of naar achteren wordt geduwd; het wegnemen van een bedreiging op korte afstand; als u op de grond ligt; enz.

Tip: Het is belangrijk uzelf 'op te zwepen' om deze technieken goed uit te voeren om realistische omstandigheden zo goed mogelijk na te bootsen.

Nadat u de aanvaller heeft ontwapend, neemt u afstand en gaat u verder, al naargelang de situatie dat voorschrijft. U houdt hem bijvoorbeeld op afstand en onder schot tot u hulp krijgt. Een politieagent dient zich over het wapen van de aanvaller te ontfermen **maar dient ook zijn dienstpistool te trekken** als hij daar voldoende tijd voor heeft. U weet weinig over het wapen van de aanvaller. Functioneert het? Is het geladen? Is het gemakkelijk te bedienen? Soms, zoals het geval is bij antiterroristische eenheden, is het zelfs noodzakelijk de aanvaller neer te schieten als hij een bedreiging vormt, zeker als het een situatie betreft waarbij de strubbelingen voortduren of gijzelaars bedreigd worden.

Er zijn situaties waarbij het moeilijk is de verdedigingstechnieken tegen een bedreiging met een vuurwapen te gebruiken. In dergelijke gevallen **onderneemt u geen actie tenzij u geen andere kans heeft om in leven te blijven**. In theorie verbetert willekeurig welke actie uw overlevingskansen omdat u door de aanvaller al als dood wordt beschouwd (als een terrorist of crimineel op het punt staat u om te brengen).

Vuistvuurwapens – korte omschrijving

In principe zijn er twee soorten vuistvuurwapens: de **revolver** en het **pistool**. Als u een vuurwapen afweert of vastpakt, dient u te onthouden dat **geringe druk op de trekker het vuurwapen zal doen vuren**.

Bij de meeste **pistolen** kan de laadslede (die als functie heeft een nieuw patroon te laden) niet naar achteren bewegen als deze door de verdediger op zijn plaats wordt gehouden. Als de aanvaller de trekker van een doorgeladen pistool overhaalt, zal er waarschijnlijk een kogel worden afgevuurd. De lege patroonhuls zal echter niet worden uitgeworpen. Om het pistool nogmaals af te vuren, zal deze eerst met de hand doorgeladen moeten worden (door de laadslede naar achteren te trekken en los te laten).

Bij een **revolver** voorkomt het vastpakken van de cilinder dat deze kan draaien. Als de haan niet is gespannen, kan er niet worden geschoten. Als de haan wel is gespannen, zal door het overhalen van de trekker één kogel worden afgevuurd. Zolang de cilinder niet kan draaien, is het onmogelijk een tweede schot af te vuren.

Onthoud: Ongeacht of u aan het oefenen bent of zich in een echte bedreigende situatie bevindt, dient het vuurwapen (zelfs een speelgoedwapen) te worden gezien als een **geladen, gespannen wapen dat meer dan één kogel kan afvuren**! Tijdens oefeningen dient u het vuurwapen te ontladen en dubbel te controleren.

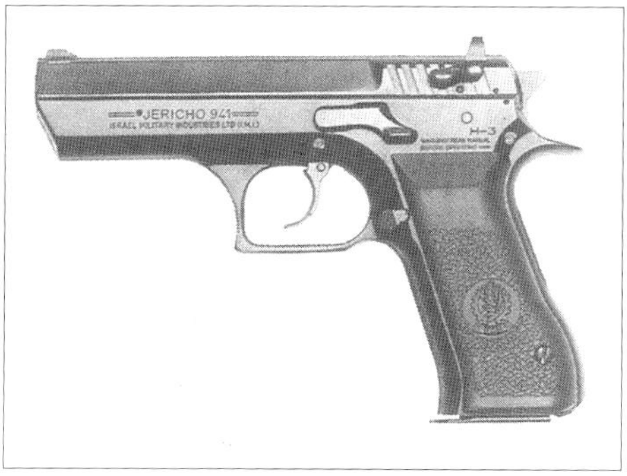

Een pistool: Jericho 941.

De foto van de Jericho is beschikbaar gesteld door ***Israël Military Industries (I.M.I.)****.*

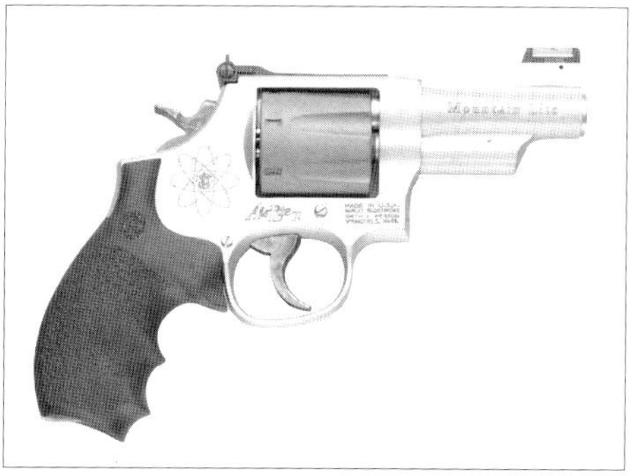

Een revolver: 5-schots .44 S&W special mountain lite revolver met titanium cilinder en aluminium frame.

Foto: ***Smith & Wesson, Springfield, Massachusetts****.*

Bedreiging van voren, op afstand

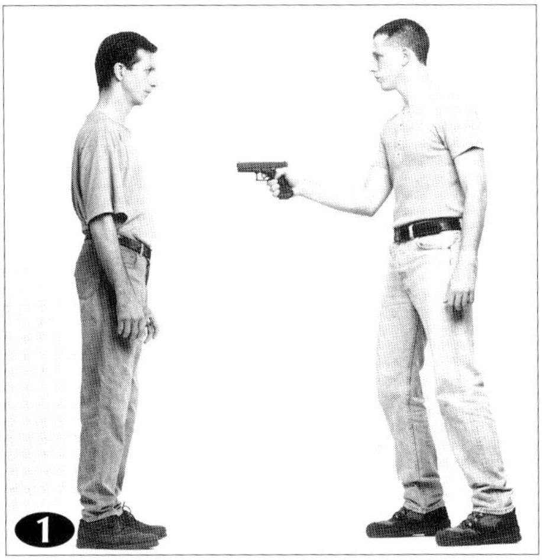

De aanvaller bedreigt u met een vuurwapen die hij net buiten uw bereik vastheeft (feitelijk is dit de maximale afstand waarop u deze verdedigingstechniek kunt toepassen).

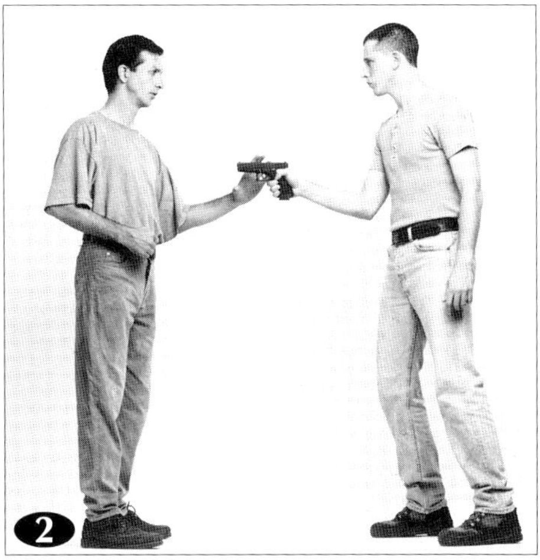

Breng uw hand snel ter hoogte van het pistool. Deze handbeweging 'trekt' uw lichaam in een draai waardoor u het wapen kunt bereiken. Dit vormt tegelijkertijd een verdediging met het lichaam.
Opmerking: Voordat u uw hand beweegt, **dient u ervoor te zorgen dat u uw voorgenomen handelswijze niet verraadt**. U kunt zich bijvoorbeeld verraden door te snel naar voren te leunen.

Draai uw hand, weer het pistool af en pak het wapen beet terwijl u uw lichaam gelijktijdig wegdraait. Pak het pistool beet met de duim aan de onderkant en strek uw arm. Verplaats uw gewicht diagonaal voorwaarts en druk het vuurwapen van u weg en naar beneden.

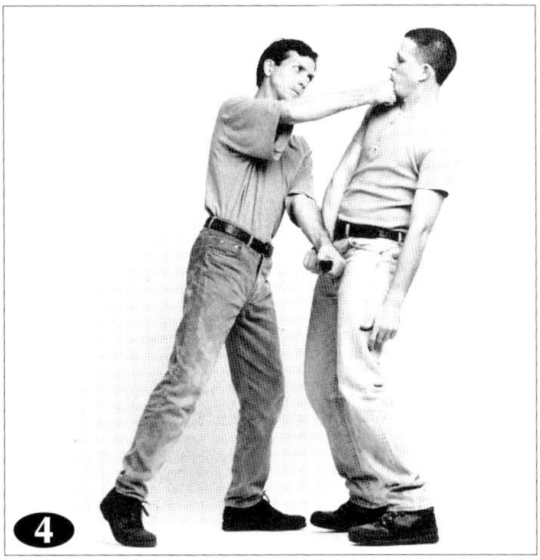

Stap voorwaarts met uw linkervoet en stomp de aanvaller op de kin of keel. De arm die het pistool afweerde blijft gestrekt. Als gevolg hiervan is het pistool nu naar beneden en naar de zijkant gericht.

Breng uw rechterhand langs het lichaam zodat die niet voorlangs de loop van het pistool komt en grijp de achterkant van het pistool in de buurt van de haan.

Draai het pistool horizontaal een kwartslag om. **Let op: richt het hierbij niet op uzelf!** Met de draai maakt u het pistool los uit de greep van de aanvaller en voorkomt u dat hij de trekker kan overhalen.

Trek het pistool krachtig en horizontaal uit de hand van de aanvaller en stap achteruit.

Mogelijke afronding van het incident: nadat u afstand heeft genomen, houdt u de aanvaller op gepaste wijze onder schot. Als de aanvaller u achterna komt, neemt u gepaste actie.

Detail foto 2: De positie van uw hand op het moment dat u het vuurwapen afweert en vast gaat pakken.

De aanvaller bedreigt u van voren en houdt het vuurwapen met één of met beide handen vast. De afstand tot het wapen varieert van 0 tot 20 cm ten opzichte van uw gestrekte arm (dat wil zeggen: circa 80 centimeter van uw lichaam).

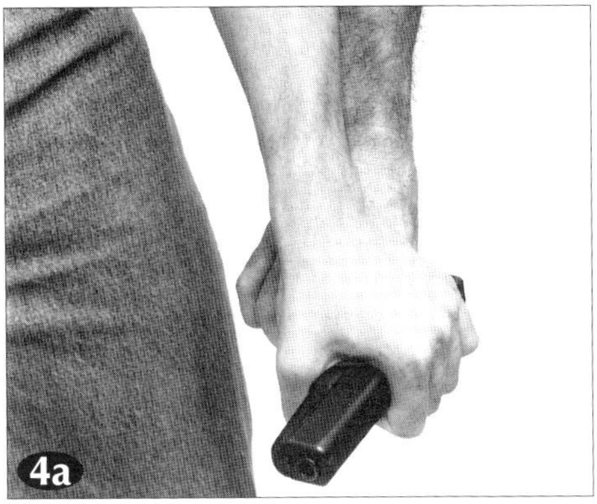

Detail foto 4: Druk het pistool met gestrekte arm weg.

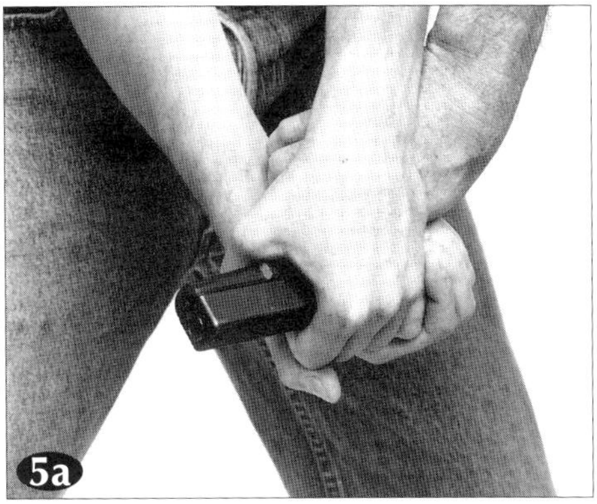

Detail foto 5: Pak het pistool met beide handen vast.

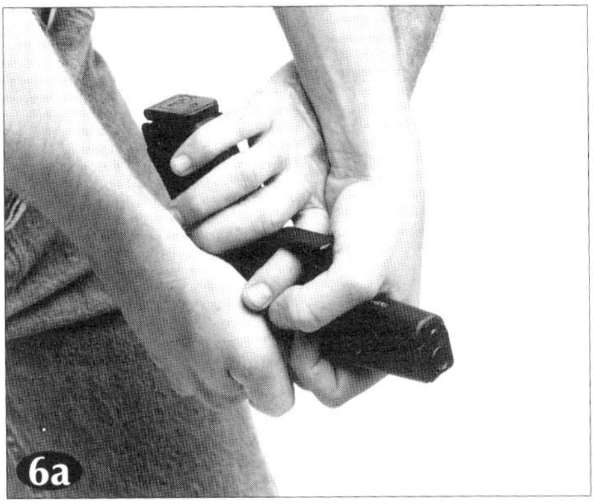

Detail foto 6: Draai het pistool uit de hand van de aanvaller.

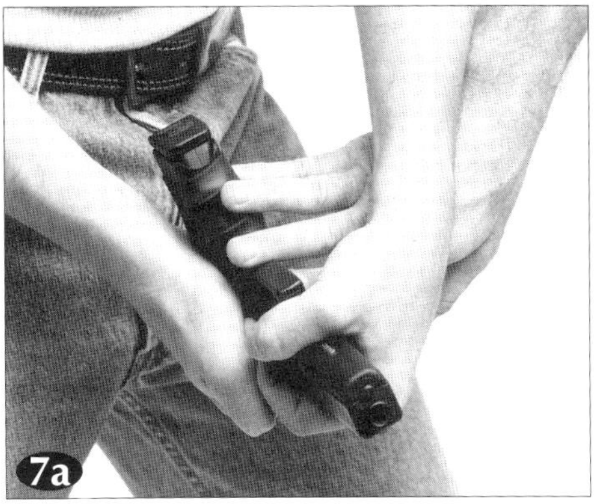

Detail foto 7: Trek het pistool krachtig naar achteren.

Het pistool kan op verschillende hoogtes worden vastgehouden. We benadrukken dat **het pistool in een rechte lijn zijwaarts** moet worden afgeweerd en niet diagonaal omhoog of omlaag. Dit om ervoor te zorgen dat het pistool langs de kortste weg uit uw richting wordt bewogen. Als u het pistool vastpakt, wijzen uw duim naar beneden en uw vingers naar boven.

Door het pistool op de juiste manier vast te pakken, voorkomt u dat de trekker wordt overgehaald, maar dit is een bijkomend voordeel dat niet het succes van de toegepaste techniek bepaalt. Terwijl u zich voorwaarts beweegt en u uw arm strekt, zet u uw gewicht in om de handbewegingen van de aanvaller te beperken. Het pistool wordt in de richting van het lichaam van de aanvaller geduwd. De loop wijst nu naar de zijkant waardoor de aanvaller u niet langer kan bedreigen.

De techniek die bij variatie drie (V3) wordt gebruikt tegen een bedreiging op korte afstand naar de maagstreek, is in principe gelijk aan de basistechniek. De verdediging van het lichaam speelt echter een belangrijkere rol. U dient ervoor te zorgen dat het

Variatie:* *De aanvaller richt het pistool op uw hoofd. *U past dezelfde techniek toe. Op het moment dat u uw hand heft om het pistool vast te pakken, dient u uw hoofd naar de zijkant te bewegen, uit de vuurlinie.*

Variatie*: Pas dezelfde techniek toe als de aanvaller* ***het pistool met de linkerhand vasthoudt*** *en voor u staat. In deze situatie kunt u de techniek ook gespiegeld uitvoeren, dat wil zeggen dat u het pistool afweert en vastpakt met uw rechterhand, u met het rechterbeen naar voren stapt en de tegenaanval met uw linkerhand inzet. U kunt ook de variatie toepassen die hieronder wordt beschreven.*

pistool niet in uw kleding verstrikt raakt, hetgeen de defensieve beweging van uw hand kan belemmeren. Om dit te voorkomen, trekt u de buik in. Een andere effectieve verdedigingstechniek die in deze situatie kan worden gebruikt, lijkt op de verdediging tegen een pistool: *bedreiging van de zijkant, voor uw arm* (zie verderop in dit hoofdstuk). Deze techniek is het beste geschikt voor het geval het pistool laag wordt gehouden.

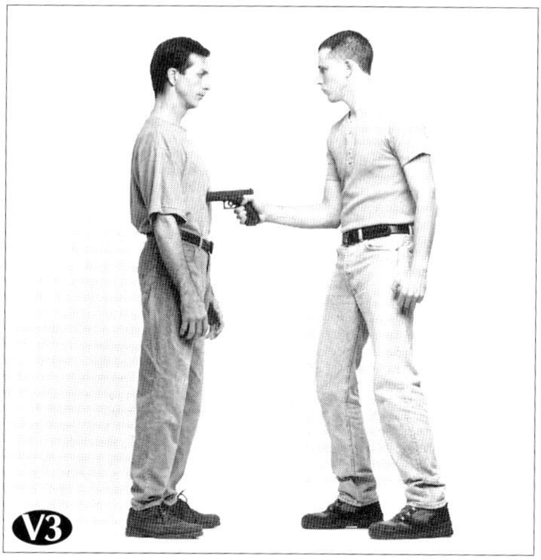

Variatie*: Als u van voren met een pistool wordt bedreigd,* ***waarbij het pistool u raakt of zeer dichtbij u wordt gehouden****. U dient hierbij een techniek toe te passen die wordt gebruikt bij een aanval op grotere afstand.*

Leerfases

A Oefen het snel omhoog brengen van de hand ter hoogte van het pistool, zonder met uw lichaam te draaien.

B Oefen punt A, gevolgd door een draai met het lichaam en het afweren terwijl u het pistool vastpakt. Voorkom dat u uw voorgenomen handelingen 'verraadt'.

C Vanaf dit punt volgt u de gewone oefenwijze. Verdeel de techniek in onderdelen en combineer ze tot één vloeiende beweging.

Diagonale bedreiging van voren, van een afstand

De aanvaller staat diagonaal voor u. De richting van waaruit de bedreiging komt, komt overeen met de hand die het pistool vasthoudt (de aanvaller houdt het pistool rechts vast en staat rechts van u).

Weer het pistool op de gebruikelijke manier af met uw hand dichter bij het pistool. In tegenstelling tot de volgende techniek, brengt u het pistool niet dichter bij het lichaam van de aanvaller.

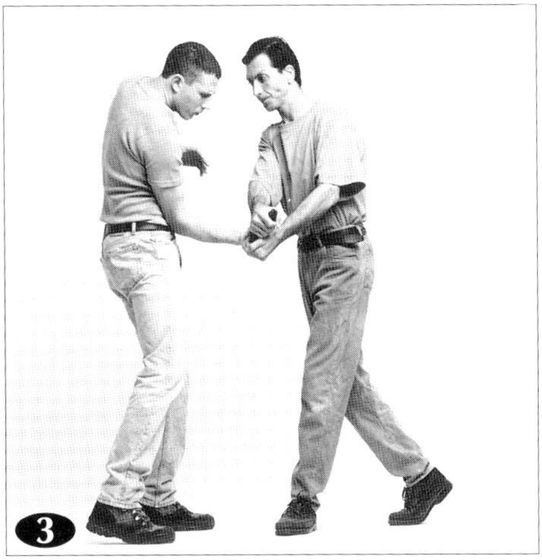

Als u voelt dat u onder een ongunstige hoek staat, waardoor u niet naar voren kunt stappen en derhalve niet op effectieve wijze controle kunt krijgen over het pistool, dient u het pistool met beide handen vast te pakken en snel naar voren te stappen op een dusdanige manier dat u de aanvaller een schop kunt geven.

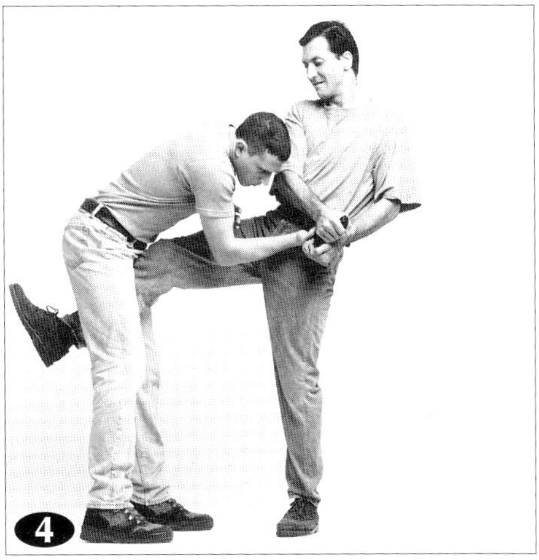

Geef de aanvaller een schop in het kruis met uw rechterbeen. Afhankelijk van de afstand, raakt u hem met de wreef, het scheenbeen of de knie. Op dat moment kunt u, door het pistool om te draaien, overgaan tot ontwapening van de aanvaller.

Ontwapen de aanvaller door het pistool om te draaien. Tijdens de schermutselingen blijft de loop van het pistool naar de zijkant gericht.

Doe een stap terug.

Als de aanvaller diagonaal voor u staat, dient u de basistechniek toe te passen die geldt voor het neutraliseren van een bedreiging van voren. In dit geval drukt u het pistool echter niet tegen de borst van de aanvaller (foto 2). Dit in tegenstelling tot wanneer u de bedreiging met de hand tegenover het vuurwapen (links) gebruikt om de bedreiging te neutraliseren. Hoewel de afweertechniek het pistool eerder verder weg dan dichter tot de aanvaller brengt, komt u na een stap voorwaarts gewoonlijk op een geschikte afstand om een aanval met de hand in te zetten (zie foto 3.1). Omdat het niet ondenkbaar is dat u nog te ver van de aanvaller af staat, dient u het pistool, zoals hierboven omschreven, met twee handen vast te pakken, naar voren te stappen en de aanvaller in het kruis te schoppen. Hiermee is het probleem van de grotere afstand opgelost.

Afhankelijk van de situatie kunt u deze techniek in de meeste gevallen ook gespiegeld uitvoeren door met uw rechtervoet naar voren te stappen en met uw linkerhand aan te vallen. Druk de loop naar buiten toe en strek uw arm.

In veel gevallen zult u uw houding kunnen wijzigen om recht tegenover de aanvaller te komen, waardoor u deze verdedigingstechniek 'standaard' kunt toepassen. Hiervoor is natuurlijk tijd nodig en de situatie moet het toelaten.

Opmerking: Als de aanvaller zijn wapen met beide handen vasthoudt, kunt u in principe dezelfde techniek toepassen als wanneer hij het wapen met één hand vasthoudt. Deze situatie vereist soms, aan de kant van de verdediger, enkele kleine aanpassingen zoals het met beide handen vastpakken van het wapen en de aanvaller in het kruis schoppen in plaats van slaan.

Wanneer dient u de techniek met uw 'andere' hand toe te passen?

- Als rechts iemand van u staat. U dient dan het wapen met uw rechterhand naar links af te weren **om te voorkomen dat deze persoon in de vuurlinie komt**. Dit voorkomt dat er slachtoffers vallen als er geschoten wordt.

- Zoals bij de vorige techniek getoond (foto 1) kan zich een situatie voordoen waarbij de schutter afstand tot u houdt, rechts van u of diagonaal voor u. In een dergelijk geval zult u het been dat het dichtst bij de aanvaller staat, als standbeen moeten gebruiken om het pistool te kunnen bereiken. Dit kan tot gevolg hebben dat het moeilijker wordt de standaardtechniek, naar voren stappen en het wapen naar beneden drukken, uit te voeren. Het vastpakken van het wapen met beide handen, is een effectief alternatief om het wapen onder controle te krijgen. Met een schop kan de tegenaanval worden ingezet.

- Als het wapen recht voor u wordt gehouden, links van het midden van uw lichaam. In dit geval gebruikt u uw rechterhand om de bedreiging af te weren en uit de vuurlinie te komen. Weer de bedreiging af met een zo kort mogelijke beweging.

- Als de beweging van uw linkerhand wordt beperkt (als de aanvaller u bijvoorbeeld bij de linkerhand of -arm pakt) en het derhalve niet mogelijk is deze techniek uit te voeren.

Een waargebeurd verhaal

Samuel Lichtenfeld, de vader van grootmeester Imi Sde-Or (Lichtenfeld), was hoofdrechercheur bij de politie van Bratislava, Slowakije. Vanwege zijn beroep, nam hij soms zijn dienstrevolver mee naar huis en borg hem in een kast op.

Op een dag vond Imi's oudere broer het wapen en begon ermee te spelen. Zich geheel onbewust van het gevaar, richtte hij het wapen op Imi's hoofd en haalde de trekker over. Imi, toen 13 jaar oud, sloeg instinctief het wapen weg. Als gevolg hiervan raakte de kogel de muur en kwam Imi met de schrik vrij.

Bedreiging vanachteren, op korte afstand

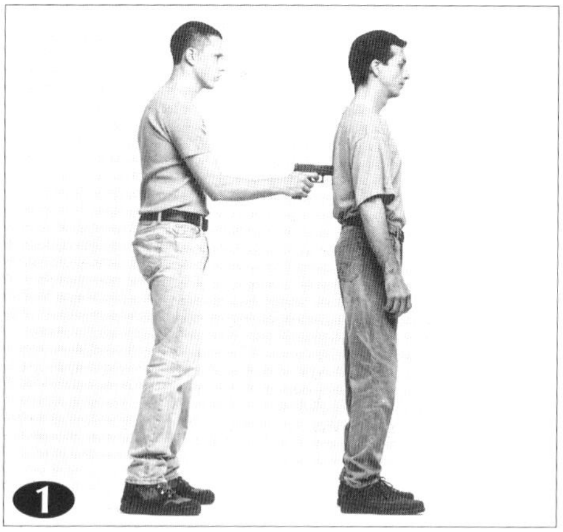

De aanvaller bedreigt u vanachteren met een pistool tegen uw rug.

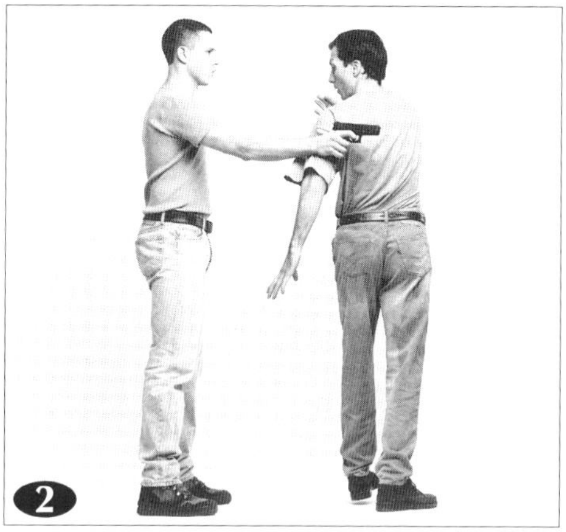

Foto 2: Kijk achterom om te zien wat er gebeurt (dat wil zeggen: met welke hand het pistool wordt vastgehouden) en waar de andere hand zich bevindt. Deze beweging is een natuurlijke reactie op verbaal of lichamelijk contact vanachteren. Weer de onderarm of het pistool van de aanvaller af. Hierdoor draait u het lichaam waarna u in de richting van de aanvaller stapt.

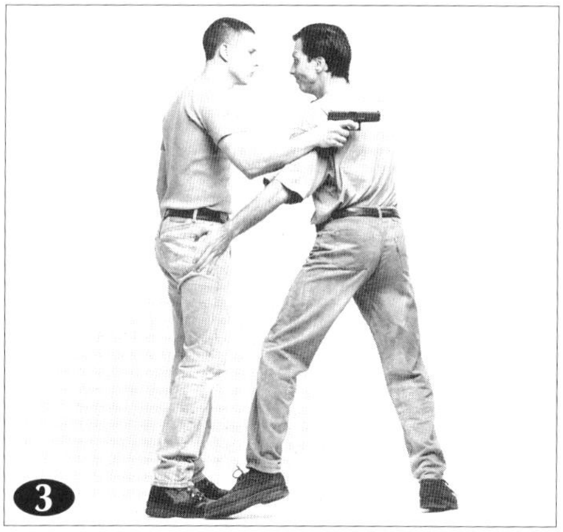

Na het pistool te hebben afgeweerd, beweegt u uw afwerende hand diagonaal voorwaarts en naar buiten toe, langs de binnenkant van de arm van de aanvaller. Stap op de aanvaller af met het been aan de kant van de verdedigende hand.

Klem de onderarm van de aanvaller krachtig af tussen bovenarm, hand en borst. Gelijktijdig slaat u hem tegen kin of keel met een horizontale elleboogstoot.

Deze techniek is op te splitsen in vier basisonderdelen: (1) het neutraliseren van de bedreiging met het wapen door de vuurlinie te veranderen. Dit, gecombineerd met een verdediging met het lichaam, omvat de eerste fase van de totale verdediging. (2) het grijpen van de hand die het wapen vasthoudt, om gebruik hiervan te voorkomen. (3) het aanvallen en overmeesteren van de aanvaller. (4) het ontwapenen van de aanvaller.

Pak de aanvaller bij de schouder en geef hem een kniestoot in het kruis. De aanvaller kan het pistool in dit stadium laten vallen.

Als de aanvaller het pistool nog steeds vastheeft, draait u snel met uw lichaam om te zien waar het pistool zich bevindt, waarna u dit snel beetpakt. Grijp het wapen met naar beneden gerichte handpalm (met de duim naar u toe wijzend).

Draai het pistool een kwartslag om. **Let op**: richt de loop nooit op uw lichaam!

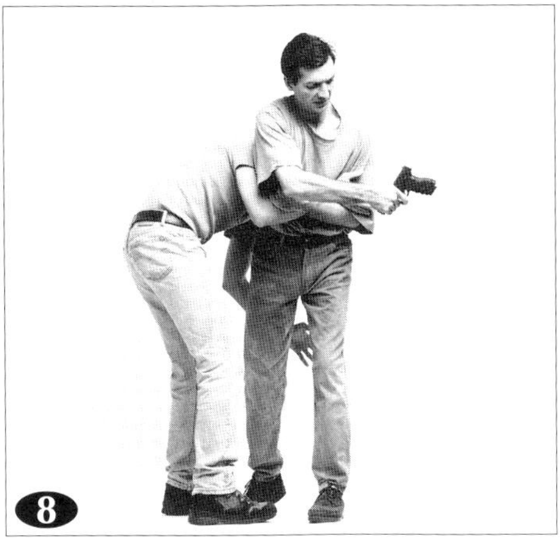

Trek het pistool uit de hand van de aanvaller in de richting van zijn wijsvinger (zie detail foto's 6a, 6b, 7a en 8a).

Het is bijzonder belangrijk om eerst goed te kijken voordat u een defensieve actie onderneemt. U dient te weten of de positie van het wapen of van de aanvaller het u onmogelijk zullen maken om de techniek toe te passen, bijvoorbeeld als het wapen te ver weg of te dichtbij is, of als de andere hand van de aanvaller (en niet het wapen) u raakt. Na het wapen afgeweerd te hebben, stapt u op de aanvaller af en laat u uw afwerende hand evenwijdig aan de arm van de aanvaller afglijden om zijn onderarm af te klemmen. Dit is nodig om te voorkomen dat de aanvaller het pistool kan terugtrekken en nogmaals op u richt. De eerste tegenaanval die u kunt uitvoeren, is een horizontale elleboogstoot naar binnen toe, vergezeld van een stap voorwaarts (als de afstand tussen u en de aanvaller dat noodzakelijk maakt). Als de aanvaller te ver van u verwijderd is en u hem niet met een elleboogstoot kunt raken, kan in plaats hiervan een rechte klap worden gegeven. Vervolgens kunt u op de aanvaller toestappen en hem, indien nodig, alsnog een elleboogstoot geven.

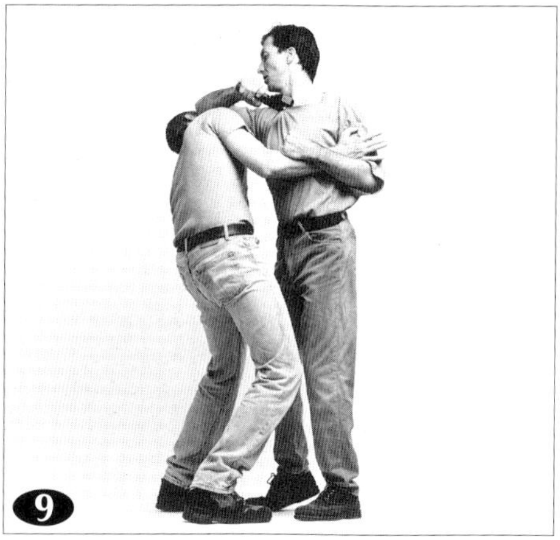

Door van de aanvaller weg te stappen, kunt u nog een tegenaanval inzetten, bijvoorbeeld door hem te slaan met de loop van het pistool of door een horizontale elleboogstoot.

De techniek om deze bedreiging te neutraliseren (pistool vanachteren op uw hoofd gericht) is bijna gelijk aan de vorige techniek, waarbij de bedreiging op uw rug was gericht.

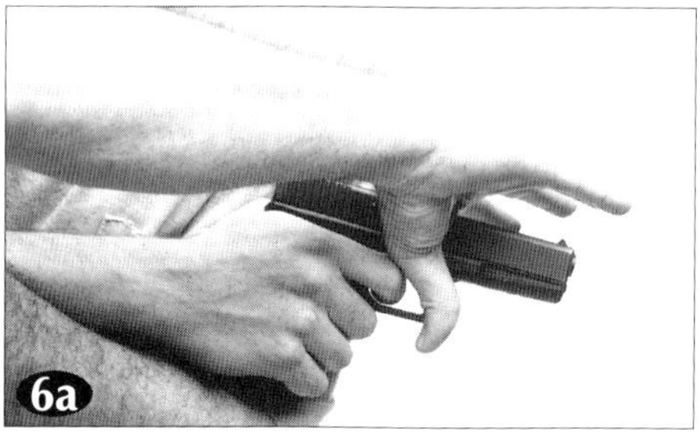

Detail foto 6: Draai van het lichaam en het grijpen naar het pistool.

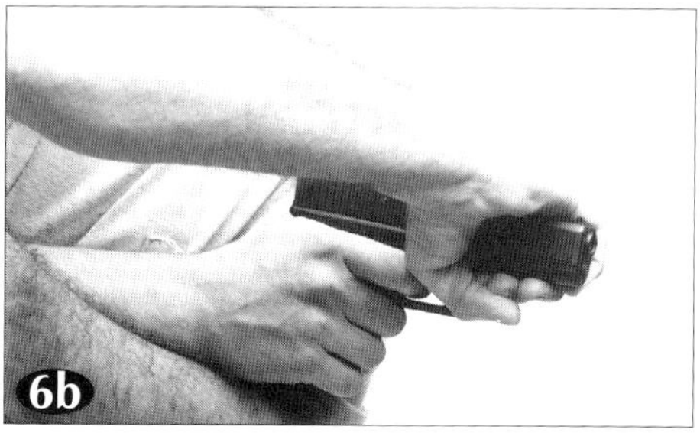

Detail foto 6: Het vastpakken van het pistool.

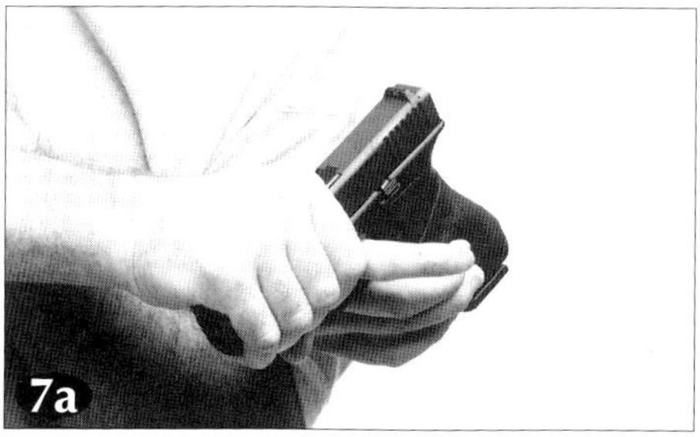

Detail foto 7: Draai het pistool een kwartslag.

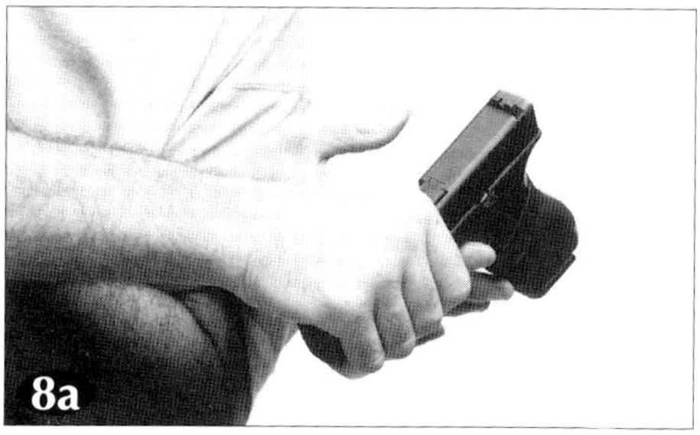

Detail foto 8: Druk het pistool uit de hand van de aanvaller.

U kunt het afweren en de draai met het lichaam zowel rechts als links uitvoeren, wat u het beste uitkomt, maar dit is ook afhankelijk van de specifieke omstandigheden. Het spreekt voor zich dat de techniek hetzelfde is, ongeacht of u linksom of rechtsom draait (zie het laatste deel van de voorgaande techniek: *wanneer dient u de techniek met uw 'andere' hand toe te passen?*).

Deze techniek is in principe gelijk aan die welke u gebruikt als een pistool vanachteren tegen uw hoofd wordt gehouden (zie foto V1). In dit geval is het echter van belang dat u uw hoofd zo snel mogelijk in de richting van het hoofd van de aanvaller beweegt door een snelle draai van hoofd en lichaam uit te voeren, terwijl u op de aanvaller toe stapt (zie: *bedreiging tegen het hoofd vanaf de zijkant – draaien*). Het grootste verschil is dat u hierbij het doel (uw hoofd) beweegt **voordat** u het wapen afweert.

Bedreiging van de zijkant, achter uw arm

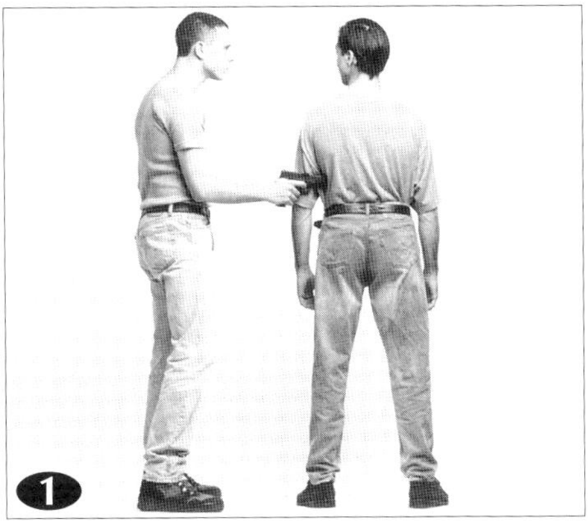

De aanvaller drukt het pistool tegen uw zij, achter uw arm.

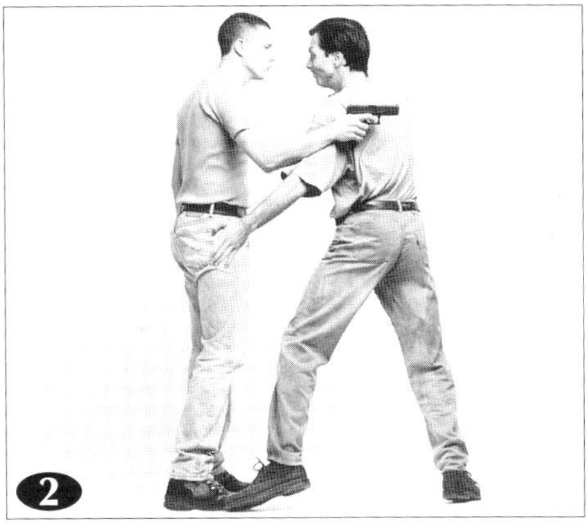

Weer het pistool met uw arm af en breng uw arm langs die van de aanvaller. Gelijktijdig draait u uw lichaam in de richting van de aanvaller en stapt u op hem toe.

Knel de onderarm van de aanvaller af en geef hem een elleboogstoot op kin of keel. U gaat verder zoals beschreven bij de vorige techniek.

Draai u in de richting van de aanvaller: **zo snel mogelijk en langs de kortste weg.** Hier wordt een draai naar links afgebeeld. Feitelijk is deze techniek identiek aan die welke wordt gebruikt om een bedreiging vanachteren op korte afstand weg te nemen, zij het dat de onderlinge afstand tussen u en de aanvaller anders is. Bij deze techniek hoeft u natuurlijk niet zo ver te draaien om tegenover de aanvaller te komen.

Bedreiging van de zijkant, voor uw arm

De aanvaller drukt het pistool in uw zij, voor uw arm.

Weer het pistool af en grijp de pols van de aanvaller beet, terwijl u diagonaal achterwaarts en naar hem toe stapt. Dit fungeert als verdediging van uw lichaam. Gelijktijdig heft u uw andere hand (uit de vuurlinie) zodat deze evenwijdig met het pistool komt, waarna u dit kunt grijpen. Dit voorkomt ook dat de aanvaller zich draait en het wapen weer op u richt.

Grijp zo snel mogelijk de loop van het pistool met uw rechterhand vast en begint het wapen uit de hand van de aanvaller los te wrikken.

Druk het pistool met uw rechterhand in de richting van de aanvaller terwijl u hem aan de pols trekt met uw linkerhand en een draai met het lichaam uitvoert. Deze gecombineerde bewegingen geven uw actie aanzienlijk meer kracht. Indien gewenst, kunt u zich nu buiten de gevarenzone begeven.

Vervolg de verdediging met een kniestoot in het kruis van de aanvaller. U mag nu overgaan tot verdere tegenaanvallen. Neem hiervoor afstand van de ontwapende aanvaller door eerst met uw rechtervoet naar achteren te stappen.

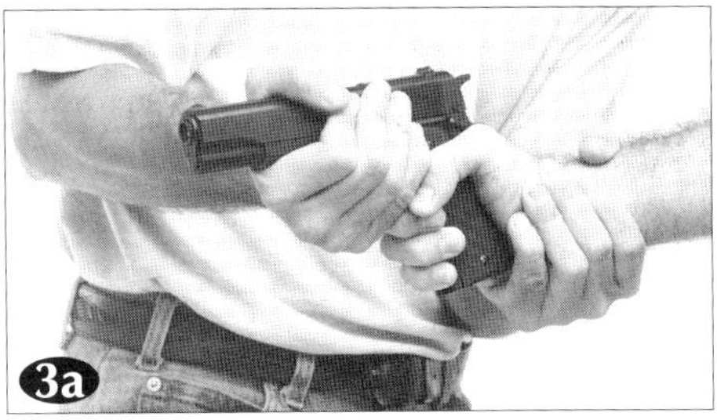

Detail foto 3: Het vastpakken van het pistool en de hand die het vasthoudt.

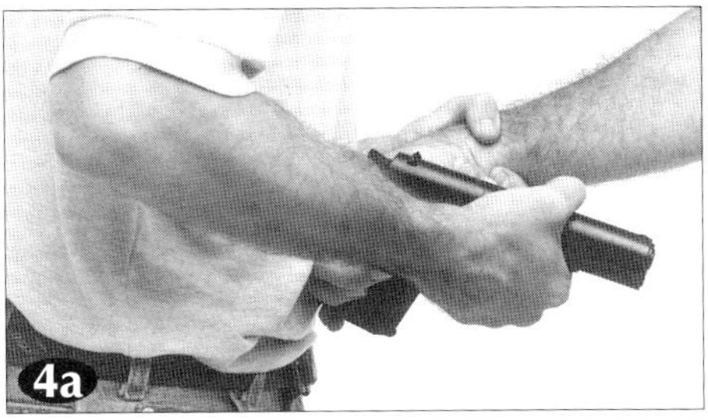

Detail foto 4: Draai het pistool krachtig om, om de aanvaller te ontwapenen. De loop dient evenwijdig gericht te zijn aan de onderarm van de aanvaller en horizontaal weggedraaid te worden.

Terwijl u het pistool afweert, trekt u uw buik in en beweegt u snel diagonaal achterwaarts in de richting van de aanvaller, om u uit de gevarenzone te bewegen. Weer de bedreigende hand af, nabij de pols, om te voorkomen dat de aanvaller tijdens uw verdediging zijn pols kan buigen.

Let op: Als de aanvaller zijn pols kan buigen, loopt u kans weer in de vuurlinie terecht te komen.

Terwijl u het pistool met de ene hand afweert, brengt u uw andere hand zo snel mogelijk naar het wapen, **zonder deze voorlangs de loop te bewegen**. Feitelijk verrichten beide handen gelijktijdig dezelfde beweging: de afwerende hand duwt het wapen voorwaarts, terwijl de andere hand, met een bijna identieke beweging, naast het wapen wordt gebracht. Breng uw ellebogen voor uw ribben.

Nadat u de aanvaller heeft ontwapend, kunt u afstand nemen of enkele krachtige tegenaanvallen inzetten (een stomp, een klap met het wapen of een schop) om u vervolgens uit de gevarenzone te verwijderen.

Als de aanvaller zich aan uw andere kant bevindt (met zijn rechterhand van rechts bedreigend), dient de techniek naar de andere kant te worden uitgevoerd (*zie volgende techniek*).

Bedreiging van de zijkant, voor uw arm

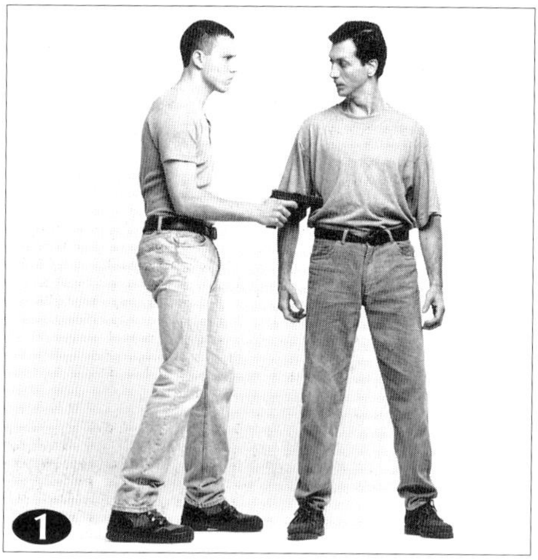

De aanvaller bedreigt u van de zijkant met een pistool voor uw arm. U beweegt zich in de richting van de aanvallende arm.

Foto 2: Evenals bij de vorige techniek, weert u ook hier het pistool af (door de pols en hand van de aanvaller beet te pakken) en beweegt u zich diagonaal achterwaarts en in de richting van de aanvaller. Gelijktijdig en in een vloeiende beweging, brengt u uw andere hand in de richting van het wapen om deze vast te pakken.

Pak de loop met uw linkerhand beet en wring deze om.

De greep op het wapen kan worden verbroken door deze als hefboom te gebruiken. Draai het pistool een kwartslag om, terwijl u deze handeling met een draai van het lichaam kracht bijzet.

In principe is deze techniek identiek aan een **bedreiging van de zijkant, voor uw arm**, behalve dat u zich nu naar de andere kant draait in de richting van de aanvaller. Het ontwapenen gebeurt ook op een andere manier. U dient de aanvaller als volgt, in twee

Trek het wapen uit de hand van de aanvaller, terwijl u naar voren stapt om een kniestoot in het kruis te geven. Rond de tegenaanval af en vervolg door op een veilige afstand te gaan staan. U kunt ook meerdere tegenaanvallen gebruiken voordat u zich terugtrekt.

stappen, te ontwapenen: ten eerste draait u de loop van het pistool in de richting van de rug van de hand waarmee het wordt vastgehouden en daarna trekt u het wapen uit de hand van de aanvaller.

Onthoud: Hoewel u uw tegenstander heeft ontwapend, dient u **onmiddellijk de tegenaanval in te zetten**, voordat de aanvaller tijd heeft om opnieuw aan te vallen. Als u niet snel genoeg handelt of als u te dicht bij hem blijft staan, loopt u het risico dat hij u aanvalt.

Uw eerste tegenaanval wordt uitgevoerd met een schop omdat uw handen niet vrij zijn. Afhankelijk van afstand en hoek kunt u met willekeurig welk been schoppen.

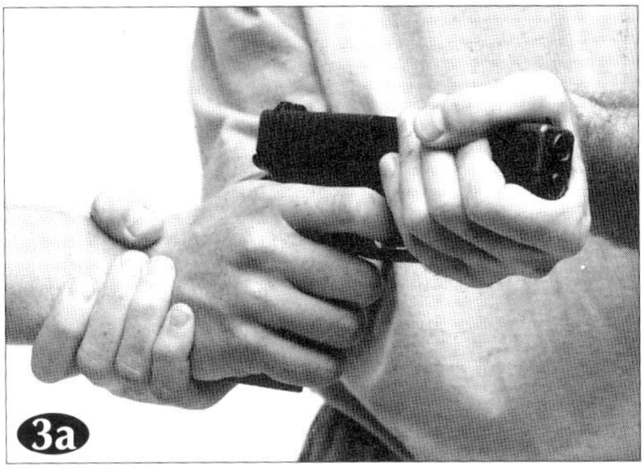

Detail foto 3: Het vastpakken van het pistool en de hand of pols van de aanvaller.

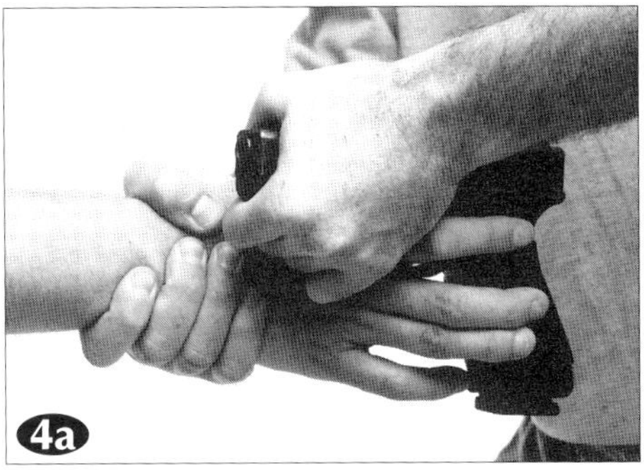

Detail foto 4: Het losmaken van de greep van de aanvaller en het krachtig draaien van het wapen.

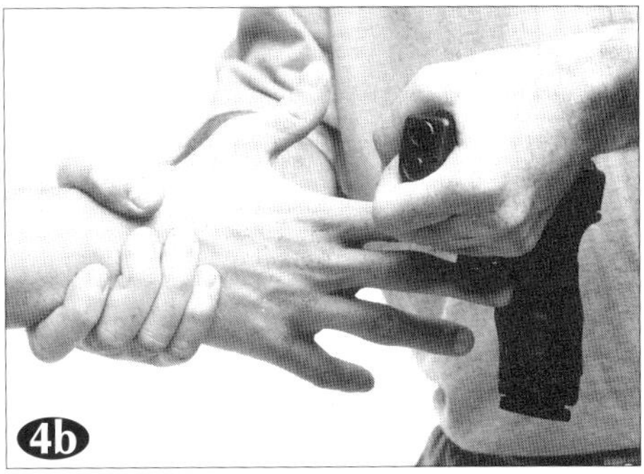

Detail foto 4: Het ontwapenen van de aanvaller door het pistool weg te trekken.

***Variatie:** Voer dezelfde techniek uit maar dan vanaf de andere kant, dat wil zeggen met de aanvaller links en met het pistool in zijn linkerhand.*

Het is bijzonder belangrijk om het neutraliseren van bedreigingen vanuit diverse hoeken en in diverse situaties te oefenen. Het mag duidelijk zijn dat u deze techniek niet alleen moet kunnen uitvoeren in een situatie die u uitkomt!

Bedreiging tegen het hoofd van de zijkant – draaien

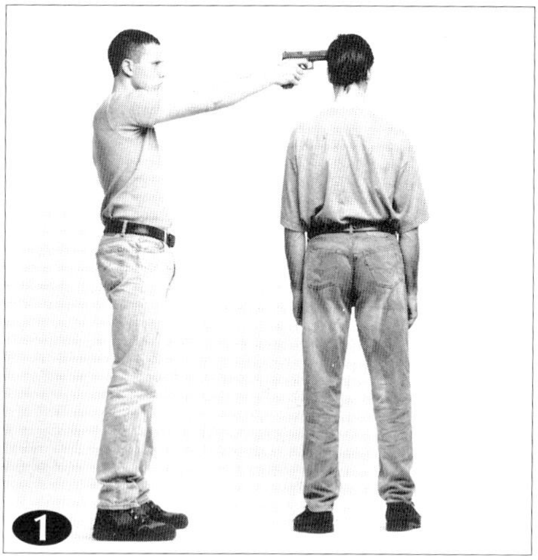

De aanvaller drukt zijn wapen tegen de zijkant of achterkant van uw hoofd, ter hoogte van uw oor (zie onderstaande tekening).

Draai hoofd en lichaam gelijktijdig in de richting van de aanvaller en stap snel op hem af. Hiermee beweegt u zich uit de vuurlinie naar een plek achter het wapen. Gelijktijdig heft u uw hand om de onderarm van de aanvaller beet te pakken en deze iets naar buiten te trekken.

Trek de onderarm van de aanvaller naar beneden en zet de tegenaanval in. Voorkom dat zijn arm op uw schouder terechtkomt maar druk deze naar beneden tot borsthoogte. Hierdoor ontstaat een grotere afstand tussen u en het wapen, dat nog altijd kan worden afgevuurd. Zet de techniek voort zoals omschreven in *bedreiging vanachteren, op korte afstand*.

Deze techniek is gebaseerd op *bedreiging vanachteren, op korte afstand.* Hier ligt de nadruk van de techniek, en specifiek op de eerste bewegingen, op de gelijktijdige uitvoering van een draai met het hoofd en een draai met het lichaam in de richting van de aanvaller, waarbij u snel op hem toe stapt. Dit brengt u uit de gevarenzone. Dit kunt u ook toepassen als een pistool tegen de achterkant van uw hoofd wordt gehouden. De functie van de dichtstbijzijnde hand is de onderarm van de aanvaller af te klemmen om deze vervolgens af te weren en op borsthoogte te brengen.

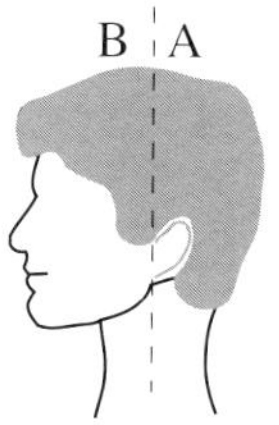

Tekening: Als het pistool gericht wordt op gebied A, dient de draaitechniek te worden gebruikt. Als het pistool gericht wordt op gebied B, geniet de volgende techniek de voorkeur.

De tegenaanvallen en de ontwapening worden beschreven in de techniek *bedreiging van-achteren, op korte afstand*. Als tegenaanval kunt u meestal een elleboogstoot geven maar als de afstand groter is, kunt u besluiten een stomp als eerste tegenaanval uit te voeren.

Bedreiging tegen het hoofd, van de zijkant – afweren en vastpakken van het pistool

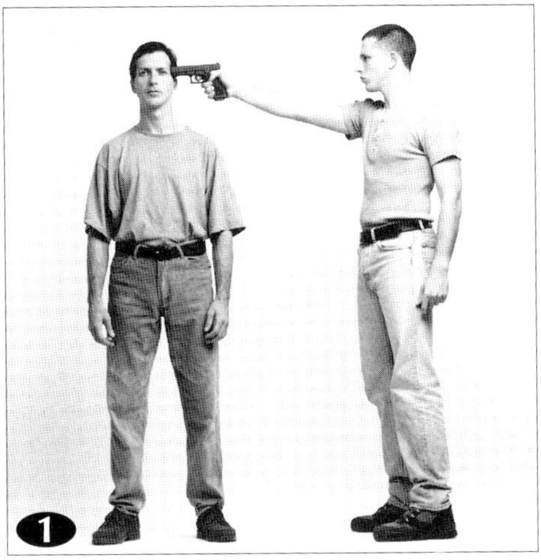

De aanvaller drukt het pistool tegen of heel dicht bij de zijkant van uw hoofd (voor het oor, d.w.z. **'voorste helft'**).

Beweeg uw hoofd achteruit en in de richting van de aanvaller om u uit de vuurlinie te begeven. Gelijktijdig met de beweging van uw hoofd, heft u snel uw hand op en brengt deze ter hoogte van het pistool om die te kunnen afweren en vast te pakken. Gelijktijdig stapt u diagonaal en iets naar achteren op de aanvaller af.

Grijp het pistool, duw het naar beneden in de richting van de aanvaller en zet de tegenaanval in. Deze handelingen worden op precies dezelfde manier uitgevoerd als bij de eerste techniek: *bedreiging van voren, op afstand*.

Stap twee, gezien vanaf de kant van de verdediger.

Deze techniek is in principe gelijk aan die welke wordt gebruikt bij een **bedreiging van voren, op afstand**. Twee acties, een beweging met het hoofd en met de hand, worden gelijktijdig uitgevoerd om zo snel mogelijk te kunnen verdedigen. Wanneer het pistool tegen uw hoofd wordt gedrukt, dient u deze iets weg te draaien, uit de richting van de aanvaller, om het wapen voorlangs te laten passeren. Qua timing beweegt uw hoofd zich uit de gevarenzone voordat uw hand het pistool bereikt.

Als u deze techniek eenmaal goed beheerst, kunt u hem in de volgende situaties toepassen: bij een bedreiging met een pistool tegen de zijkant van het hoofd; wanneer de aanvaller voor u of diagonaal voor u staat; op korte of lange afstand; en in andere situaties. Soms geniet deze techniek de voorkeur maar ook andere technieken zijn te gebruiken, hetgeen afhangt **van de hoek die de aanvaller ten opzichte van u aanneemt en de plaats waarop het pistool op uw hoofd is gericht**. Deze techniek geniet de voorkeur als het pistool bijvoorbeeld tegen uw slaap wordt gehouden, maar de vorige techniek is te gebruiken als het pistool achter of boven uw oor wordt gedrukt.

Bedreiging vanachteren, op afstand

De aanvaller bedreigt u vanachteren of diagonaal vanachteren, op afstand, met een pistool. Om deze techniek toe te passen, is de meest gunstige afstand tussen uw rug en het pistool 40-65 cm. Kijk zo onopvallend mogelijk achterom om de afstand tot het pistool in te schatten. De verdediging dient meteen nadat u heeft gekeken plaats te vinden.

Weer het pistool af en grijp het pistool of de hand waarmee deze wordt vastgehouden. De afwerende beweging met de hand leidt de rest van uw actie in: een draai met het lichaam die u uit de vuurlinie brengt en een snelle stap in de richting van de aanvaller. Druk het pistool naar beneden in de richting van de aanvaller.

Deze techniek vereist gedegen oefening omdat er een **groter risico** aan is verbonden dan bij de vorige technieken die in dit hoofdstuk zijn behandeld. Het probleem is in dit geval dat u het pistool, terwijl u achterom kijkt, slechts met één oog kunt zien.

Stap met uw rechterbeen (dezelfde kant als de afwerende hand) in de richting van de aanvaller en zet de tegenaanval in met een krachtige stomp. Zorg ervoor uit de vuurlinie te blijven.

Als de loop van het pistool **zijwaarts** is gericht, pakt u met de andere hand de pols van de aanvaller beet en zet u de tegenaanval voort met een schop of kniestoot in het kruis. U kunt hier willekeurig welk been voor gebruiken (de verdediger schopt hier met het rechterbeen). Vervolgens ontwapent u de aanvaller door het pistool uit zijn hand te draaien.

U kunt hierdoor de juiste afstand moeilijker inschatten! Derhalve dient deze techniek **uitsluitend te worden toegepast als u geen alternatief heeft**. Dat wil zeggen: alleen bij een levensbedreigende situatie. Tijdens oefeningen dient de nadruk te worden gelegd op het juist inschatten van de afstand, het afweren van het pistool terwijl u zich uit de vuurlinie begeeft en nauwkeurigheid bij het vastpakken van het pistool.

Opmerking: Als de aanvaller zich diagonaal achter u bevindt, neutraliseert u de bedreiging door in principe dezelfde techniek toe te passen. In de meeste gevallen zult u het pistool met beide ogen kunnen waarnemen en derhalve de afstand juist inschatten.

De beginselen van deze techniek zijn gelijk aan die welke worden gebruikt bij **bedreiging van voren, op afstand**.

Beginnend met een handbeweging die het lichaam in de verdedigingspositie brengt (uit de vuurlinie), grijpt u het pistool nadat u uw gewicht in de richting van de aanvaller brengt en het pistool omlaag drukt. Voer een tegenaanval uit met de hand of het been, afhankelijk van de afstand tot de aanvaller. Als laatste gaat u tot ontwapening over.

Duw en bedreiging vanachteren, op afstand

De hier beschreven techniek is toe te passen in een situatie waarbij de vrije hand van de aanvaller naar voren is gericht en het pistool op enige afstand wordt gehouden. De aanvaller kan stilstaan, kan u een duw geven, kan u vastpakken of kan, zoals getoond, meerdere keren duwen waardoor u naar voren wordt gedwongen. De aanvaller duwt u en houdt u onder schot. U bent er al in geslaagd achterom te kijken en de situatie in te schatten.

Ontwijk de duw door zijwaarts te stappen en op één voet te draaien waardoor u zich uit de vuurlinie begeeft. De draai wordt **in de richting van de duwende hand** uitgevoerd (niet naar de hand met het wapen). In dit geval draait u op het linkerbeen.

De aanvaller blijft voorwaarts bewegen, terwijl u hem van de zijkant benadert. U draait met uw lichaam in de richting van de aanvaller (zoals getoond op de foto).

Grijp de aanvaller in zijn middel en in zijn kruis waarbij u de knieën gebogen heeft en uw borst strak tegen hem aandrukt. U kunt ook zijn onderarm van de hand met het pistool vastpakken.

Til de aanvaller bij het kruis op, trek hem naar achteren en duw zijn bovenlichaam naar voren.

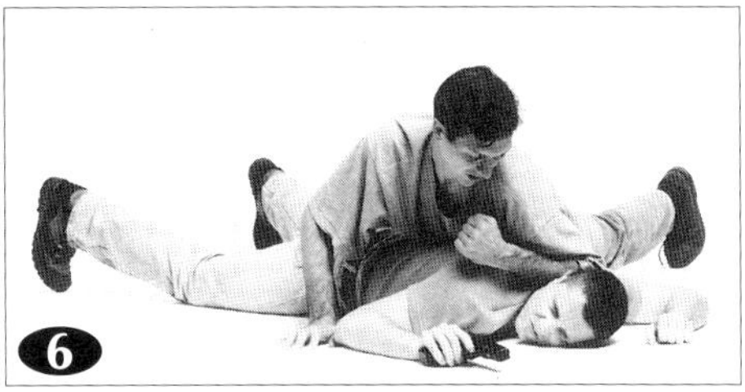

Zwaai uw benen naar achteren en kom zo hard mogelijk op de aanvaller neer, met uw borst op het midden van de rug van de aanvaller. Voordat u de grond raakt, haalt u uw handen onder het lichaam van de aanvaller weg. Daarna zet u zo snel mogelijk de tegenaanval in.

Mogelijke tegenaanval: elleboogstoot op de achterkant van de nek of stomp op de slaap. Als laatste grijpt u het wapen en ontwapent u de aanvaller.

Deze techniek is te gebruiken als u een bedreiging vanuit stilstand ervaart of een aanval waarbij u meerdere malen wordt geduwd (gevaarlijker). Deze techniek vereist nauwkeurige timing en veel vaardigheid! Voer hem uit nadat u de snelheid en timing van het geduw van de aanvaller heeft ingeschat. Het is bijzonder belangrijk dat u de draai inzet **precies op het moment dat de aanvaller u wilt duwen**, zodat hij uit balans wordt gebracht. Gebruik deze techniek niet nadat u bent geduwd maar **altijd** net voordat u nogmaals wordt geduwd! Als u linksom draait, dient u dat met het linkerbeen te doen, waarbij u met uw rechterbeen krachtig voorwaarts stapt.

Richtlijnen voor oefeningen: (1) Uit de vuurlinie geraken. (2) Met een gestrekte rug het lichaam en het kruis van de aanvaller pakken (neutraliseren). (3) Met grote kracht op de aanvaller terechtkomen (om hem tijdelijk uit te schakelen). (4) Eventueel het vastpakken van de onderarm van de aanvaller waarmee het pistool wordt vastgehouden.

Alternatieve technieken:

- Als de situatie het toelaat, in het bijzonder als het wapen niet te ver achter u is, kunt u ook de vorige techniek toepassen: *bedreiging vanachteren, op afstand.*

- Als de aanvaller u met zijn pistool in uw rug naar voren duwt, gebruikt u de techniek: *bedreiging vanachteren, korte afstand.*

Grootmeester Imi Sde-Or demonstreert de verdediging tegen een bedreiging vanachteren met een vuurwapen.

Een waargebeurd verhaal

Joseph oefende al meerdere jaren KRAV MAGA. Ooit was hij als verkoper werkzaam in een wapenhandel (voornamelijk pistolen). Op een dag pakte één van zijn collega's een wapen uit het rek, laadde hem met een vol magazijn, laadde hem door en verwijderde daarna het magazijn. Joseph waarschuwde hem dat het pistool waarschijnlijk was doorgeladen en dat er een patroon in de kamer zat. Zijn collega hield vol dat het pistool ongeladen was, waarover onenigheid ontstond. Bij wijze van grap richtte hij het pistool op het lichaam van Joseph met de bedoeling de trekker over te halen om daarmee te bewijzen dat het pistool ongeladen was. Joseph voerde een KRAV MAGA verdedigingstechniek uit om het wapen af te weren. Toen het pistool afging raakte de kogel de balie.

Afweer van een bedreiging met een geweer, een jachtgeweer of een machinegeweer

HOOFDSTUK 5

Afweer van een bedreiging met een geweer, een jachtgeweer of een machinegeweer

Er zijn veel overeenkomsten tussen een geweer (evenals een machinegeweer en een jachtgeweer) en een vuistvuurwapen. De belangrijkste overeenkomst, vanuit het standpunt van de verdediger, is de aard van de bedreiging. De belangrijkste verschillen tussen deze twee wapentypes zijn hun lengte en de manier waarop ze worden vastgehouden. Als we kijken naar de afweertechnieken voor een bedreiging met een pistool en die voor de verdediging tegen een steek met een stok of een geweer met bajonet, kunnen we sommige basisprincipes combineren en zo effectieve technieken ontwikkelen, geschikt voor een situatie met een dreigende aanvaller (op korte afstand) met een geweer of machinegeweer.

Er is een belangrijk verschil tussen het pistool en het machinegeweer, afgezien van de lengte en de manier waarop ze worden vastgehouden; ze verschillen in de bediening. Als u de loop van het machinegeweer vasthoudt, kan de aanvaller nog steeds al zijn kogels afvuren. Dit is niet mogelijk bij het semi-automatische pistool waarbij slechts één schot kan worden gelost als iemand de loop en laadslede vasthoudt. Dit wordt veroorzaakt door het afklemmen van de laadslede, dat ervoor zorgt dat het pistool niet opnieuw wordt geladen en er een nieuwe kogel in de kamer terechtkomt. Met een revolver, afhankelijk van de manier van werking, kan er, wanneer u de cilinder vasthoudt, maximaal één schot worden afgevuurd. Veel geweren en jachtgeweren zijn uitgerust met een handbedienbaar mechanisme. Dit betekent dat de schutter **handmatig moet doorladen** om het volgende patroon te kunnen laden en afvuren.

Evenals het afwenden van een bedreiging met een pistool, moet u ook het gevaar van een snelle aanval onmiddellijk afwenden. Dit betekent dat u de vuurlijn verandert door de schietarm weg te duwen en tegelijkertijd **uw lichaam uit die vuurlinie verwijdert**. Vervolgens moet u voorkomen dat de aanvaller wederom gebruik kan maken van zijn wapen door zijn bewegingsvrijheid en dat van zijn wapen te belemmeren. Tegelijkertijd (of meteen daarna) schakelt u de aanvaller uit met een geschikte tegenaanval. Ten slotte ontwapent u hem en verwijdert u zichzelf uit de gevarenzone.

Opmerking: Gezien het mogelijk dodelijke effect van de wapens die in dit hoofdstuk zijn behandeld, is een grote voorzichtigheid erg belangrijk bij het gebruik van de volgende technieken. Het moge duidelijk zijn dat dit aan experts op dit gebied moet worden overgelaten (zie ook de waarschuwing in het vorige hoofdstuk: *Afweren van een bedreiging met een pistool*).

Uitgangspunten voor de technieken die in dit hoofdstuk worden behandeld:

- **Het meest geschikte ogenblik om een aanval te neutraliseren is het moment dat de aandacht van de aanvaller niet geheel op u of op zijn wapen is gericht.** Voorbeeld: als de aanvaller zich achter u bevindt, kunt u achterom kijken en hem smeken, een vraag stellen of gewoon praten. Dit stelt u in staat een techniek in te zetten terwijl u de aandacht van de aanvaller afleidt. Tijdens een straatoverval komt het vaak voor dat het slachtoffer recht tegenover de aanvaller komt te staan. Indien mogelijk, maakt u hiervan gebruik.

- **Weer de loop van het pistool op de snelste wijze en langs de kortst mogelijke weg af.** Meestal schrijven de houding en de situatie voor dat u de loop van het vuurwapen met uw rechterhand moet afweren, maar soms ook met uw linkerhand. Er zijn situaties denkbaar waarbinnen u kunt **kiezen** welke hand u hiervoor gebruikt.

- Het kan noodzakelijk zijn het vuurwapen in een voor u minder gunstige richting af te weren om **te voorkomen dat onschuldige omstanders in de vuurlinie terechtkomen.**

- **Weer het vuurwapen af en stap snel op de aanvaller af.** Dit maakt het hem bijzonder moeilijk het wapen tegen u te gebruiken.

- De technieken om een bedreiging met een kort geweer of machinegeweer die **met één hand** worden vastgehouden, teniet te doen, zijn in principe gelijk aan de verdedigingstechnieken tegen een bedreiging met een vuistvuurwapen.

- Als de aanvaller het geweer of machinegeweer **met beide handen** vasthoudt, is het voor u moeilijker het vuurwapen af te weren en nog moeilijker er controle over te krijgen nadat u deze heeft weggeduwd. U dient hierom, meer nog dan bij de bedreiging met een vuistvuurwapen, de nadruk te leggen op de verdediging van uw lichaam door meteen na de afweertechniek dichter op de aanvaller toe te stappen. **Hierdoor blijft u uit de vuurlinie.**

- **Het stoten van de aanvaller** heeft tot gevolg dat u hem makkelijker kunt ontwapenen. Acties die gebaseerd zijn op het **draaien** van het wapen in plaats van dat **los te trekken**, maken de ontwapening aanzienlijk eenvoudiger.

De onderstaande technieken zijn bedoeld om de bedreiging met een geweer, jachtgeweer of machinegeweer teniet te doen als de aanvaller zich voor of achter u bevindt. Nadat u weet hoe deze technieken werken (ook die tegen een vuistvuurwapen), dient u de bedreigingen met een geweer of machinegeweer ook uit andere richtingen en vanaf diverse afstanden en hoeken te oefenen. Ook oefent u deze technieken vanuit verschillende houdingen en in verschillende situaties, bijvoorbeeld staand of zittend en als de aanvaller trekt, duwt of u vastpakt.

Bedreiging van voren – wapen in één hand

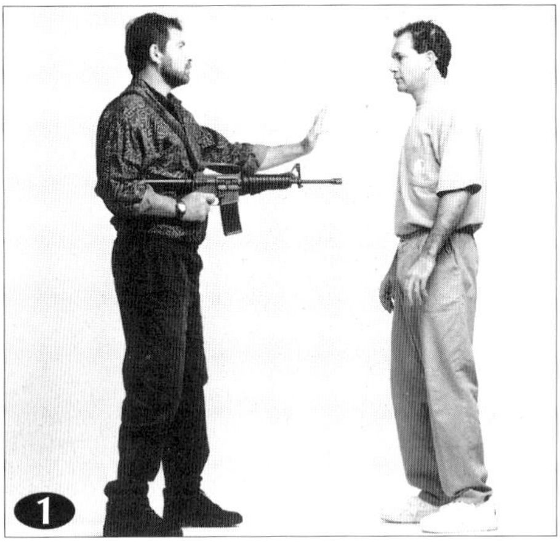

De aanvaller bedreigt u met een machinegeweer dat hij met één hand vasthoudt. De afstand tussen u en het wapen, maakt het mogelijk deze af te weren en vast te pakken.

Vergelijkbaar met de basistechniek tegen een bedreiging met een vuistvuurwapen, begint u met afweren waarna u met het lichaam draait en uw gewicht diagonaal voorwaarts brengt. U drukt het wapen naar de zijkant en grijpt deze vast terwijl u hem naar beneden drukt.

Stap voorwaarts (met dezelfde voet als de afwerende hand) terwijl u het wapen naar de zijkant en naar beneden wegdrukt. Dan zet u de tegenaanval in. Afhankelijk van de manier waarop de aanvaller het wapen vasthoudt, kunt u deze met gestrekte arm iets naar u toe trekken om uw stap naar voren te versnellen.

Grijp de loop met beide handen en til deze omhoog in de richting van het hoofd van de aanvaller.

Deze techniek is feitelijk identiek aan de basistechniek om een bedreiging met een vuistvuurwapen van voren te neutraliseren. Deze techniek is te gebruiken als de aanvaller het wapen met één hand vasthoudt of erg dichtbij u staat. Ook moet het mogelijk zijn het voorste deel van het wapen vast te pakken en mag de andere hand van de aanvaller deze actie niet verhinderen.

U slaat de aanvaller tegen het hoofd met het wapen of met uw vuisten.

Tijdens de gehele eerste fase van deze techniek, dient u druk uit te oefenen op het wapen (zijwaarts en naar beneden) waarbij u deze in de richting van de aanvaller drukt om te voorkomen dat hij het kan gebruiken.

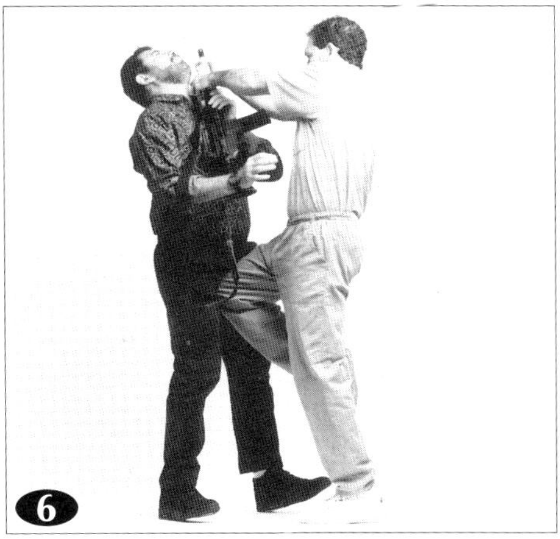

Zet de tegenaanval voort met een kniestoot in het kruis. Om de aanvaller te ontwapenen, verplaatst u uw rechterhand naar de kolf van het wapen. Draai de loop in de richting van de aanvaller waarbij u aan de kolf trekt en afstand tot de aanvaller neemt (zie volgende techniek).

Bedreiging van voren – naar de 'aanvallende' kant

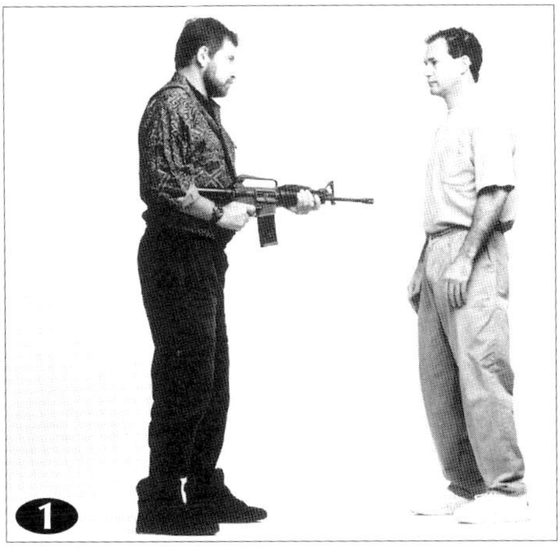

De bedreiging komt van een gemiddelde afstand. De aanvaller houdt het wapen stevig vast met beide handen. U verkiest het een techniek toe te passen tegen de 'aanvallende' kant (rechts) van de aanvaller.

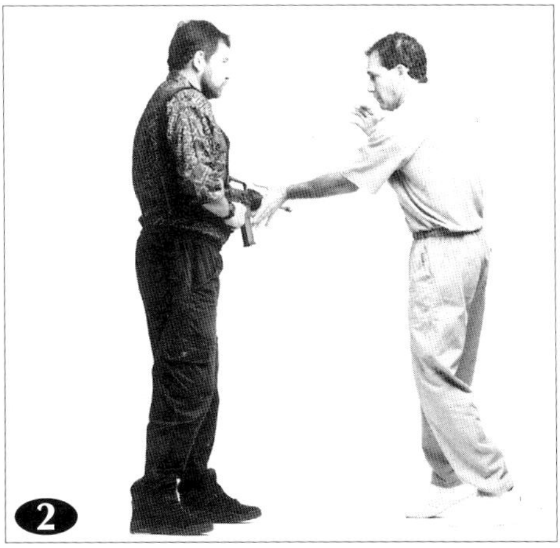

Weer de loop van het wapen af met gestrekte vingers. Deze actie 'trekt' uw lichaam voorwaarts, vergelijkbaar met hetgeen gebeurt als u een stekende beweging met een stok of geweer met bajonet afweert. Tijdens het afweren van het wapen, stapt u diagonaal voorwaarts.

Terwijl u snel voorwaarts stapt, legt u **beide** handen met gestrekte vingers op het geweer en pakt u deze beet.

Grijp het wapen en druk dit diagonaal en iets neerwaarts tegen de aanvaller aan. Hiermee voorkomt u dat de aanvaller u weer onder schot kan nemen. U dient de aanvaller **zeer dicht** te benaderen.

Zet de tegenaanval in met een kniestoot in het kruis; indien nodig tilt u het wapen iets op.

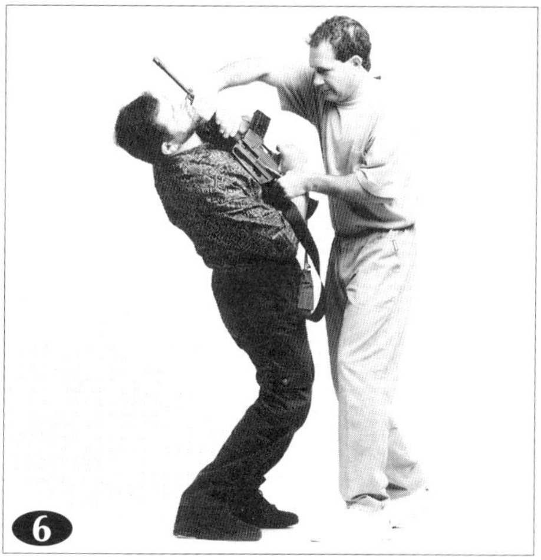

Draai het wapen stevig om zodat de loop omhoogwijst en in de richting van het hoofd van de aanvaller.

De techniek die wordt gebruikt tegen de 'aanvallende' kant, brengt u diagonaal voor hem en stelt u in staat de controle over het wapen te krijgen en een goede positie in te nemen voor de tegenaanval. De verdedigende handelingen lijken veel op die van de techniek die wordt gebruikt tegen een steek met een stok; ook hier wordt het afweren van het wapen, de draai met het lichaam, het voorover hellen van het lichaam en de voorwaartse, diagonale beweging gebruikt.

Nadat u het wapen met één hand heeft afgeweerd, grijpt u met de andere hand het wapen vast zodat de aanvaller het niet nogmaals op u kan richten.
Als u de tegenaanval inzet met een vuistslag of elleboogstoot, **dient u er zeker van te zijn** dat de aanvaller geen controle over het wapen kan krijgen.

Dit is een effectieve techniek tegen een aanval op afstand van voren, of een bedreiging op zeer korte afstand van voren. In deze gevallen kan de vorige techniek echter ook worden ingezet, tegen een diagonale aanval van de zijkant, al dan niet op korte afstand, maar ook tegen een bedreiging op hoofd- of borsthoogte.

Draai het wapen en trek het gelijktijdig met kracht uit de handen van de aanvaller. Deze actie kan ook worden gebruikt om een tegenaanval in te zetten, waarbij u het hoofd van de aanvaller raakt met de loop van het wapen.

Bedreiging van voren – naar de 'vrije' kant

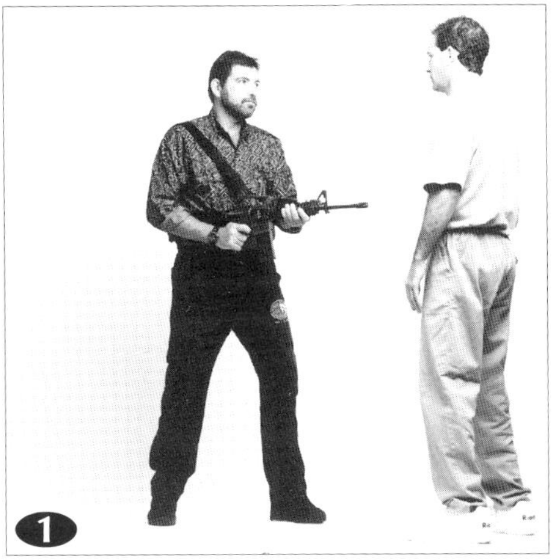

De aanvaller bedreigt u op een dusdanige manier dat u het wapen met uw rechterhand moet afweren en naar zijn 'vrije' kant moet bewegen.

Weer het wapen met uw rechterhand af en vergezel dit met een draai van het lichaam zoals omschreven in hoofdstuk 3 en stap diagonaal voorwaarts. Door met uw afwerende hand aan het wapen te trekken, versnelt u uw stap naar voren.

Als het noodzakelijk is het wapen (met uw rechterhand) in de andere richting dan hiervoor beschreven moet afweren, maakt u een draai met het lichaam en stapt u zoals

Beweeg u naar de zijkant en iets achter de aanvaller.

Pak de aanvaller krachtig beet en til hem van de grond terwijl u uw lichaam tegen het zijne aangedrukt houdt zoals omschreven bij de techniek om een bedreiging met een vuurwapen te neutraliseren (*Duw en bedreiging vanachteren, lange afstand*).

Werk de aanvaller tegen de grond, met zijn hoofd voorover, door hem in het kruis op te tillen en hem voorover te kantelen.

U komt zo hard mogelijk op de aanvaller neer.

U zet de tegenaanval zo snel mogelijk in met een elleboogstoot tegen de nek van de aanvaller, waarna u hem ontwapent.

hierboven omschreven naar voren. Vervolgens pakt u de aanvaller vanachteren beet en werkt u hem op de in hoofdstuk 4 omschreven manier tegen de grond (*duw en bedreiging vanachteren, lange afstand*).

Tip: Het geniet de voorkeur om het wapen af te weren terwijl u de pols of de rug van de hand van de aanvaller raakt. Om uw stap voorwaarts te versnellen, kunt u zich aan het wapen naar voren trekken.

Aanvullende techniek: In de hier beschreven situatie, en **uitsluitend tegen een bedreiging met een geweer of jachtgeweer met lange loop**, kunt u dezelfde basistechniek gebruiken als tegen een bedreiging met een vuistvuurwapen van voren (zie vorig hoofdstuk).

Bedreiging vanachteren, korte afstand

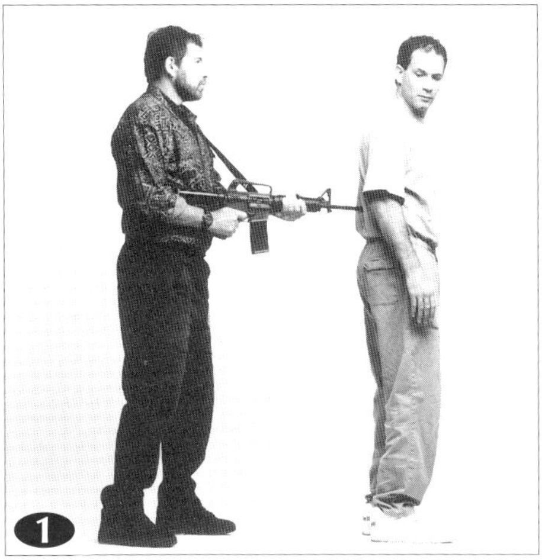

De aanvaller bedreigt u vanachteren.

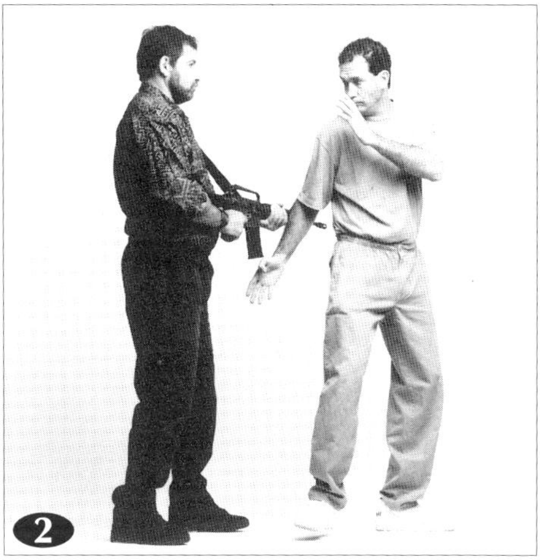

Weer het wapen met uw arm af. Deze actie maakt het u mogelijk een snelle draai en stap in de richting van de aanvaller te maken. U komt aan het begin van de afweertechniek derhalve dichtbij de aanvaller.

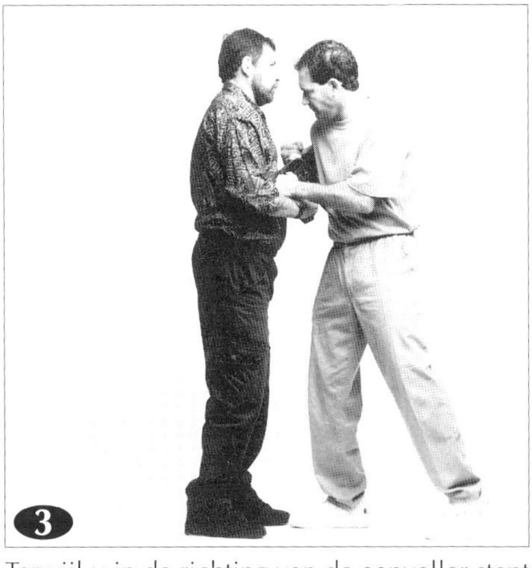

Terwijl u in de richting van de aanvaller stapt (met hetzelfde been als de verdedigende arm), klemt u het wapen af tussen onderarm, bovenarm, hand en borst. Om controle over het wapen te krijgen, grijpt u deze met uw andere hand vast.

U zet zo snel mogelijk de tegenaanval in met één of meer kniestoten.

Met uw schouder en bovenlichaam draait u het wapen krachtig om waardoor de loop in de richting van het hoofd van de aanvaller komt.

Als het wapen van een riem voorzien is (hetgeen vaak het geval is), pakt u deze en haalt u hem over het hoofd van de aanvaller. Daarna grijpt u het wapen weer met beide handen beet.

Deze techniek is in principe gelijk aan die welke wordt gebruikt tegen een bedreiging met een vuistvuurwapen: *Bedreiging vanachteren, korte afstand.* Wanneer u vanachteren wordt bedreigd met een lang vuurwapen, kunt u zowel links- als rechtsom draaien, al naar gelang uw voorkeur. Vanwege de lengte van het wapen en de positie van de aanvaller, is het mogelijk dat u, nadat u de draai met het lichaam en de stap voorwaarts heeft uitgevoerd, u zich op een geschikte afstand bevindt om een elleboogstoot of een stomp te geven (als eerste tegenaanval). Indien, zoals hier getoond, de aanvaller een **kort machinegeweer** dicht tegen het lichaam heeft (bij zijn heup) kan het zijn dat u zich na het afweren van het wapen **naast** in plaats van **voor** de aanvaller bevindt. Dit vanwege de kortere afstand bij de uitgangspositie. In dit geval kan het moeilijk zijn het wapen op effectieve en veilige wijze af te klemmen tussen uw arm, bovenarm en borst. In een dergelijke situatie kunt u één van de volgende varianten gebruiken:

Rond de ontwapeningstechniek af.

A In de hier afgebeelde situatie, als de draai van uw lichaam in de richting van de 'aanvallende' kant van de aanvaller plaatsvond (op de foto rechts) kunt u het afgeweerde wapen met beide handen vastpakken met de ene hand (de afwerende hand, zoals afgebeeld) aan de onderkant en de andere aan de bovenkant. U zet de tegenaanval in met kniestoten in het kruis en ontwapent de aanvaller. Op deze manier zult u geen last hebben van een geweerriem die over het lichaam van de aanvaller loopt.

Opmerking: Als u moeilijkheden ondervindt bij het ontwapenen en er hierdoor een vertraging ontstaat, dient u de aanvaller te slaan totdat hij geen bedreiging meer vormt. Onthoud dat de aanvaller mogelijk **een tweede vuurwapen** (zoals een vuistvuurwapen) bij zich kan dragen. Het is derhalve noodzakelijk om snel en agressief te handelen om de bedreiging zo snel mogelijk te neutraliseren.

B Draai in de richting van de 'vrije' kant van de aanvaller (zijn linkerkant op de foto). Voor nadere details, zie de volgende techniek.

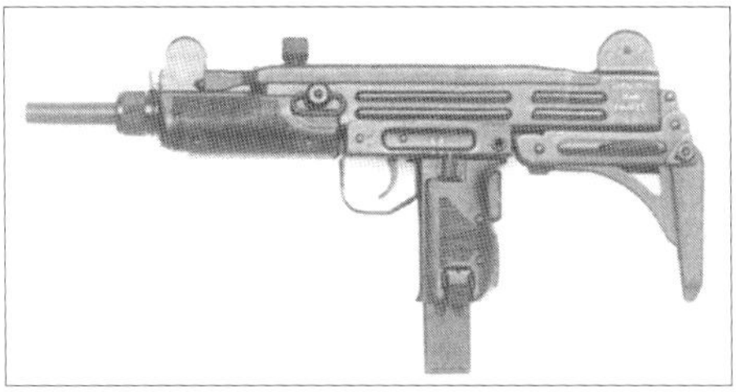

Een machinegeweer: Uzi SMG.

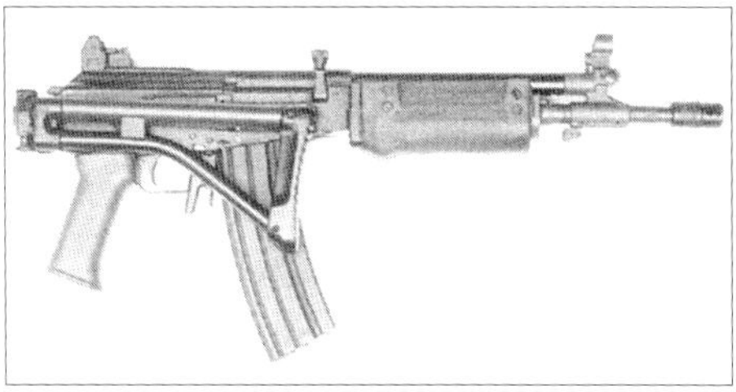

Een semi-automatisch geweer: Galil SAR.

De foto's van de Uzi SMG en de Galil SAR werden beschikbaar gesteld door ***Israël Military Industries (I.M.I.)****.*

Bedreiging vanachteren, korte afstand – draaiend naar de 'vrije' kant

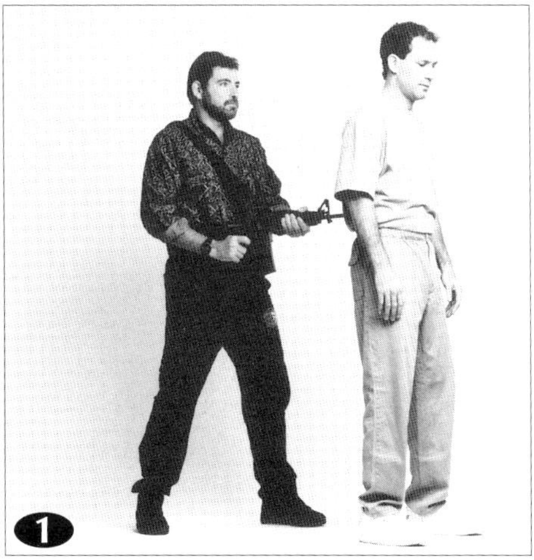

U wordt vanachteren met een vuurwapen bedreigd. Afhankelijk van de situatie kunt u het nodig vinden om linksom te draaien in de richting van de 'vrije' kant van de aanvaller.

Weer het wapen af terwijl u gelijktijdig draait en op de aanvaller toe stapt. Tijdens de draai dient u voorover te buigen om te voorkomen dat de aanvaller u met zijn linker onderarm of elleboog kan wegduwen.

Benader de 'vrije' kant van de aanvaller.

Zet uw draai door, grijp de aanvaller beet en til hem van de grond (het vastpakken van het wapen is een alternatief).

Deze techniek is nagenoeg identiek aan die welke in hoofdstuk 4 wordt beschreven om de bedreiging met een vuistvuurwapen te neutraliseren: *Duw een bedreiging vanachteren, grote afstand.*

Om u te verweren tegen een lang wapen, kunt u zelfs de 'reguliere techniek' gebruiken, dat wil zeggen de basistechniek die wordt gebruikt tegen een bedreiging met een vuurwapen vanachteren. Weer het wapen af en grijp het met één of beide handen vast, waarna u de tegenaanval inzet. Eerst met een stomp of elleboogstoot en daarna met een kniestoot in het kruis.

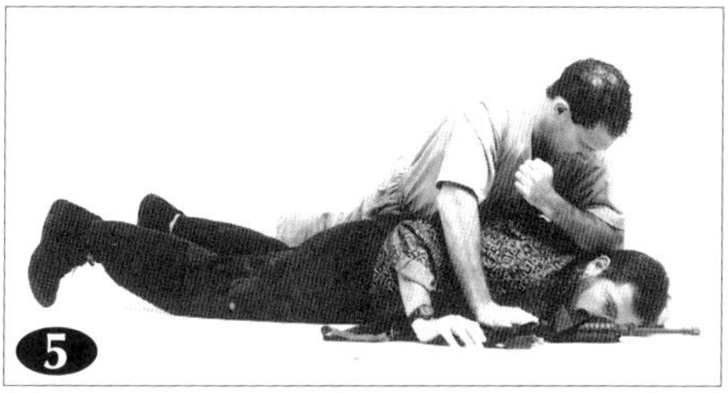

Werk de aanvaller tegen de grond waarbij u hard op hem terechtkomt. Zet de tegenaanval in zoals beschreven in: *Bedreiging van voren – 'vrije' kant.*

Gijzelingssituaties

HOOFDSTUK 6

Gijzelingssituaties

Neutraliseren van een bedreiging met een handgranaat

De situaties die in dit hoofdstuk worden beschreven, zoals die welke u tegenkomt bij terreuracties of gewelddadige overvallen, zijn de gevaarlijkste. Gewoonlijk heeft u hierbij te maken met een hoog risico voor onschuldige gijzelaars alsmede degenen die ze willen redden. De onderwerpen die in dit hoofdstuk worden behandeld, zijn derhalve bedoeld voor **de gevorderde KRAV MAGA leerling of instructeur** en in het bijzonder voor degene die **bij het uitoefenen van hun functie de hier beschreven gespecialiseerde kennis dienen te beheersen**.

Om de onderstaande tactieken en technieken te begrijpen, is het belangrijk te weten hoe een handgranaat is opgebouwd: (1) veiligheidspin. (2) hefboom. (3) expolosief gedeelte dat is samengesteld uit een slagpen, ontsteker, explosief materiaal en de mantel van metaal of kunststof (zie tekening).

De gevaarlijke aspecten van een handgranaat

Nadat de veiligheidspin, die de hefboom op zijn plaats houdt, is verwijderd, vormt de handgranaat **een groot gevaar**. Op het moment dat de hefboom wordt losgelaten, wordt deze van de granaat afgestoten. Nadat de hefboom de handgranaat heeft verlaten, staat er niets in de weg om de slagpin op de ontsteker te laten terechtkomen. Als dit heeft plaatsgevonden, is een onomkeerbare situatie ontstaan: **de explosie zal zich binnen 2 tot 4 seconden voordoen**, afhankelijk van het type handgranaat. Als de hefboom op de handgranaat blijft zitten, zal de ontsteker niet worden geactiveerd. De oorspronkelijke veiligheidspin (of een geïmproviseerde) kan weer worden aangebracht en de granaat zal niet ontploffen.

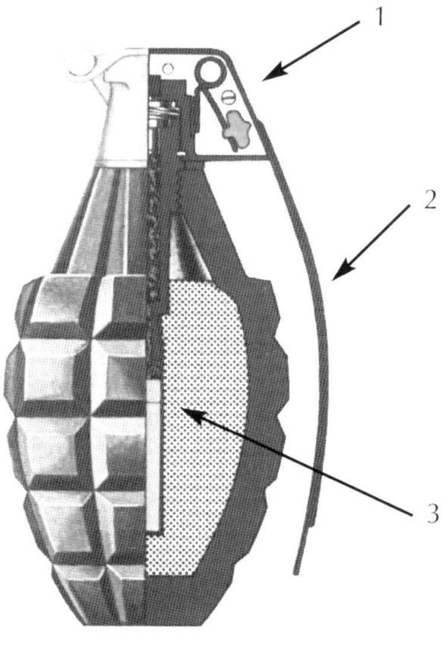

Als een handgranaat in de lucht ontploft, worden gewoonlijk scherven in alle richtingen verspreid. Als hij op de grond ontploft, verspreiden de scherven zich in een halve cirkel. De onderste scherven verspreiden zich laag, iets boven de grond (zie tekening).

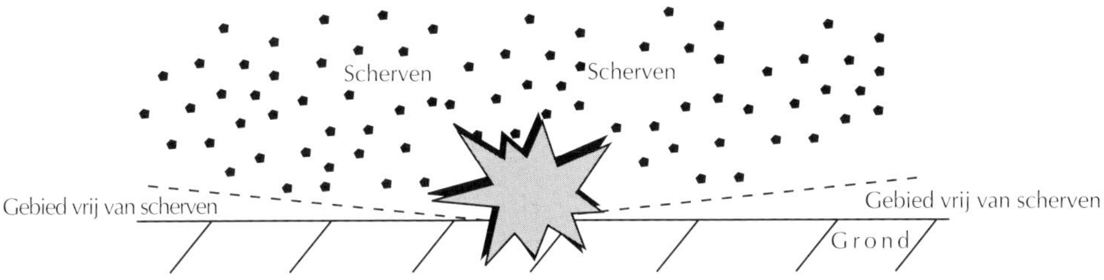

Tekening: Karakteristieken van een ontploffing als de handgranaat op de grond ligt.

Mogelijkheden om een bedreiging met een handgranaat te neutraliseren

In de meeste gevallen zal een aanvaller de handgranaat in één hand vasthouden, vaak zonder veiligheidspin. De manier waarop de handgranaat wordt vastgehouden, hangt af van de wens van de aanvaller om omstanders bang te maken of te imponeren. Soms houdt hij de handgranaat ter hoogte van zijn zij, in andere gevallen kan hij deze op of boven schouderniveau vasthouden.

Er zijn vele situaties mogelijk: een bedreiging kan worden tenietgedaan door één van de personen die bedreigd wordt of door een lid van een reddingsploeg die de gevarenzone binnenstapt om dit te bereiken.

Bij alle incidenten waarbij iemand met een handgranaat dreigt of als u besloten heeft actie te ondernemen, **dient het neutraliseren van deze bedreiging zo snel mogelijk plaats te vinden, met een zo groot mogelijk verrassingselement**. U dient niet alleen rekening te houden met de tegenactie van de aanvaller of zijn medestanders; de gijzelaars kunnen aan het begin van de reddingsactie (als ze zich daarvan bewust zijn) ook op een bepaalde manier reageren waardoor de voorgenomen actie tegen de aanvallers wordt verraden.

Bij het neutraliseren van de bedreiging dient degene die actie onderneemt bepaalde elementen in zijn directe omgeving goed in te schatten. We denken hierbij aan de aanwezigheid van **spiegels** of een **schaduw** waardoor de voorgenomen actie kan worden verraden.

Concluderend: **de bedreiging dient zo snel mogelijk te worden geneutraliseerd zonder uw handelswijze te verraden**. Direct nadat u besloten heeft te handelen, dient u deze actie zonder twijfel uit te voeren.

Nadat u eenmaal de onderstaande technieken en de daarbij behorende beginselen begrijpt, oefent u het neutraliseren van een bedreiging met een handgranaat waarbij de aanvaller verschillende posities inneemt.

Redder komt vanachteren – beweegt voorwaarts

De aanvaller heeft een handgranaat in zijn hand en u benadert hem vanachteren met snelheid. Ga ervan uit dat de veiligheidspin reeds uit de granaat is getrokken.

Spring op de aanvaller af en grijp gelijktijdig met beide handen de hand die de granaat vasthoudt. Uw linkerbeen dient het dichtst bij de aanvaller te staan.

Tegen de tijd dat u met uw lichaam naast de aanvaller komt, heeft u de pols vast en de hand met de granaat. Zorg ervoor dat de granaat, inclusief de hefboom, vastgehouden blijft worden.

In een snelle, vloeiende beweging, stapt u met uw rechterbeen voorwaarts en draait u zich in de richting van de aanvaller. Tijdens deze beweging wisselt u van standbeen om te schoppen en draait u de pols van de aanvaller om.

Schop de aanvaller in het kruis om zijn tegenstand te verminderen.

Opmerking: Deze schop dient in alle gevallen te worden gegeven, ongeacht of er weerstand geboden wordt of niet.

Stap iets naar achteren en draai de pols van de aanvaller krachtig naar buiten, waarbij u druk op zijn hand uitoefent. Deze actie brengt de aanvaller uit balans waardoor hij op de grond valt.

De aanvaller ligt op de grond en u staat rechtop waarbij u de controle over de handgranaat houdt.

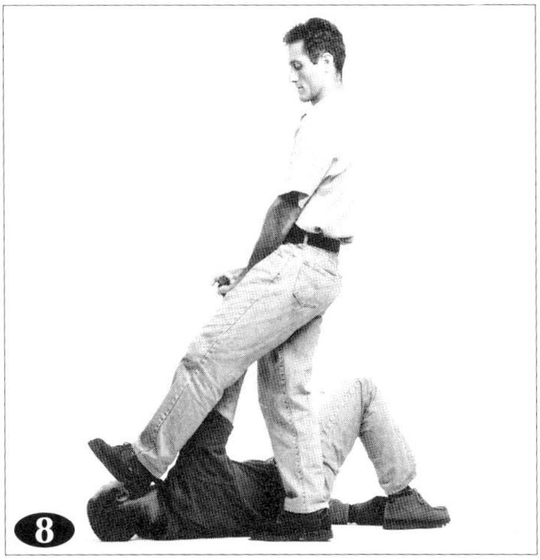

Zonder te twijfelen, zet u de tegenaanval in met een schop tegen een kwetsbaar deel van het lichaam van de aanvaller (bijvoorbeeld tegen zijn hoofd). Tijdens de gehele actie mag u uw greep op de pols en de hand die de granaat vasthoudt niet verminderen. Hierna verwijdert u de granaat uit de hand van de uitgeschakelde aanvaller.

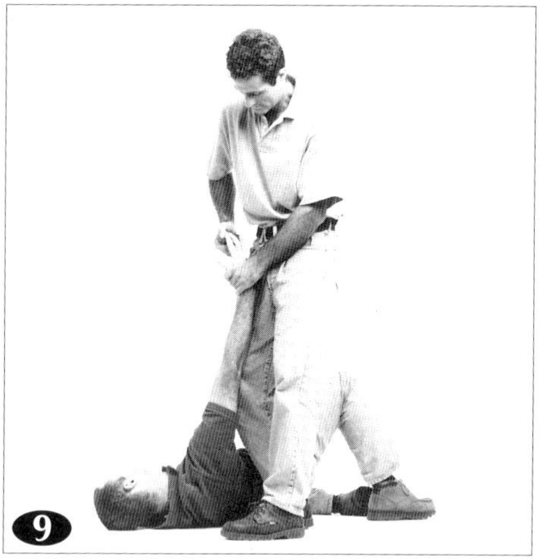

Ontwapen de aanvaller zoals hierna in detail wordt omschreven.

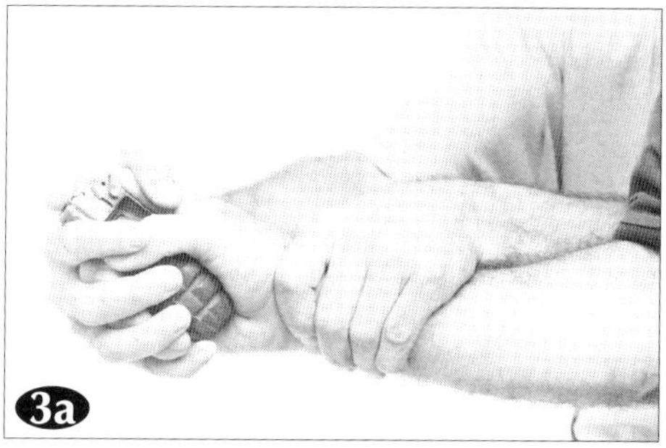

Detail foto 3: techniek om de hand met de handgranaat vast te pakken.

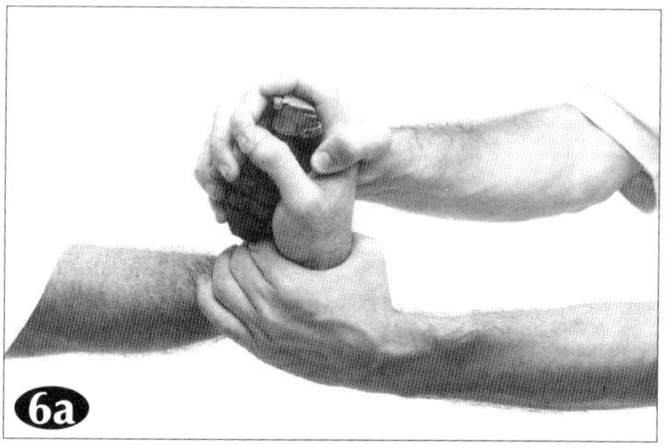

Detail foto 6: Het ombuigen van de pols: vasthouden van de hand van de aanvaller, vasthouden van de pols, deze ombuigen, naar buiten draaien en naar beneden drukken.

Om de bedreiging teniet te doen en de aanvaller uit te schakelen **dient u de aanvaller te verrassen** door de hand met de granaat vast te pakken en de beschreven techniek op snelle en efficiënte wijze uit te voeren. In het ideale geval, benadert u de aanvaller vanachteren, diagonaal vanachteren of van de zijkant (aan de kant van de hand met de granaat).

Actie vanuit een andere richting is moeilijker te ondernemen en bovendien gevaarlijker vanwege de hoek, de afstand tot de granaat en de mogelijkheid van de aanvaller uw actie door te hebben. In bepaalde gevallen (waarop u ook dient te oefenen) kan het noodzakelijk zijn de bedreiging uit andere richtingen dan hierboven omschreven teniet te doen, **ook van voren.**

Tijdens de beginfase van de verdediging, tot u de aanvaller heeft ontwapend, is het belangrijk de pols en vingers vast te houden van de hand met de granaat. Hiermee voorkomt u dat de aanvaller de granaat kan laten vallen of kan gooien! Ook is het belangrijk te voorkomen dat de hefboom tijdens de strubbeling wordt losgelaten!

Opmerking: Hoewel de op de foto's afgebeelde techniek laat zien dat de aanvaller in het kruis wordt geschopt **voordat zijn pols wordt omgedraaid**, kan een getraind persoon deze draaitechniek op krachtige wijze uitvoeren **zonder deze eerste tegenaanval.**

Deze techniek dient vloeiend te worden uitgevoerd, zonder onderbrekingen. Uw initiële beweging en draaitechniek zorgen ervoor dat de aanvaller meteen tegen de grond wordt gewerkt. De tegenaanvallen die worden uitgevoerd om de aanvaller buiten gevecht te stellen **dienen krachtig en zonder terughoudendheid te worden uitgevoerd**. De aanvaller dient op effectieve wijze te worden uitgeschakeld, waarna u zich over de handgranaat kunt ontfermen.

Variatie: Neutralisatie door middel van het toepassen van deze techniek, op korte afstand. *Bij deze techniek voert u hetzelfde uit, zij het dichterbij de aanvaller. In plaats van een schop te geven, geeft u de aanvaller een kniestoot in het kruis. Deze techniek is toe te passen als de aanvaller de granaat dicht bij zijn lichaam vasthoudt, als u zich in een kleine ruimte bevindt waardoor de gewone techniek niet kan worden gebruikt, of als de aanvaller zijn hand snel terugtrekt zodra u deze vastpakt.*

Het afpakken van de granaat uit de hand van de aanvaller

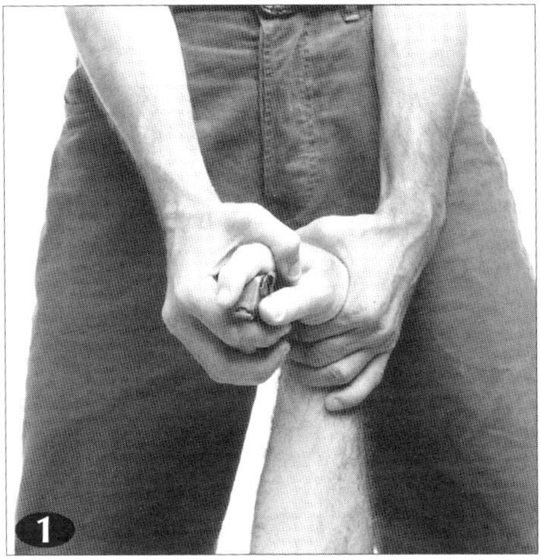

Buig de pols om van de hand met de granaat om de greep hierop te verminderen.

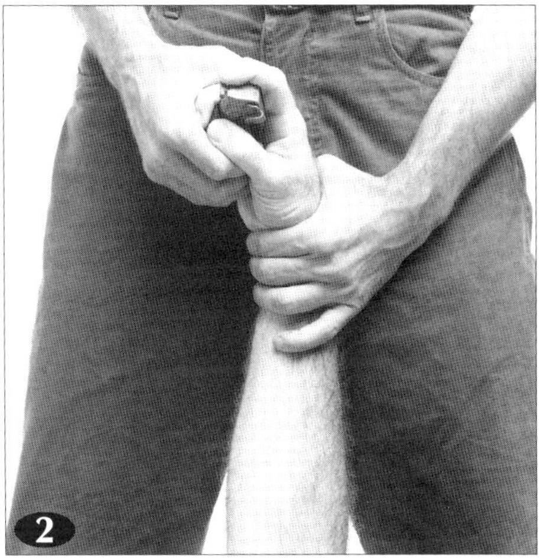

Wurm uw vingers tussen de granaat en de handpalm van de aanvaller.

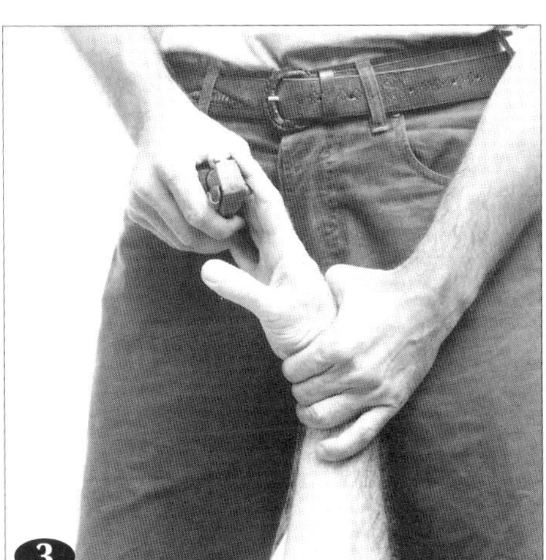

Ga hiermee door tot u de hefboom van de handgranaat bereikt en pak de granaat vast. Tijdens deze actie **mag de aanvaller zijn hand niet openen omdat anders de hefboom van de granaat eraf kan vallen of de granaat kan op de grond terechtkomen**. Trek de granaat uit de hand van de aanvaller terwijl u constant druk op de hefboom blijft uitoefenen.

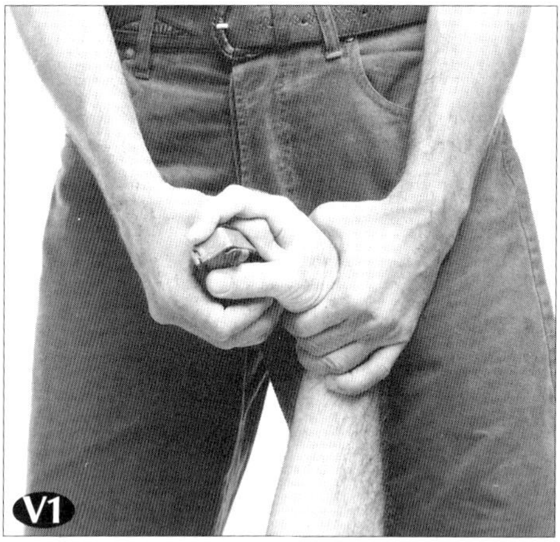

Een andere optie om de granaat uit de hand van de aanvaller te pakken: plaats uw duim tussen de handpalm van de aanvaller en de hefboom van de granaat.

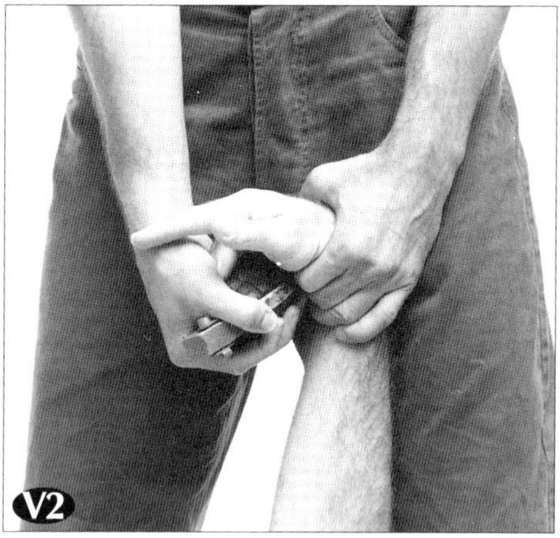

Terwijl u de hefboom aandrukt, draait u de granaat naar beneden om deze uit de hand van de aanvaller te verwijderen.

Nadat u de aanvaller heeft uitgeschakeld en ontwapend, dient u aandacht te schenken aan de granaat die u in uw hand heeft. U heeft twee opties: (1) gooi hem ergens waar hij geen schade kan aanrichten. (2) bevestig de hefboom met tape aan de granaat of breng een veiligheidspin aan op de juiste plaats om te voorkomen dat de granaat tot ontploffing komt.

Redder komt vanachteren – trekt naar achteren

Vergelijkbaar met de vorige techniek, benadert u de aanvaller vanachteren, waarbij u de pols en de hand met de granaat vastpakt. Om het achterover trekken effectiever te maken, dient uw rechtervoet naar voren te staan.

U grijpt de pols van de aanvaller krachtig beet met uw linkerhand en omklemt u met uw rechterhand de hand van de aanvaller en de granaat. **Zo gauw u kunt** trekt u deze naar achteren.

Trek de hand van de aanvaller (en de granaat) naar achteren en oefen neerwaartse druk uit door de onderarm van de aanvaller als hefboom te gebruiken. Terwijl u dit doet, draait u zich om en stapt u met uw linkerbeen achteruit om meer kracht te kunnen zetten.

Buig de pols van de aanvaller krachtig om. Door de kracht van de trekkende beweging valt de aanvaller achterover; de granaat beweegt zich vlak langs zijn schouder.

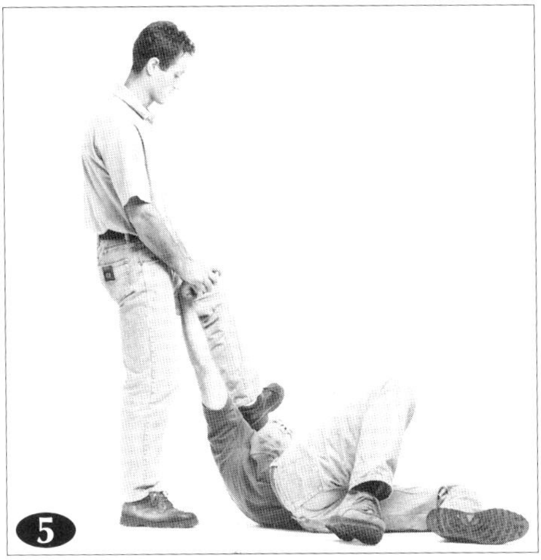

De aanvaller komt op de grond terecht. Tot op dit ogenblik heeft u de tegenaanval nog niet ingezet.

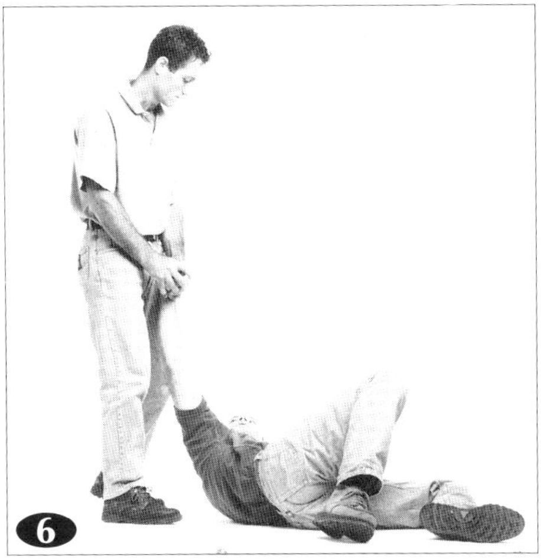

Begin de tegenaanval meteen met bijvoorbeeld een schop tegen het hoofd van de aanvaller en ontwapen hem vervolgens op de eerder beschreven manier.

Deze techniek wordt gewoonlijk gebruikt in een plaats of situatie waarbij u niet in één of twee stappen voor de aanvaller kunt komen te staan en derhalve de eerder beschreven techniek niet kunt toepassen (in een drukke bus, bij een muur of in een andere kleine ruimte).

U dient de hand van de aanvaller beet te pakken om zijn pols te kunnen ombuigen. Oefen deze techniek onder verschillende omstandigheden, bijvoorbeeld met hoog of laag gehouden handgranaat.

Door de aanvaller achterover te trekken, raakt hij uit balans. **Deze actie dient snel ondernomen te worden** zodat de aanvaller niet in staat is zich in uw richting te draaien of zijn arm te strekken, waardoor u deze arm niet als hefboom kunt gebruiken. De ruk achterover dient zodanig te worden uitgevoerd, dat de handgranaat zich vlak langs de schouder van de aanvaller beweegt.

Als de aanvaller valt en zijn hand krachtig in de richting van zijn lichaam beweegt, zult u kniestoten tegen zijn hoofd of ribben moeten geven of hem in het gezicht moeten slaan om te voorkomen dat hij rechtop blijft staan (u houdt controle over de hand met de granaat). Als u eenmaal boven de aanvaller staat (hij ligt op de grond), kunt u hem schoppen of slaan. Vervolgens gaat u tot ontwapening over.

Opmerking: Deze techniek, die op de pols van de aanvaller wordt uitgevoerd en hem achterover zal doen vallen, kan ook worden toegepast als u de eerste techniek van dit hoofdstuk probeert uit te voeren. Als bij het toepassen van deze techniek de aanvaller zijn hand krachtig naar zich toetrekt, **moet u met deze beweging meegaan** en gelijktijdig de naar achteren gerichte draaibeweging inzetten, in de achterwaartse richting. Uw handen glijden langs de schouder van de aanvaller waardoor hij achterover zal vallen.

Het omgaan met een handgranaat die geactiveerd is of uit de hand van de aanvaller is gevallen

Als de handgranaat wordt losgelaten en de hefboom is losgeraakt, is de granaat geactiveerd en zal hij tot ontploffing komen. In dit geval **dient u de granaat snel vast te pakken en hem weg te rollen of in een richting te werpen waar de minste schade zal worden aangericht**. Direct daarna zoekt u dekking. Indien mogelijk gaat u plat op uw buik liggen met gekruiste benen in de richting van de granaat. **Waarschuw omstanders** voor de dreigende explosie door te roepen: 'DEKKEN', 'HANDGRANAAT' of 'BOM'.

Opmerking: Soms is het nodig de scherpe granaat af te dekken met het lichaam van de aanvaller. Dit kan alleen worden gedaan **als hij volledig is uitgeschakeld door uw tegenaanval**. Dat wil zeggen als hij zich niet kan bewegen en geen bedreiging meer vormt.

Verdediging tegen een bedreiging met een vuistvuurwapen

Bedreiging van voren

Het leven van een gijzelaar wordt bedreigd. Uw positie ten opzichte van de aanvaller stelt u in staat hem diagonaal vanachteren te benaderen.

Spring naar voren met uw handen in de richting van het wapen en de hand waarmee het wordt vastgehouden. Uw lichaam blijft achter het lichaam van de aanvaller.

Weer het wapen af en verander de vuurlinie, terwijl u het wapen met uw rechterhand beetpakt. Gelijktijdig pakt u met uw linkerhand de onderarm van de aanvaller, die u naar u toe trekt. Met beide handen draait u vervolgens de hand met het wapen krachtig om.

Draai het wapen in de richting van de aanvaller door met het lichaam kracht uit te oefenen. Dit bereikt u door met uw rechterbeen naar voren te stappen en in de richting van de aanvaller te draaien. De loop van het wapen wordt onder de bovenarm van de aanvaller gedraaid om hem te kunnen ontwapenen.

Ontwapen de aanvaller en zet gelijktijdig de tegenaanval in met een schop of kniestoot in het kruis. U kunt de tegenaanval voortzetten nadat u de aanvaller heeft ontwapend. Omdat de acties van de gijzelaar niet kunnen worden ingeschat, mag u er niet op rekenen dat hij of zij u te hulp komt. In dit geval vlucht de gijzelaar.

Detail foto 3: Afweren en vastpakken van het wapen.

De bij deze techniek behandelde actie van het beetpakken en afweren van het wapen, lijkt veel op die welke wordt gebruikt om een bedreiging met een wapen te neutraliseren: **bedreiging van de zijkant, voor uw arm**, hoewel in dit geval de pols van de aanvaller op een andere manier wordt vastgepakt. Door met het lichaam te draaien, kunt u grote kracht uitoefenen op de hand en pols van de aanvaller.

Het benaderen en het ontwapenen van de aanvaller wordt op een vergelijkbare manier uitgevoerd als bij een bedreiging met een handgranaat. In dit geval **wordt het veranderen van de vuurlinie direct gevolgd door het vastpakken van het wapen** (bij de loop). Ook hier kunnen de handelingen van de gijzelaar niet worden voorspeld en dient de redder snel te handelen om vervolgens de gijzelaar in veiligheid te brengen. Dit hangt af van de situatie en de positie van de redder.

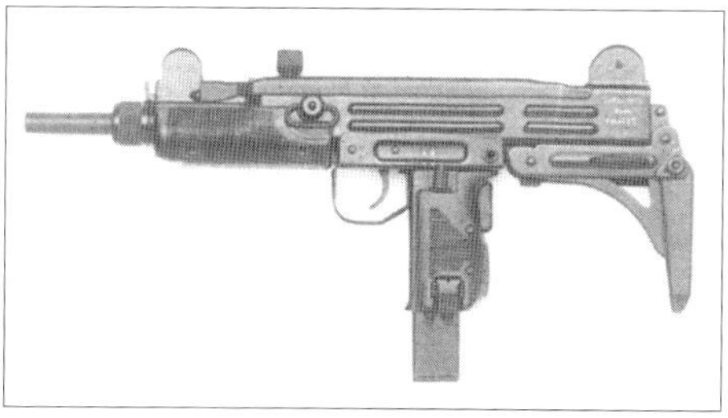

Een machinegeweer: mini Uzi SMG

Een semi-automatisch pistool: Uzi Pistol

De foto's van de mini Uzi en het Uzi Pistol zijn beschikbaar gesteld door ***Israël Military Industrie (I.M.I.).***

Bedreiging met vuurwapen tegen het hoofd – aanvaller houdt de gijzelaar vast

De aanvaller houdt de gijzelaar vast en houdt een pistool tegen het hoofd van het slachtoffer. U, de redder, benadert de aanvaller diagonaal vanachteren.

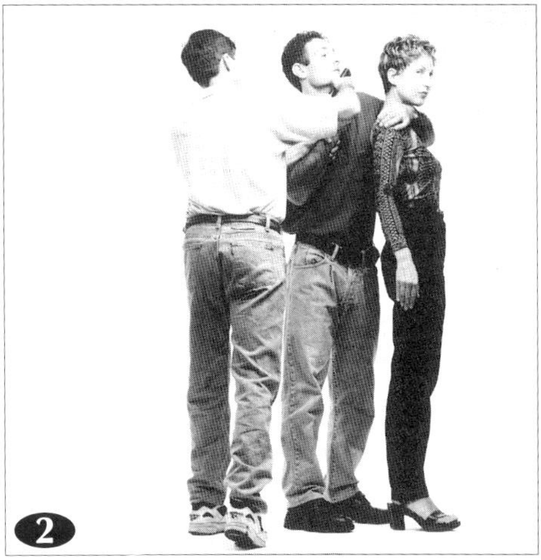

Weer het wapen af en grijp deze met uw rechterhand beet, terwijl u met uw linkerhand de pols van de aanvaller vastpakt en wegtrekt. Zoals bij de vorige techniek, stapt u naar de zijkant of voor de aanvaller.

Maak nog een stap terwijl u het wapen in de richting van het gezicht van de aanvaller drukt. Hem in het gezicht raken met de loop van het wapen, is een bijkomstig voordeel van deze actie en mag niet ten koste gaan van de tijd die nodig is om hem te ontwapenen.

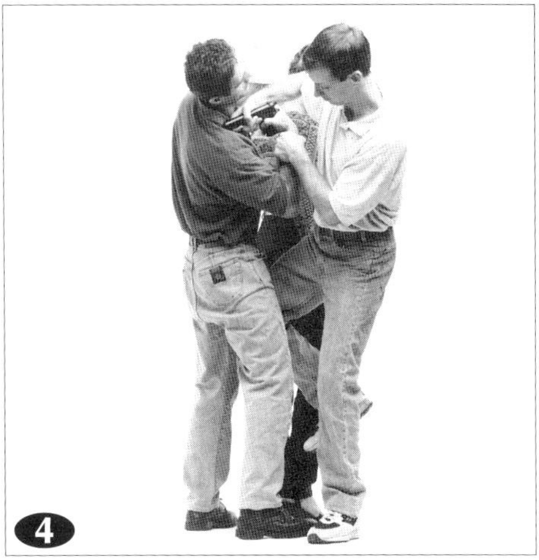

Zet de tegenaanval in met uw rechterknie terwijl u het wapen naar achteren en neerwaarts draait.

Opmerking: Foto's 3-5 werden diagonaal achter de aanvaller genomen.

Zet de tegenaanval voort, waarbij u de aanvaller met het wapen kunt slaan.

Deze techniek is in principe identiek aan de vorige, zij het dat de kleinere afstand tussen de aanvaller en de gijzelaar het voor de redder moeilijker maakt om het wapen af te weren en de aanvaller te ontwapenen.

Na de tegenaanval te hebben afgerond, verwijdert u de gijzelaar uit de buurt van de aanvaller en brengt u uzelf en de gijzelaar in veiligheid.

Alledaagse voorwerpen als verdedigingswapen

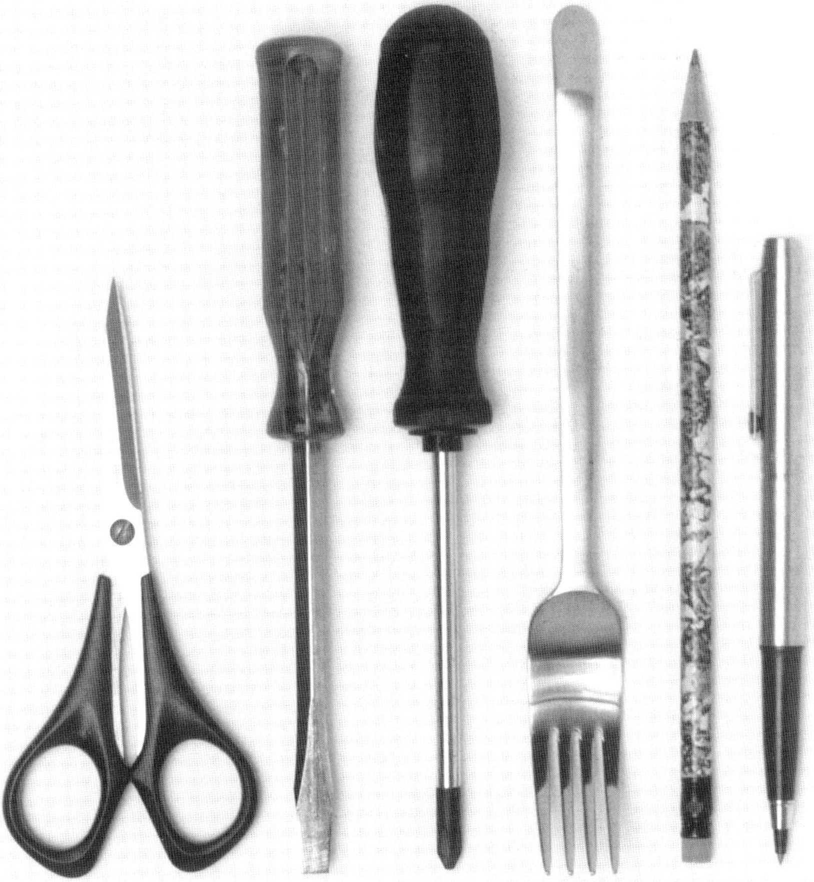

HOOFDSTUK 7

Alledaagse voorwerpen als verdedigingswapen

Bij zelfverdediging moet het belang van het gebruik van alledaagse voorwerpen die rond de gevarenzone gevonden kunnen worden, niet worden onderschat. Kies voorwerpen uit die uw verdediging of tegenaanval kunnen verbeteren en daardoor de effectiviteit van uw handelingen optimaliseren. Het gebruik van een wapen tegen een aanvaller voorziet u van meerdere opties om te handelen. Met behulp van een geïmproviseerd wapen is het makkelijker om de handelingen van de aanvaller af te weren en bovendien kunt u meer dan één aanvaller de baas. Door het wapen op agressieve wijze te hanteren, imponeert u uw tegenstander en zult u hiermee in sommige gevallen zelfs de confrontatie kunnen voorkomen.

U dient het wapen te zien als een **integraal deel van uw lichaam** en niet als een los accessoire. U dient vlot en besluitvaardig een geschikt voorwerp uit te kiezen en uw keuze dient u in staat te stellen dit voorwerp effectief te kunnen gebruiken om het gevaar af te wenden.

Hoe groter het verrassingseffect van de aanval, des te kleiner uw kans is om een geschikt voorwerp te vinden. Als u de aanval ziet aankomen en het duurt enige tijd voordat de aanvaller u bereikt, heeft u meer gelegenheid om een geïmproviseerd wapen in te zetten. Als u derhalve op een bepaalde plaats een verrassingsaanval voorziet, bijvoorbeeld tussen uw woning en de parkeergarage, **dient u zich op de voorhand te bewapenen** met bijvoorbeeld pepperspray (illegaal in Nederland), een sleutelbos of iets dergelijks. Een andere mogelijkheid is om **snel een ander voorwerp te zoeken dat u kunt gebruiken**.

Onthoud: Het is aan te raden om u bekend te maken met voorwerpen die u langs uw vaste route vindt.

Als u een confrontatie voorziet, in het bijzonder als de aanvaller of aanvallers fysiek sterk zijn, is het aan te bevelen **op de voorhand** een geïmproviseerd wapen ter hand te nemen, waarmee u zich goed kunt verdedigen (zoals een stok of een steen). U moet **het voorwerp gebruiksklaar bij u dragen**. Als dit voorwerp zich in uw zak of tas bevindt, zult u het niet kunnen inzetten, zeker niet als u wordt verrast.

Opmerking: Zorg dat u uw wapen zodanig gebruikt dat dit niet door de aanvaller kan worden afgepakt en tegen u gebruikt kan worden.

Let op: In sommige landen kan het **in strijd met de wet zijn zich vooraf van bepaalde wapens (pepperspray!) te voorzien**.

Opmerking: Het gebruiken van een voorwerp om uzelf te verdedigen, is toegestaan als uw leven of welzijn rechtstreeks wordt bedreigd. Als de situatie escaleert door onnodig gewelddadig gebruik van dit wapen, loopt u het risico aangeklaagd te worden!

Zelfs als de potentiële aanvaller een dier is, zoals bijvoorbeeld een grote hond, kunt u zich beter verweren als u zich bedient van een steen of een stok. U kunt ook een stoel of een ander groot voorwerp gebruiken als schild.

Alledaagse voorwerpen kunnen worden ingezet als wapen, afhankelijk van hun vorm en afmeting. Voor onze doeleinden delen we deze voorwerpen in onder de volgende categorieën.

Stokachtige voorwerpen

Met dergelijke voorwerpen kunt u zwaaien of steken (zie *hoofdstuk 3: Verdediging tegen een aanvaller met een stok*). Richt op een kwetsbaar punt van het lichaam van de aanvaller en val, indien nodig, aan. Als u een zware stok hanteert, is het aan te bevelen hiermee te zwaaien, maar als u een dunne of lichte stok heeft die makkelijk kan breken, is een stekende beweging effectiever.

Als u de stok zodanig vasthoudt dat ongeveer 5 cm hiervan aan de onderkant uit uw hand steekt, kunt u dit deel gebruiken om de aanval op korte afstand voort te zetten. Een stok is ook een uitstekend middel om u te verdedigen tegen een aanval (dit wordt hieronder behandeld in het onderdeel 'schilden').

Stokachtige voorwerpen: wapenstok, paraplu, zwaar standbeeld.

Stokachtige voorwerpen: Hierbij valt te denken aan een paraplu, een hoge vaas, een pook, een wapenstok en andere voorwerpen zoals een honkbalknuppel, een deegroller, een tak, een bezemsteel of een moersleutel.

Steenachtige voorwerpen

Een steen kan vanaf een afstand worden gegooid maar ook in de hand worden gehouden en als wapen worden ingezet. **Elk zwaar, relatief klein voorwerp dat u in uw hand houdt, kan u behulpzaam zijn bij het optimaliseren van een tegenaanval.**

Meestal valt u met een **bovenhandse slag** aan met een steen die u in uw hand houdt. U kunt de steen echter ook inzetten om een **rechte stomp, hoekstoot** of **zijwaartse stoot** te geven. Als we de steen gooien, maken we gebruik van zijn massa door deze te gooien zoals we bijvoorbeeld een honkbal gooien. Rond de worp af met een wijzende beweging en een draai van uw schouder in de richting van het doel.

Onthoud: Als uw aanval of worp niet effectief blijkt, kan uw aanvaller de steen tegen u gebruiken! Het spreekt voor zich dat u dit moet zien te voorkomen. Derhalve dient uw worp te worden uitgevoerd op een afstand, hoogte en snelheid die de meeste effectiviteit garandeert.

Diverse **steenachtige voorwerpen**, zoals een asbak, een groot drinkglas, een beeldje, een fles (bij voorkeur een fles met inhoud), een bord (die u als frisbee kunt gooien), enz. bevinden zich meestal wel in uw directe omgeving.

Steenachtige voorwerpen: zwaar speelgoed, spuitbus (als slagwapen of als spuit te gebruiken), conservenblik of mobiele telefoon.

Kleine voorwerpen

Kleine, relatief lichte voorwerpen kunnen gebruikt worden om de aandacht van de aanvaller af te leiden, gewoonlijk zonder hem te verwonden. Het gooien van een aantal munten, uw horloge, een sleutelbos of iets dergelijks, in de richting van het gezicht van de aanvaller, zal hem verrassen, zijn houding verstoren en hem mogelijk zelfs in de ogen raken. Door deze afleiding wordt u in staat gesteld een aanval uit te voeren.

Kleine voorwerpen: polshorloge, munten, sleutelbos.

Een waargebeurd verhaal

Ruth, een jonge Israëlische soldaat, volgde een korte opleiding KRAV MAGA. Toen zij zich op een avond naar huis begaf vanuit het legerkamp, werd zij vanuit de bosschages verrast door een man die haar bij haar armen en kleding vastpakte en haar de struiken in probeerde te trekken. Nadat de jonge vrouw van de schrik bekomen was, bewoog zij zich in de richting van de aanvaller en schopte ze hem in het kruis. Toen hij door de pijn vooroverboog pakte zij een steen, sloeg ze hem hiermee op zijn hoofd en vluchtte.

Het gooien van een klein voorwerp om een aanval of bedreiging met een mes tegen te gaan

De aanvaller wil u steken of staat voor u en bedreigt u met een mes. Gooi iets in de richting van zijn ogen, terwijl u op hem toe stapt.

De verraste aanvaller reageert op het voorwerp dat op hem afkomt. De natuurlijke reactie, het sluiten van de ogen of het achteruit wijken, stelt u in staat de aanvaller een schop in het kruis te geven.

Deze techniek is te gebruiken tegen een bedreiging of stekende beweging, als de aanvaller nog aan het begin van zijn actie staat. U kunt de aandacht van de aanvaller afleiden door een klein voorwerp in de richting van zijn ogen te gooien. Dit voorwerp kan een bos sleutels, een stapel paperassen, een zakdoek, een aantal munten, een polshorloge of een soortgelijk voorwerp zijn. Terwijl u gooit, stapt u voorwaarts en valt u aan met een krachtige schop in het kruis, waarbij u uw bovenlichaam achterover helt. Zet de tegenaanval voort op een manier die is afgestemd op de omstandigheden (zie *hoofdstuk 1: Verdediging tegen een aanval met een mes*).

Onthoud: Het heeft doorgaans geen zin een voorwerp in de richting van de aanvaller te gooien als hij de aanval al heeft ingezet, tenzij het voorwerp **zwaar genoeg is** om hem te stoppen of zijn voortgang te belemmeren.

Schildachtige voorwerpen

Het doel van een schild is de aanval te stoppen. Een schild kan **stug** zijn (een stok, een balk, een stoel, een deksel van een vuilnisbak of een grote pan). Het kan echter ook een **zacht** voorwerp zijn (een schoudertas, een aktetas, een pakje).

Schildachtige voorwerpen: reistas, aktetas, stoel.

Met een schild-achtig voorwerp is het mogelijk de actie van de aanvaller te hinderen of zelfs te voorkomen. Een groot voorwerp dat voor de voeten van de aanvaller wordt gegooid, vormt voor hem een obstakel; het in het gezicht van een aanvaller dichtslaan van een deur houdt hem tegen en kan hem zelfs verwonden; een autoportier dat op het juiste ogenblik krachtig wordt geopend, kan de aanvaller tegenhouden.

Dit principe kan ook worden toegepast bij de verdediging tegen **twee aanvallers**. In dit geval dient u zich onder een hoek ten opzichte van uw tegenstanders op te stellen op een dusdanige manier dat zij elkaar bij hun voorgenomen acties hinderen. Soms is het mogelijk de ene aanvaller tegen de andere te duwen en het lichaam van de eerste aanvaller als schild te gebruiken (zie *hoofdstuk 10: Verdediging tegen twee gewapende aanvallers*).

Gebruik van een schild-achtig voorwerp: stoel

Pak de stoel snel bij de rugleuning en zitting.

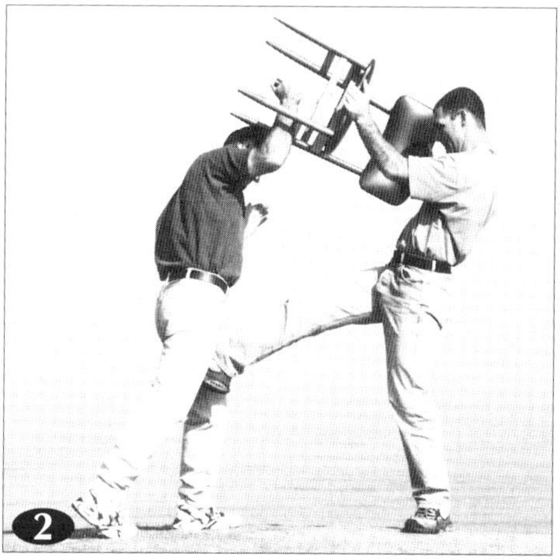

Door de stoel als schild te gebruiken en deze in de richting van de aanvaller te duwen, wordt u in staat gesteld de aanvaller in het kruis te schoppen.

De in foto 1 getoonde situatie kan worden bereikt door snel te handelen. Afhankelijk van timing en afstand, pakt u de stoel en tilt u deze op terwijl u zich terugtrekt tot een afstand die u in de gelegenheid stelt om effectieve tegenmaatregelen te nemen.

Op de foto wordt de meest natuurlijke manier om een stoel vast te houden getoond. Onder andere omstandigheden, bijvoorbeeld om de aanvaller op een grotere afstand te houden, kunt u ook alleen de rugleuning vastpakken. Als de stoel geen rugleuning heeft, kunt u de stoel ook bij de zitting vasthouden. Er zijn situaties denkbaar waarbij het de voorkeur geniet de stoel bij zijn poten vast te pakken.

De stoel (of een ander schildachtig voorwerp) wordt ingezet met het doel de aanval te belemmeren of af te weren. Met een stoel beschikt de verdediger over een aanzienlijk groter bereik. Hiermee kunt u zich verdedigen tegen schoppen, tegen een aanval met een mes of met een stok.

De tegenaanval moet aangepast zijn aan de hoek ten opzichte van de aanvaller en de specifieke situatie. De tegenaanval kan worden uitgevoerd met de stoel zelf, door onder de stoel te schoppen, of zelfs met een stomp (nadat u de stoel heeft losgelaten).

De stoel kan ook worden gebruikt als **aanvalswapen**. U kunt hiermee slaan zoals met een stok. U kunt ermee zwaaien en dreigen (ook tegen agressieve honden) en het kan met een stekende beweging worden gebruikt, waarbij de stoelpoten op het lichaam van de aanvaller worden gericht.

Dergelijke voorwerpen kunnen ook worden gebruikt om de aanval te vertragen, waardoor u in de gelegenheid wordt gesteld de gevarenzone te verlaten en hiermee de confrontatie uit de weg te gaan. Het omgooien van een tafel in de richting van de aanvaller, is een bijzonder effectief middel.

Mesachtige voorwerpen

Een mes of een vergelijkbaar voorwerp kan zowel voor verdedigingstechnieken als voor tegenaanvallen worden ingezet. De basismethodes voor het gebruik van een mes worden behandeld in hoofdstuk I.

Mesachtige voorwerpen: een gebroken fles, een potlood, een pen, een schroevendraaier, een schaar, een scherp stuk metaal, een breinaald, enz. Minder scherpe en minder harde voorwerpen kunnen alleen worden gebruikt als steekwapen als ze zijn gericht op kwetsbare punten van het lichaam van de aanvaller.

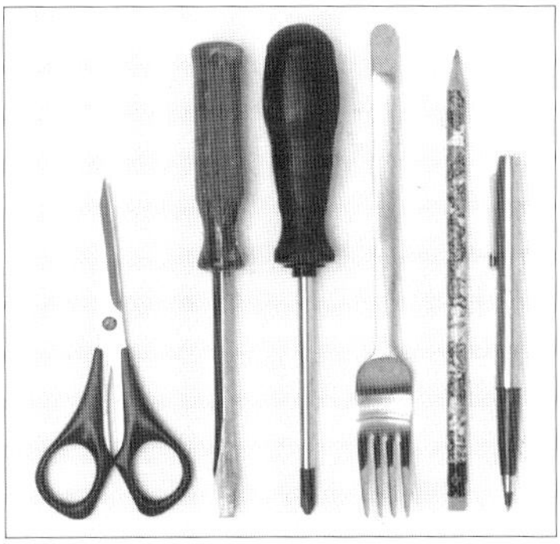

Mesachtige voorwerpen: schaar, schroevendraaier, vork, potlood, pen.

Touwachtige voorwerpen

Dergelijke wapens (riem, touw, zweep, opgerolde handdoek of iets dergelijks) kunnen worden gebruikt om de aanvaller te lijf te gaan. Als aanvalsmethode kunt u het voorwerp rondzwaaien en klappen uitdelen. Touwachtige voorwerpen kunnen ook worden ingezet om de aanvaller vast te binden nadat u hem heeft uitgeschakeld. Sommige militaire instanties wordt nog altijd geleerd hoe ze een vijand met geïmproviseerde middelen, zoals een touw, schoenveter of riem, moeten vastbinden.

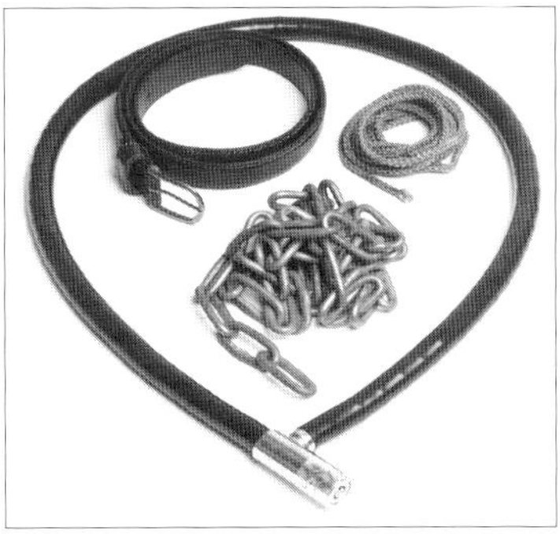

Touwachtige voorwerpen: kabelslot, riem, ketting, touw.

Vloeistoffen en verstuivers

Sommige **vloeistoffen**, in het bijzonder bijtende of giftige chemicaliën, kunnen op effectieve wijze tegen een aanvaller worden ingezet. De effectiviteit wordt versterkt door het verrassingseffect dat deze stoffen teweeg brengen. Het in het gezicht gooien van een alcoholhoudende vloeistof, een kop hete koffie of een kom hete soep, heeft onmiddellijk resultaat en maakt de aanvaller bijzonder kwetsbaar.

Diverse **verstuivers** die op het gezicht van de aanvaller worden gericht, kunnen hem ernstig letsel toebrengen, afhankelijk van de inhoud van de verstuiver. Ook een hand vol met zand dat in de ogen van de aanvaller terecht komt, zal hem tijdelijk uitschakelen waardoor hij kwetsbaar wordt.

Bijtende vloeistoffen: sterke drank, chemicaliën, hete vloeistoffen.

Diverse voorwerpen die als geïmproviseerd wapen kunnen worden ingezet

Zoals eerder opgemerkt, kunnen diverse voorwerpen als geïmproviseerd wapen worden ingezet: als aanvalswapen, verdedigingswapen, als combinatie hiervan of als middel om de aandacht van de aanvaller af te leiden, waardoor u de tegenaanval kunt inzetten of kunt vluchten. De onderstaande voorwerpen kunnen op meerdere manieren als wapen worden ingezet.

Geweer met bajonet: Een combinatie van een snijdend voorwerp (mes) en een stok. Een bijl en een speer bieden u dezelfde combinatie.

Het gooien van een glasscherf of mes: Dit is te zien als een combinatie van een steen en een mes.

Stoel: Dient als schild en stok, waarmee u op meerdere manieren een tegenaanval kunt inzetten, zoals eerder in dit hoofdstuk beschreven.

Het gooien van een speer, scherpe stok of hooivork: Dit is te zien als een combinatie van een steen, mes en stok.

Tot de andere categorie wapens behoren onder andere brandende of verwarmde voorwerpen, onder hoogspanning staande bedrading en zelfs een motorvoertuig (waarmee u ernstig letsel kunt toebrengen).

Het intimideren van uw tegenstander

Eén van de grootste voordelen bij het gebruik van een geïmproviseerd wapen om uzelf te verdedigen is dat een dergelijk voorwerp op agressieve wijze en met kracht kan worden ingezet **opdat de aanvaller zich wel twee keer zal bedenken voordat hij tot actie overgaat.** Als u bijvoorbeeld een wandelstok krachtig in de richting van de aanvaller zwaait, is de kans groot dat hij zich zal terugtrekken, waardoor u de confrontatie uit de weg bent gegaan.

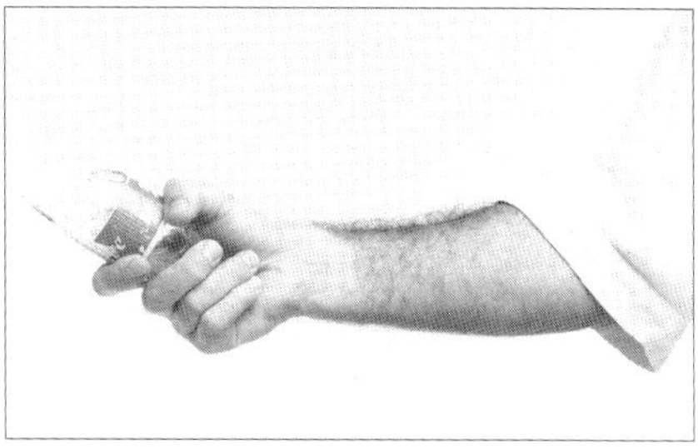

Intimidatie: het vasthouden van een gebroken fles.

Conclusie

Als KRAV MAGA leerling dient u zich te bekwamen in het snel aftasten van de omgeving, op zoek naar voorwerpen die zijn in te zetten als geïmproviseerd wapen, voor het geval daar gebruik van gemaakt moet worden. Als u een voor u onbekende plaats bezoekt, observeert u de omgeving, waarbij u uitkijkt naar objecten die bij een aanval van nut zouden kunnen zijn.

Vergelijkbaar met een chef-kok die in staat is een overheerlijke maaltijd samen te stellen uit de ingrediënten die zich toevallig in zijn koelkast bevinden, dient u erop voorbereid te zijn een eventuele aanvaller op een 'gastronomisch maal' te trakteren, door gebruik te maken van alledaagse voorwerpen die zich in uw omgeving bevinden.

Oefen hoe u diverse voorwerpen kunt gebruiken. U dient over de volgende vaardigheden te beschikken: nauwkeurigheid bij het gooien van lichte of zware voorwerpen in de richting van een klein doel, het slaan of steken met een stok, de verdediging met schild-achtige voorwerpen, enz.

Een waargebeurd verhaal

Diane, een 50-jarige dame, woonde een lezing bij die tot doel had het nut van zelfverdediging onder de aandacht te brengen. Na de lezing vroeg ze de instructeur: 'Ik ben geen KRAV MAGA beoefenaar en ik ben soms echt bang, in het bijzonder als ik in de avonduren het kantoor verlaat en naar mijn auto in de parkeergarage loop. Wat moet ik doen als ik op weg naar mijn auto word aangevallen?' Omdat pepperspray destijds moeilijk te verkrijgen was, adviseerde de instructeur haar een kleine, draagbare brandblusser mee te nemen (van het type dat in het handschoenenvakje van een auto past) en deze in haar hand te houden vanaf het moment dat ze het kantoor verlaat tot ze veilig in haar auto zit. 'U moet de brandblusser paraat houden en niet in uw tas meedragen,' zei de instructeur. Diane volgde zijn advies op en enkele weken later kon ze er gebruik van maken: zij voorkwam een aanval door de inhoud van de brandblusser in het gezicht van de aanvaller te spuiten.

Korte stok contra aanval met een mes

HOOFDSTUK 8

Korte stok contra aanval met een mes

In het vorige hoofdstuk behandelden we de mogelijkheid alledaagse voorwerpen ter zelfverdediging te gebruiken. In dit hoofdstuk behandelen we specifieke technieken om een korte stok te gebruiken om u te verdedigen tegen een aanval met een mes. In plaats van een korte stok kunt u ook voorwerpen zoals een mes, fles, vaas of iets dergelijks gebruiken.

Het voorwerp mag niet te licht zijn en bovendien moet het bestand zijn tegen een flinke klap die op de hand van de aanvaller wordt gegeven. **De verdediger moet zijn geïmproviseerde wapen proberen te verbergen.** Hierdoor wordt de aanvaller niet van zijn apropos gebracht en zal hij zich vrij voelen om u op de meest eenvoudige manier aan te vallen. Als u de stok daarentegen gewoon laat zien, is het mogelijk de aanvaller 'uit te nodigen' tot een confrontatie en zal hij waarschijnlijk andere tactieken en schijnbewegingen maken waardoor uw verdediging moeilijker wordt (zie het einde van dit hoofdstuk). Door daarentegen op agressieve wijze met uw wapen te zwaaien, geeft u aan dat u de confrontatie niet ontloopt, hetgeen uw aanvaller kan ontmoedigen en hem zelfs doen afzien van zijn aanval.

Bij deze verdedigingstechnieken zult u gewoonlijk de steekhand van de aanvaller afslaan om die te stoppen of af te buigen. U richt die slag op het polsgebied, omdat dit gebied gemakkelijk tegengehouden of afgebogen kan worden (vanwege de afstand en het hefboomeffect), en ook omdat gebied kwetsbaarder is, omdat het weinig vet- en spierweefsel bevat en doorgaans onbedekt is. De basistechniek is verdediging met het lichaam, in de meeste gevallen door diagonaal zijwaarts te bewegen, en verdediging met de hand die het verdedigingswapen omvat. Deze combinatie inzetten om de aanval in een zo vroeg mogelijk stadium te beëindigen of af te buigen.

Het is belangrijk de tegenaanval **onmiddellijk** na de verdediging in te zetten! Derhalve voert u twee acties op maximumsnelheid uit waarbij de ene actie in de andere overloopt: de verdediging en de tegenaanval. Het is de bedoeling dat u deze, nadat u de bedreiging heeft afgeweerd met de stok, direct richt op een kwetsbaar onderdeel van zijn lichaam, bijvoorbeeld op zijn nek of zijn hoofd.

Indien nodig, en in het bijzonder als u door de aanval wordt verrast, kunt u zich **met de onderarm van uw vrije hand verdedigen**. Dat wil zeggen, de hand waarmee u het geïmproviseerde wapen niet vast heeft (zie *hoofdstuk 1: Verdediging tegen een aanval met een mes*). Gelijktijdig met of direct na de verdediging voert u de tegenaanval uit, waarbij u de korte stok inzet of overgaat tot schoppen, stompen, enz.

Verdediging tegen 'oriëntaalse' steek

Neem een neutrale houding aan. Indien mogelijk, verbergt u het geïmproviseerde wapen.

De aanval wordt ingezet. U verdedigt zich door met de stok in neerwaartse beweging te slaan (gericht op de pols van de aanvaller). Gelijktijdig brengt u uw lichaam in veiligheid door te draaien en diagonaal zijwaarts te bewegen.

Houd de hand van de aanvaller tegen, ter hoogte van zijn pols. Net voordat u de hand van de aanvaller raakt, dient u de stok krachtig vast te houden.

Geef de aanvaller meteen hierna een tweede klap, bijvoorbeeld tegen zijn hoofd.

Op hetzelfde moment dat u de aanval ontwijkt, neutraliseert u deze op veilige afstand van uw lichaam, door gebruik te maken van de stok. U gebruikt dezelfde techniek als tegen een aanval met een mes, dat de aanvaller met de linkerhand vasthoudt. Het neutraliseren wordt uitgevoerd door een neerwaartse beweging te maken, waarbij u de stok stevig vast dient te houden. Om deze actie te doen slagen, moet de korte stok zwaar en stevig genoeg zijn.

De tegenaanval met de stok, kunt u uitvoeren als horizontale zwaaibeweging in de richting van het hoofd van de aanvaller of als stekende beweging in de richting van de hals van de aanvaller (in de holte tussen de sleutelbeenderen). Het is belangrijk hierop te richten, omdat anders de stok zou kunnen afschampen. Als het nodig en mogelijk is, blokkeert u de hand van de aanvaller met uw vrije hand en zet u de eerste tegenaanval in met de korte stok.

Sla de aanvaller tegen zijn slaap of maak een stekende beweging in de richting van zijn keel of een ander kwetsbaar lichaamsdeel dat u kunt bereiken. U kunt ook een tweede tegenaanval inzetten, bijvoorbeeld een schop in het kruis met uw linkerbeen of een klap met de linkerhand. **Dit alles is afhankelijk van de hoek en de afstand tussen u en de aanvaller**. Tot slot verlaat u de gevarenzone.

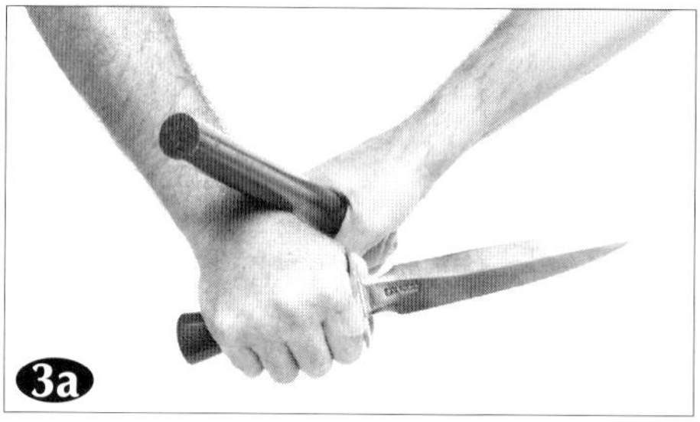

Detail foto 3: Het stoppen van de aanval ter hoogte van de pols van de aanvaller.

Grootmeester Imi demonstreert een verdediging tegen een omhoog gerichte steek. Hij gebruikt een korte, zware stok om de aanvallende hand tegen te houden.

Verdediging tegen een neerwaartse steek

U neemt een passieve houding aan. Zoals hier getoond, is de stok niet verborgen maar wordt ook niet op een bedreigende manier gehanteerd (zie opmerking aan het eind van dit hoofdstuk).

De aanval begint. U reageert onmiddellijk met een steekbeweging waarbij u gebruik maakt van de lengte van de stok. Beweeg u diagonaal voor- en zijwaarts om uzelf uit de lijn van de aanval te brengen.

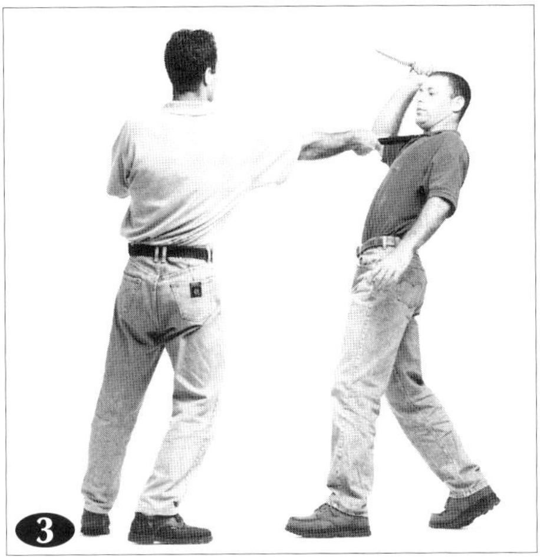

U weert de aanvaller af vanaf een afstand door een steekbeweging in de richting van zijn keel te maken terwijl u een draai met het lichaam maakt en met een korte stap diagonaal zijwaarts stapt. Daarna kunt u hem overmeesteren met een schop in het kruis.

Met een korte stok weerhoudt grootmeester Imi een aanvaller naar voren te stappen en hem met een neerwaarts gerichte steek aan te vallen.

Bij deze techniek speelt **timing** een belangrijke rol; een goede timing is onontbeerlijk om de aanvaller op een veilige afstand af te weren. Het 'steken' met een stok, zal de aanvaller abrupt doen stilhouden. De draai van uw lichaam, samen met een diagonale voorwaartse beweging, geven u een betere uitgangspositie voor uw verdere acties en een verdediging van het lichaam.

Opmerking: Zoals hier afgebeeld, is het mogelijk uw aanval te richten op de holte tussen de sleutelbeenderen omdat hier de nek op zijn breedst is; als de stok terechtkomt op een smaller gedeelte, loopt u kans dat **de stok zal afschampen zonder de aanvaller daadwerkelijk te verwonden**. Het is derhalve soms te prefereren om een slagbeweging in de richting van het hoofd van de aanvaller te maken, waarbij u hem diagonaal neerwaarts behoort te raken.

Als u door de aanval werd verrast of u wordt van rechts benaderd (aan de kant waar u het wapen vasthoudt), kunt u de stok of een onderarm gebruiken (afhankelijk van de hoek) om u te verdedigen tegen de aanvallende hand. U vervolgt meteen met de tegenaanval, uitgevoerd zoals omschreven bij de techniek *verdediging tegen oriëntaalse steek* (zie *hoofdstuk 1: Verdediging tegen een aanval met een mes*).

Afhankelijk van de aard van de aanval en of deze voor u of links van u (uw ongewapende hand) plaatsvindt, kunt u een andere verdedigingstechniek gebruiken door de onderarm van uw vrije hand in te zetten en zo snel mogelijk over te gaan tot een tegenaanval, waarbij u de stok als slagwapen gebruikt (zie het laatste onderdeel van dit hoofdstuk).

Verdediging tegen een rechte steek

Neem een passieve houding aan en verberg uw geïmproviseerde wapen voor de aanvaller.

Met een snelle, krachtige klap op de pols van de aanvaller stopt u de aanval. De afwerende hand gaat u voor bij het verdedigen van uw lichaam. U maakt een draai met het lichaam en doet een kleine stap naar de zijkant om uit de lijn van de aanval te geraken.

De complete, verdedigende actie.

Vervolg met een snelle tegenaanval, bijvoorbeeld een horizontale klap.

Opmerking: Het is bijzonder belangrijk **om de juiste timing aan te houden bij het stoppen van de stekende hand van de aanvaller**. De redenen voor het slaan op de pols van de aanvaller werden aan het begin van dit hoofdstuk beschreven.

Raak de aanvaller op zijn slaap en zet de tegenaanval voort of begeef u uit de gevarenzone.

Andere techniek: Als u van de zijkant of diagonaal van de zijkant wordt aangevallen (aan de kant van uw geïmproviseerde wapen) zult u een buitenwaarts gerichte verdedigingstechniek gebruiken, bijvoorbeeld met de stok in uw rechterhand. Als de aanvaller u vanuit deze positie wilt steken, dient u zich naar buiten toe te verdedigen en gelijktijdig met uw linkervoet diagonaal voorwaarts te stappen. Dit doet u om uw lichaam uit de lijn van de aanval te brengen en een veilige afstand te nemen van waaruit u de tegenaanval kunt inzetten (zie een vergelijkbare techniek: *rechte steek – afweren naar buiten toe*, volgende hoofdstuk: *stok contra stok*).

Verdediging tegen een aanval met een zwaaiend mes – terugtrekken en schoppen

De aanvaller maakt een zwaaiende beweging in de richting van uw keel.

Leun achterover. Indien nodig, kunt u op één voet naar achteren stappen (de voet aan de andere kant van uw hand waarmee u de stok vasthoudt, in dit geval links). Tegelijkertijd stopt u de hand van de aanvaller door met uw stok te slaan. U kunt nu een schop geven.

Deze eenvoudige techniek is gebaseerd op de natuurlijke reactie zich terug te trekken om u uit de gevarenzone te begeven. Deze reactie wordt gevolgd door het stoppen van de aanval met de stok. De aanvankelijke reactie u terug te trekken, dient als verdediging gezien te worden: het mes kan u niet bereiken, zelfs als u niet overgaat tot de verdediging met de stok. Deze terugtrekking via een kleine stap naar achteren gaat gepaard met het achterover hellen van uw bovenlichaam waardoor u snel een schop kunt geven tegen een kwetsbaar lichaamsdeel van de aanvaller.

Als eerste tegenaanval geeft u de aanvaller een schop in het kruis. Deze tegenaanval zet u voort met een tweede schop of een klap met uw stok.

Verdediging tegen een aanval met een zwaaiend mes – in te zetten nadat het mes u is gepasseerd

De aanvaller maakt een zwaaiende beweging in de richting van uw keel of gezicht. U neemt aanvankelijk een passieve houding aan en houdt, indien mogelijk, uw wapen verborgen.

Doe een stap naar achteren en leun met uw bovenlichaam achterover om u buiten het bereik van het mes te brengen. Gelijktijdig heft u uw handen op om u te verdedigen. Het mes is voorlangs u gegaan en uw hiel van het rechterbeen is van de grond.

De aanvaller maakt nogmaals een zwaaiende beweging, maar nu bent u erop voorbereid. Door gebruik te maken van de stok (en indien nodig ook uw andere hand) stopt u de aanvallende hand die zich nu in de andere richting begeeft. Deze defensieve actie gaat vooraf aan het weer rechtop komen van het bovenlichaam en een stap voorwaarts.

Stap **zo snel mogelijk** naar voren en grijp de onderarm van de aanvaller met uw vrije hand vast, waarna u de tegenaanval kunt inzetten.

Deze techniek maakt eerst gebruik van de natuurlijk reactie zich terug te trekken, terwijl de verdediger **over onvoldoende tijd beschikt** om op de eerste zwaaibeweging van de aanvaller te reageren. Terwijl u achterover leunt, heft u defensief de handen. Bij het naar achteren stappen blijft de hiel van de rechtervoet van de grond waardoor snel kan worden overgestapt op de tegenaanval.

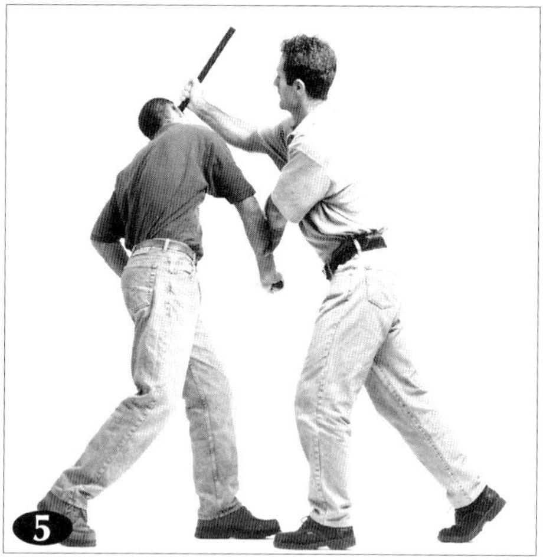

Raak de aanvaller op een kwetsbare plek en voorkom dat hij nog gebruik kan maken van zijn mes.

Als u ver naar achteren wijkt, zal er meer gewicht naar achteren worden verplaatst en kan de voorafgaande techniek (*verdediging tegen een aanval met een zwaaiend mes – terugtrekken en schoppen*) worden toegepast, hoewel u die nu gebruikt tegen de **tweede** zwaaiende beweging.

Nadat het mes u voorlangs is gepasseerd en in de tegenovergestelde richting wordt teruggehaald, bent u er klaar voor de aanval te neutraliseren. Dit bereikt u met behulp van de korte kant van de stok of met uw hand waarmee u de onderarm of pols van de aanvaller vastgrijpt.

Verklarende foto's m.b.t. de vorige technieken

Bij het lesgeven aan soldaten of andere militairen leggen we gewoonlijk de nadruk op de technieken die mogelijk voor de aanvaller een fatale afloop kunnen hebben. Het oefenen van deze technieken houdt derhalve in dat een mes zowel als een korte stok zal worden gebruikt. Het mes is een dodelijk en effectief wapen en derhalve essentieel voor degenen die het principe hanteren dat het is toegestaan in een levensbedreigende situatie de aanvaller om het leven te brengen (*als iemand u om het leven wil brengen, dient u hem te doden*).

Als u een mes inzet tegen een oriëntaalse steek (omhoog gericht) of een rechte steek, kan uw tegenaanval de volgende vormen aannemen: het neersteken van de aanvaller of zijn gezicht of keel opensnijden.

Onthoud: Nadat u de tegenaanval heeft afgerond, kan de aanvaller soms nogmaals toeslaan. Overtuig u ervan dat u bij deze gevallen een goede defensieve positie blijft aannemen.

a

Uitgangspositie: deze foto toont de achterkant van de verdediger. Het is aan te bevelen het wapen voor de aanvaller te verbergen, waardoor hij geen reden zal hebben schijnbewegingen te gebruiken.

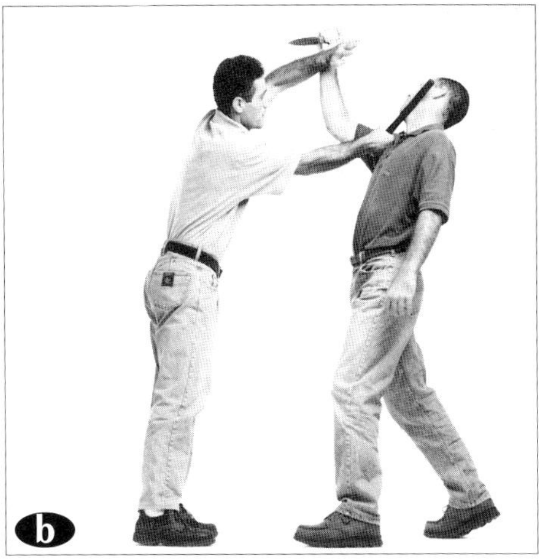

b

Een optie die eerder is besproken: u kunt uw vrije hand ter verdediging inzetten en, zo gauw als mogelijk, tegenaanvallen met de stok uitvoeren.

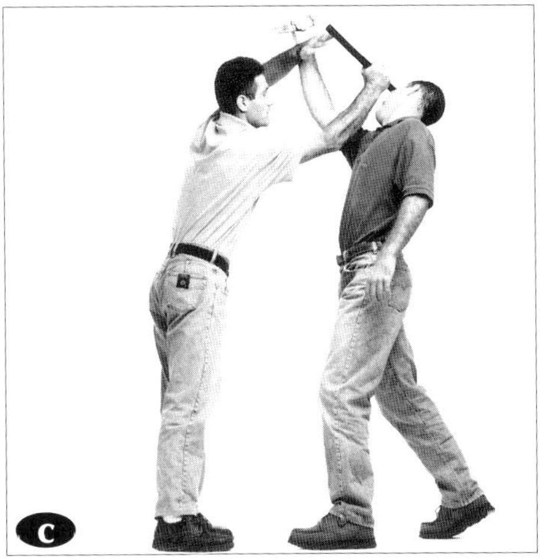

c

Het raken van de aanvaller met de achterkant met een korte stok.

d

Het gebruiken van een mes ter **verdediging** tegen een aanvaller met een mes. Alle technieken zijn te vergelijken met die welke in dit hoofdstuk zijn beschreven.

Opmerking: Door **uw wapen uit het zicht van de aanvaller te houden**, staat u klaar om in actie te komen zonder dat hij weet wat hem te wachten staat. Als u daarentegen **uw wapen laat zien**, zeker als het een mes betreft, waarbij u veel zelfverzekerdheid en agressie uitstraalt, is het wellicht mogelijk de aanvaller te intimideren en op deze manier zelfs een confrontatie te voorkomen. De tactiek die u gebruikt, hangt af van de situatie waarin u zich bevindt en van uw aard.

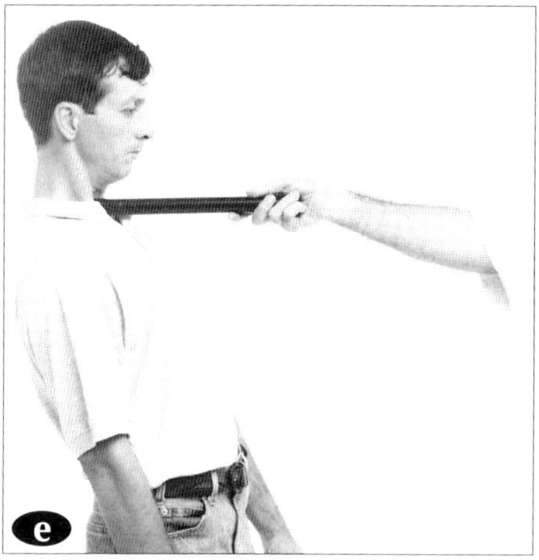

Een stekende aanval met de stok.

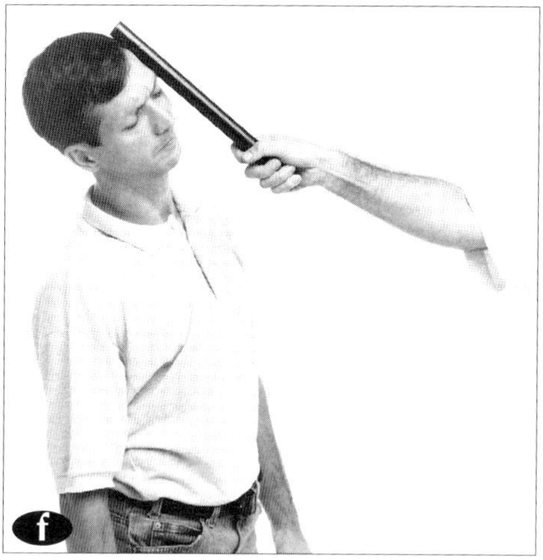

Een zwaaiende klap tegen het hoofd van de aanvaller.

Detail foto d: Het mes van de verdediger wordt op de pols van de aanvaller gezet om de stekende beweging op effectievere wijze te stoppen.

Stok contra stok

HOOFDSTUK 9

Stok contra stok

Bij sommige vechtsporten wordt gebruikgemaakt van een rechte of zwaardvormige stok als verdedigings- en aanvalswapen. Hiertoe behoren de Japanse disciplines **kendo** en **kenjitsu**, de Engelse discipline **long-pole fighters**, de Filippijnse discipline **escrima** (of **arnis de mano**), onderdelen van **kung-fu**, de Chinese discipline **wu shu**, waarbij gebruik wordt gemaakt van diverse speren en stokken, enkele Indiase disciplines en andere.

Zelfs in de beginfase van de zelfverdedigingstraining, dient u het basisgebruik van de stok ter verdediging en voor de aanval te leren, om u te beschermen tegen letsel. Stokken of stokachtige voorwerpen zijn bijna altijd te vinden in een omgeving waar een gevecht kan plaatsvinden. Elke aanval en verdediging met een stok heeft, afhankelijk van de hoek en de omstandigheden, voor- en nadelen. De hier beschreven aanvalsmethodes behandelen niet alleen aanvallen met een stok maar ook met wapens zoals een **bijl, speer, geweer met bajonet, enz.**.

Als het op zelfverdediging aankomt, is het leren gebruiken van een stok tegen een aanval met een mes of een ongewapende aanvaller, net zo belangrijk als te leren deze te gebruiken tegen een aanvaller met een stok. Gewapend met een stok, kunt u diverse verdedigingstechnieken inzetten tegen een aanval met een mes, hetgeen in het vorige hoofdstuk is behandeld. Natuurlijk kunt u tevens gebruikmaken van de verdedigingstechniek met een afwerende beweging die tegen een met een mes gewapende aanvaller kan worden gebruikt.

Een getrainde vechter zal zijn aandacht richten op zijn eigen wapen, maar ook op dat van zijn tegenstander. Het is de bedoeling dat u **zich aanleert uw aandacht niet uitsluitend op zijn wapen te richten**. U dient uw aandacht te verdelen, alert te zijn op alle mogelijkheden die uw reactiesnelheid en functioneren versnellen. U dient niet alleen de handelingen van het wapen van de aanvaller in de gaten te houden, maar ook de acties die hij met andere delen van zijn lichaam onderneemt. Bereid u voor op de maatregelen die u dient te treffen om met uw eigen wapen aan te vallen of te verdedigen, tot eigen wapens behoren ook armen en benen. Als u uw stok niet kunt gebruiken of als het u in uw bewegingen hindert, dient u te weten wanneer u moet overgaan op een effectievere handelswijze, bijvoorbeeld met handen en voeten.

Evenals bij de vorige onderwerpen, zijn de grondbeginselen van actie en reactie, die achter deze technieken liggen, identiek (zie *hoofdstuk 11: Basis van de verdedigingstechnieken*). Ook hier is sprake van actieve, defensieve technieken, waarbij het wapen slechts als hulpmiddel dient en de nadruk ligt op ontwijkende handelingen en op de verdediging van het lichaam, waarbij u zich uit de gevarenzone kunt begeven.

Optionele, ontwijkende lichaamsbewegingen

Het u buiten het bereik van de aanval begeven; het naar voren springen om de aanval teniet te doen voordat deze werkelijk is ingezet; het u uit de aanvalslijn begeven (indien de aanval verticaal of horizontaal wordt uitgevoerd); het bewegen van het lichaam in de richting van de aanval (tegen een horizontale zwaaibeweging van de zijkant) waardoor de kracht van de aanval teniet wordt gedaan en voorkomt dat de verdediger hard wordt geraakt. U dient van een aantal van deze bewegingen gebruik te maken in combinatie met specifieke verdedigingstechniek met de stok.

Actieve verdedigingstechnieken met gebruikmaking van een stok

- **Blokkeren**: Tegen een zwaaiende beweging: de verdedigende stok raakt haaks de aanvallende stok en blokkeert deze.

- **Afglijden**: De verdedigende stok wordt onder een hoek gehouden om de aanvallende stok op te vangen en deze te doen afglijden opdat de verdediger niet wordt geraakt.

- **Afweren**: Gewoonlijk gebruikt tegen een stekende beweging. Weer de stekende stok af met een beweging die vergelijkbaar is met die welke u maakt met uw onderarm tegen een stomp of een rechte steek met een mes.

Terwijl u de stok vasthoudt en gebruikt, kunt u deze met één hand vasthouden om u te verdedigen, maar u kunt ook beide handen gebruiken.

Bij het verdedigen van een specifiek deel van uw lichaam, kunt u de stok op twee manieren vastpakken: (1) door uw onderarm en de stok **in dezelfde richting** te draaien met uw handpalm omhoog gericht, zoals getoond bij de techniek *buitenwaartse verdediging met een stok*, foto's 2-4 en 8 (zie volgende pagina). (2) door uw onderarm en de stok **in tegenovergestelde richting** te draaien, zoals bij *buitenwaartse verdediging met een stok*, foto's 5-6 en 9-10.

Buitenwaartse verdediging met een stok

Uitgangspositie in de **oefenfase**: In spreidstand (passieve houding) houdt u de stok met één of twee handen vast. Vanuit deze positie gebruikt u één van de volgende verdedigingstechnieken.

Verdediging tegen een **verticale slag van boven**. Eén van de verdedigingstechnieken waarbij u uw stok in de richting van de aanval brengt en de aanvallende stok opvangt (gewoonlijk haaks).

Til uw stok diagonaal omhoog om een **diagonaal neerwaarts** gerichte slag op te vangen die op uw hoofd of schouders is gericht.

Tegen een **horizontale zwaai** in de richting van uw hoofd of middel, brengt u uw stok naar de zijkant.

Verdediging tegen een **laag of middelhoog** gerichte slag.

Verdediging tegen een **diagonaal omhoog** gerichte slag in de richting van uw lichaam.

Verdediging tegen een **verticale slag van onderen**. Buig uw bovenlichaam voorover.

Foto 8: Verdediging tegen een **diagonaal omhoog gerichte** slag. Breng de stok diagonaal voorlangs het lichaam. Bij deze techniek draait u het lichaam, om krachtig met de stok te kunnen verdedigen. De combinatie van het hoger brengen van de stok (met de duim omhoog) en een gestrekt lichaam, is de aangewezen verdediging tegen een horizontale klap.

Verdediging tegen een **horizontale** slag op halve hoogte. In dit geval houdt u de stok vast met naar beneden gerichte duim.

Verdediging tegen een **diagonaal neerwaarts gerichte** slag in de richting van uw hoofd of schouders.

Een andere optie ter verdediging van een **verticale slag van boven**. In dit geval houdt u de stok met beide handen vast. Als u zich moet verdedigen tegen een verrassingsaanval, dient u de knieën iets te buigen en uw hoofd naar voren te brengen.

Een ander voorbeeld van een verdediging tegen een **horizontale slag van de zijkant**. Houd de stok met beide handen vast. Bij deze verdediging kan de rechterhand hoog worden gehouden en de linkerhand laag (of andersom).

Deze verdedigingen zijn gebaseerd op een aantal technieken met de hand die gezamenlijk 360° **buitenwaartse verdediging** worden genoemd. Dit zijn natuurlijke en reflexmatige technieken die als basis dienen voor de buitenwaartse verdediging binnen het KRAV MAGA systeem. Deze buitenwaartse verdedigingen zijn gewoonlijk te gebruiken tegen aanvallen die worden ingezet vanaf de rand van een denkbeeldige cirkel. U kunt de stok met één of beide handen vasthouden en deze gebruiken tegen diverse aanvallen, in het bijzonder de aanvallen die met een stok worden uitgevoerd. Bij alle defensietechnieken die hier worden getoond, wordt de aanvallende stok door de verdedigende stok onder een hoek van 90° geblokkeerd. Verderop beschrijven we het gebruik van deze basistechnieken in combinatie met de verdediging van het lichaam en tegenaanvallen.

Tegen **een verrassingsaanval** zult u reflexmatig tot de verdediging overgaan. Tijdens de eerste leerfase oefent u uitsluitend de defensieve beweging. Later zal de ene leerling de andere aanvallen. Dit stelt u in staat om deze beweging te verfijnen, beter te observeren, de voorgenomen acties van de aanvaller in te schatten en een grote mate aan vaardigheid bij het gebruik van een stok te verkrijgen (de stok dient feitelijk als verlengstuk van uw arm).

Opmerking: Uit veiligheidsoverwegingen dient u de rug van uw handen tijdens oefeningen altijd te beschermen en gebruik te maken van onbreekbare, onbuigzame stokken zonder barsten of splinters.

Verticale klap neerwaarts – verdedigende stok in één hand

Neem een passieve houding aan of zet het ene been iets voor het andere.

Foto 2: Breng uw stok krachtig in een horizontale stand om de aanval te blokkeren.

Houd de stok met één hand vast, waarbij de aanvallende stok langs uw stok afglijdt. De defensieve handbeweging met de stok, trekt u in een draai en een diagonale beweging voorwaarts.

Na het afronden van de verdediging volgt u deze op met een draaiende beweging van de pols, om de stok in de goede positie te krijgen voor een snelle en krachtige tegenaanval.

Sla de aanvaller met uw stok tegen het hoofd. U kunt hem onder een hoek raken. Als u daar de voorkeur aan geeft, kunt u eerst een minder kwetsbaar lichaamsdeel van de aanvaller raken.

Indien nodig, zet u de tegenaanval voort met bijvoorbeeld een schop in het kruis van de aanvaller, maar u kunt u ook uit de gevarenzone begeven.

De verdedigende stok moet de aanvallende stok minimaal in het midden raken en mogelijk zelfs dichter bij uw hand zodat de stok niet kan wegglijden en u kan blijven raken.

U brengt uw stok krachtig in de richting van de aanvallende stok en u houdt deze horizontaal of iets naar beneden gericht. Tijdens de verdediging glijdt de aanvallende stok langs de verdedigende stok en weg van uw hand. Als de stok aanvankelijk horizontaal werd gehouden, zal de klap van de aanvallende stok deze naar beneden doen gaan.

De tegenaanval met een stok kan met een **zwepende** klap worden uitgevoerd met de bedoeling de aanvaller op het voorhoofd te raken, of een **zwaaiende slag** waarbij uw stok krachtig zijn doel raakt en daarna afschampt. Ook is het mogelijk de stok te gebruiken om andere, minder kwetsbare, lichaamsdelen van de aanvaller te raken (bijvoorbeeld ledematen, schouders, enz.), als u hem geen ernstig letsel wilt toebrengen.

De verdediging van het lichaam wordt uitgevoerd door een stap voorwaarts en zijwaarts te nemen en met het lichaam te draaien, waarbij u zich uit de lijn van de aanval in de richting van uw hoofd beweegt.

Verticale klap omlaag – blokkerende stok met beide handen vastgehouden, tegenaanval met een schop

Houd de stok met beide handen vast. Uw rechtervoet is iets naar voren geplaatst.

Blokkeer de aanval met de stok, die u met beide handen vasthoudt, en trek uw hoofd tussen uw schouders. Na de aanval geblokkeerd te hebben stapt u, afhankelijk van de afstand tussen u en de aanvaller, naar voren. U bent nu in staat om op effectieve wijze de tegenaanval in te zetten.

Doorgaans kunt u in dit geval ook de vorige techniek als verdediging gebruiken, maar u houdt de stok nu met beide handen vast, terwijl u een verdediging met het lichaam uitvoert. Bij deze techniek beweegt u echter **voorwaarts** in plaats van **zijwaarts**. Voer de verdediging krachtig uit en stap naar voren terwijl u uw gewicht naar voren brengt.

Om de klap van het blokkeren van de aanval op te vangen, dient u de aanvallende stok relatief dichtbij uw hand terecht te laten komen. Als het een verrassingsaanval betreft, is het u waarschijnlijk niet mogelijk binnen de gegeven tijd naar voren te stappen en als de afstand te groot is, zult u de tegenaanval niet met een schop kunnen inzetten. Ongeacht de situatie dient u zo snel mogelijk als eerste met uw stok de tegenaanval in te zetten.

Voer de eerste tegenaanval uit: in dit geval een schop in het kruis. U kunt ook met de stok aanvallen door die met één hand vast te houden en te draaien (zie vorige techniek).

In de leerfase zult u zich bij het verdedigen tegen een aanval met een stok zekerder voelen door uw stok aan beide uiteinden vast te pakken. Indien dit goed wordt uitgevoerd, kan deze verdediging een krachtige aanval blokkeren. Uw stok dient de klap in elk geval op te kunnen vangen zonder te breken.

Opmerking: Hoe krachtiger de aanval wordt uitgevoerd, des te eerder zult u de stok met beide handen ter verdediging moeten vasthouden en een verdediging van het lichaam uitvoeren.

Als u bang bent dat het **aanvalswapen** zal afbreken, en vooral als het een bijl betreft, dient u uw hoofd naar voren te brengen en tussen de schouders in te trekken. Als de aanval u niet verrast, dient u de nadruk te leggen op de verdediging met het lichaam door diagonaal voorwaarts te bewegen en het lichaam iets te draaien (zie de tweede techniek van dit hoofdstuk).

Horizontale zwaai van de zijkant – blokkerende stok in één hand

Neem een geschikte uitgangspositie in, bijvoorbeeld met de rechtervoet iets naar voren.

Met een korte, krachtige, defensieve klap houdt u uw stok omhoog om de horizontaal zwaaiende stok van de aanvaller op te vangen. Maak een draai met het lichaam en een doe een diagonale stap voorwaarts. Hierdoor kunt u zich beter verdedigen en u uit de richting van de aanval bewegen.

Sla de aanvallende stok met een korte, krachtige beweging van u af. Dit stelt u in staat uw stok in te zetten bij de tegenaanval.

Hier demonstreren wij het principe dat **voorkomt dat de aanvaller zijn wapen nogmaals kan gebruiken**.

Met een strakke beweging, zet u met uw stok de tegenaanval in. Pak zo snel mogelijk de stok of hand van de aanvaller zodat hij deze niet nogmaals kan gebruiken.

Geef de aanvaller onmiddellijk een klap tegen het hoofd. ***Variatie**: als u snel genoeg reageert, is het mogelijk uw aanvaller in een eerder stadium, gelijktijdig met uw verdediging met uw stok, een schop te geven.*

Deze techniek kan echter ook worden uitgevoerd zonder de aanvallende stok of hand waarmee deze wordt vastgehouden beet te pakken. In dat geval zet u, indien nodig, de tegenaanval in met uw stok, vrije hand, benen of een combinatie hiervan.

***Variatie:** Voer de verdediging uit met de verdedigende stok in neerwaartse richting.*

Horizontale zwaai – blokkerende stok in beide handen

Dit is een ander voorbeeld van een verdedigingstechniek met een stok waarbij u de aanval blokkeert terwijl u uw stok met beide handen vastheeft. Uw stok dient sterk genoeg te zijn om de klap met de aanvallende stok te kunnen opvangen.

Houd de stok met beide handen vast en ga in spreidstand staan of breng het ene been iets voor het andere. U wordt van links aangevallen.

Verdedig u met een snelle actie. Blokkeer de aanval door uw stok diagonaal zijwaarts te bewegen, terwijl u gelijktijdig het lichaam verdedigt door te draaien en met uw rechtervoet diagonaal voorwaarts stapt. Uw armen zijn bijna gestrekt.

Na het blokkeren zet u de tegenaanval in door uw laagste hand te openen. Indien nodig, slaat u de aanvaller op het hoofd of een ander kwetsbaar lichaamsdeel. Zet de tegenaanval voort met de stok of door te schoppen of te stompen.

Evenals bij de hiervoor beschreven technieken, stelt de verdediging met de stok, samen met een draai van het lichaam en een stap voorwaarts, u in staat de stok van de aanvaller op halve hoogte te blokkeren. Gebruik geen verdedigingstechniek die uitsluitend de hand van de aanvaller blokkeert omdat u nog altijd **door de stok geraakt zou kunnen worden**. Op soortgelijke wijze dient u ervoor te zorgen dat u de aanvallende stok niet aan het uiteinde blokkeert omdat deze dan langs uw stok kan afglijden en u alsnog kan raken.

Opmerking: Feitelijk **zijn alle tot dusverre beschreven technieken met elkaar te vergelijken**. Omdat we gebruikmaken van een blokkerende verdediging tegen diverse zwaaiende aanvallen die op het lichaam zijn gericht.

Rechte steek – afweren met een binnenwaartse beweging

Uw hoek ten opzichte van de aanvaller alsmede de positie van uw stok bepalen de verdedigingstechniek en de tegenaanval die u dient te gebruiken. Bij de binnenwaartse beweging weert u met een snelle, krachtige klap de stok van de aanvaller af waarna u direct tot de tegenaanval kunt overgaan. Om op effectieve wijze de aanvallende stok te kunnen afweren, dient het onderste deel van uw stok geraakt te worden door het bovenste gedeelte van de stok van de aanvaller.

In dit geval neemt u de uitgangspositie aan waarmee u een binnenwaartse verdediging kunt uitvoeren tegen de naar voren gerichte aanval.

Voer de binnenwaartse verdediging uit door de stekende stok met een krachtige beweging af te weren. Gelijktijdig maakt u een draai met het lichaam en stapt u diagonaal voorwaarts. Omdat het moeilijk is de hoogte van de stekende stok goed in te schatten, verdedigt u zich met een schuin geplaatste stok, waarmee u een groter deel van uw lichaam afschermt.

Als u van plan bent om meteen de tegenaanval in te zetten, grijpt u met uw vrije hand de aanvallende stok.

Zet de tegenaanval onmiddellijk in. U kunt uw tegenaanval kracht bijzetten met uw stok of u beperken tot schoppen of slaan.

Mogelijke eerste tegenaanvallen: Steek met uw stok; zwaai met uw stok; schop; sla met uw vrije hand of, als de aanvaller dichtbij genoeg staat, slaat u hem met de achterkant van de stok. Om te voorkomen dat de aanvaller zijn wapen nogmaals kan gebruiken, kunt u de aanvallende stok of de hand waarmee deze wordt vastgehouden, beetpakken.

Rechte steek – afweren met naar buiten gerichte verdediging

In dit geval neemt u een uitgangspositie aan waarmee u de aanval naar buiten toe kunt afweren.

Gebruik de naar buiten toe gerichte verdedigingstechniek om de aanval met een snelle, krachtige klap af te weren. Gelijktijdig draait u het lichaam en stapt u diagonaal voorwaarts.

Om deze verdedigingstechniek uit te voeren, houdt u de stok onder een hoek voor uw lichaam. De manier waarop de aanvallende stok wordt vastgehouden, geeft aan dat een naar buiten gerichte verdediging het meest effectief zal zijn.

Als eerste tegenaanval kunt u de aanvaller met uw stok op het hoofd slaan (van buiten naar binnen), hem tegen het hoofd steken of een schop in het kruis geven.

Als het een verrassingsaanval betreft, gebruikt u ook een naar buiten gerichte verdedigingstechniek. Uw andere acties, bijvoorbeeld verdediging van het lichaam en de tegenaanval, zullen dan echter waarschijnlijk pas later kunnen worden uitgevoerd. U dient erop te oefenen dat deze tijd tot een minimum wordt beperkt!

Voer uw eerste tegenaanval uit. Hierna kunt u de tegenaanval voortzetten met uw stok, stompen of schoppen, hetgeen door de omstandigheden wordt bepaald.

Rechte, lage steek – verdediging naar buiten en naar beneden

In dit geval houdt u uw stok iets hoger. Deze uitgangspositie stelt u in staat een naar buiten en naar beneden gerichte verdedigingstechniek te gebruiken tegen de lage, stekende beweging van de aanvaller.

U wordt bedreigd door een lage, stekende beweging. Vanuit uw uitgangspositie verdedigt u zich in neerwaartse richting met een snelle beweging die de aanval naar de zijkant afweert. Deze afweertechniek doet uw lichaam draaien en naar voren komen, waardoor u uw lichaam verdedigt. Deze handelingen geven u een betere positie om een tegenaanval te kunnen uitvoeren en beschermen het lichaam.

Haal uw stok na het afweren terug om de tegenaanval in te zetten.

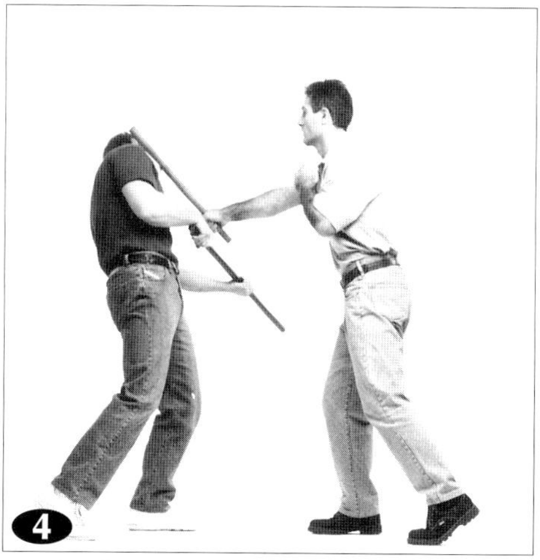

Voorbeeld van een geschikte tegenaanval. Indien nodig, kunt u met uw rechtervoet naar voren stappen om de juiste afstand tot de aanvaller te bereiken.

Met behulp van de stok weert u de aanval neerwaarts en naar buiten toe af. Om deze actie snel en met kracht te kunnen uitvoeren, tilt u uw elleboog omhoog en draait u uw hand, waardoor uw stok naar beneden draait en de aanval naar de zijkant afweert.

Tegen een lage steek, kunt u de eerder beschreven verdediging naar binnen of naar buiten uitvoeren, maar dat is alleen mogelijk als uw stok zich ter hoogte van de steek bevindt, voordat de steek wordt toegebracht. Om deze reden dient u iets door de knieën te zakken en uw hand wat lager te houden, zoals beschreven bij de techniek *steek, rechte greep – binnenwaartse beweging van buiten* (zie *hoofdstuk 1: Verdediging tegen een aanval met een mes*).

Aanval tegen een gewapende bedreiging – met stok en schoppen

Val krachtig aan met uw stok, stap indien nodig naar voren en breng uw gewicht voorwaarts. Zoals verwacht mag worden, voert uw tegenstander een verdedigende techniek uit.

Zet uw aanval voort met een schop in het kruis, die u geeft als uw tegenstander zich nog aan het verdedigen is tegen uw aanval met de stok.

Hier tonen we een snelle, eenvoudige en bijzonder effectieve techniek als tactische aanval tegen iemand die zich met een stok heeft bewapend. Bij een confrontatie waarin u en uw tegenstander beide met een stok zijn gewapend, kunt u deze techniek toepassen om hem te overmeesteren, ook als u geen ervaring heeft met het gebruik van een stok als wapen.

Deze techniek is gebaseerd op een dubbele aanval die **afzonderlijk of direct gestaffeld** wordt uitgevoerd. Dat wil zeggen: de tweede aanval begint voordat de eerste is afgerond. De tweede aanval bereikt de aanvaller, zelfs als de eerste aanval alleen maar zijn aandacht heeft afgeleid. Dat wetende, kunt u de volgende combinaties gebruiken: (1) een schop, die als afleiding fungeert, waarna u met uw stok aanvalt. (2) naar voren springen terwijl u gelijktijdig met de stok aanvalt en schoppen geeft. (3) u gooit eerst iets in de richting van de aanvaller waarna u een aanval met een stok inzet, enz.

Grootmeester Imi demonstreert het gebruik van een stok om een aanval met een stok af te weren.

Verdediging tegen twee gewapende aanvallers

HOOFDSTUK 10

Verdediging tegen twee gewapende aanvallers

Als u wordt bedreigd, dient u zo snel mogelijk vast te stellen of er een **andere aanvaller** aanwezig is omdat dit bepalend is voor de acties die u moet ondernemen.

Een confrontatie met twee of meer aanvallers kan zich uiten als **gevecht**, een **zelfverdedigende actie** of een **combinatie hiervan**. Onder dergelijke omstandigheden zult u in sommige gevallen andere technieken moeten toepassen dan tegen een enkele aanvaller.

Vanaf het ogenblik dat u zich realiseert met meer dan één aanvaller te maken te hebben, is het van groot belang extra alert te zijn, zodat u eventuele bedreigingen van **alle** aanvallers kunt inschatten. U dient zich in de meest gunstige positie ten opzichte van alle aanvallers te manoeuvreren.

Opmerking: Als u slechts één aanvaller in de gaten houdt, **kunnen de andere aanvallers vrij handelen**. Dit is te vergelijken met een aanval van een enkele aanvaller waarvan u uitsluitend de handen in de gaten houdt, waardoor u bijvoorbeeld kwetsbaar bent voor schoppen. Dit dient u natuurlijk altijd te voorkomen!

In dit hoofdstuk behandelen we voorbeelden waarbij u door twee gewapende aanvallers wordt benaderd. We tonen en analyseren voorbeelden waarbij de ene aanvaller met een mes gewapend is en de andere met een stok. Om de uitleg te vereenvoudigen, nemen we in dit hele hoofdstuk aan dat elke aanvaller op een specifieke manier aanvalt. Met dit gegeven kunnen we vele waardevolle basistechnieken leren:

- U bevindt zich in een uitzonderlijk gevaarlijke situatie. U dient zich derhalve indien mogelijk **zo snel mogelijk uit de voeten te maken**.

- Indien mogelijk, dient u **het initiatief in eigen hand te houden en als eerste te handelen**. Wacht niet tot de aanvallers hiertoe overgaan.

- **Voorkom dat u één aanvaller meer aandacht geeft dan de anderen**. Het is belangrijk om één van uw tegenstanders zo snel en efficiënt mogelijk uit te schakelen, waarna u de andere(n) benadert.

- **Stap dichter naar één aanvaller toe** om u op effectieve wijze te kunnen verdedigen waarna u de tegenaanval inzet. Dit doet u op een dusdanige manier dat u meer afstand tot de overige aanvallers krijgt.

- **Voorkom dat u tussen twee aanvallers terechtkomt of tussen ze doorloopt**. Als u niet kunt voorkomen tussen ze door te lopen, dient u dit zo snel mogelijk te doen. Indien mogelijk of noodzakelijk, maakt u deze beweging terwijl u gelijktijdig de gevaarlijkste aanvaller of zelfs beiden aanvalt.

- Bij het aanvallen van uw tegenstanders kunt u uzelf verdedigen door **de ene aanvaller als schild of barrière te gebruiken**. Dit bereikt u door in de juiste richting te bewegen of door te draaien en één aanvaller tussen u en de andere aanvaller te plaatsen.

- **Duw de ene aanvaller tegen de andere aanvaller aan**, hetgeen is aan te bevelen nadat u de eerste op krachtige wijze heeft aangevallen. Hierdoor behaalt u een groot voordeel door de acties van de tweede aanvaller te dwarsbomen. Maak gebruik van deze situatie om één of beide aanvallers uit te schakelen of u op doordachte wijze uit de voeten te maken.

- In een ongelijkwaardige situatie, waarbij elke aanvaller een ander soort wapen draagt en derhalve een andere mate van bedreiging vormt, dient u als eerste de aanval in te zetten **tegen degene die het gevaarlijkst is**. Hierbij dient u natuurlijk de overige aanvaller(s) goed in de gaten te blijven houden.

Voorbeeld: Voor wat betreft de effectiviteit van een bepaald soort wapen, **is een stok gevaarlijker dan een mes** omdat de aanvaller hiermee een groter bereik heeft. In een dergelijke situatie dient u dus als eerste de aanvaller met de stok te benaderen, zelfs als hij niet degene is die als eerste aanvalt! Bovendien kunt u de stok van de aanvaller afnemen en deze inzetten tegen de andere aanvaller (die met het mes).

- In ongelijkwaardige situaties, waarbij de ene aanvaller een mes heeft en de andere een stok, dient u zich te verdedigen tegen degene die het mes vasthoudt. **Maar uitsluitend als hij de grootste bedreiging vormt**, dat wil zeggen als hij dicht bij u staat en u verrast met een aanval. In de meeste gevallen, zelfs als de mesdragende aanvaller dicht bij u staat, is het mogelijk (en aan te bevelen) op de aanvaller met de stok toe te snellen en hem aan te vallen.

- Indien mogelijk **ontwapent u de ene aanvaller en zet u zijn wapen in ter verdediging en om de tegenaanval in te zetten**. Een stok is een effectief wapen tegen een mes, maar het omgekeerde gaat niet altijd op!

Let op: U moet zien te voorkomen dat één aanvaller over beide wapens komt te beschikken.

Bij het oefenen van de onderstaande verdedigingstechnieken tegen twee of meer aanvallers, dient u eerst de bovenstaande basistechnieken te beheersen. Vervolgens oefent u **varianten** hierop, waarbij de aanvallers zijn gewapend met dezelfde of verschillende wapens of onderling verschillende technieken gebruiken om u aan te vallen, terwijl zij u van beide kanten benaderen. U kunt ook andere realistische situaties nabootsen, bijvoorbeeld op een trap, terwijl u zit, in een kleine ruimte, met weinig licht, enz.

Dit stelt u in staat u bekend te maken met ongebruikelijke situaties. Zo leert u te improviseren en kunt u in noodgevallen putten uit hetgeen u heeft geleerd om op de juiste manier te reageren. **Op deze manier leert u om te gaan met levensbedreigende situaties**.

Twee aanvallers – De ene rechts met een stok en de andere links met een mes

Uitgangspositie. De aanvaller met de stok staat diagonaal rechts van u en die met het mes diagonaal links. U wordt door beiden aangevallen. Indien mogelijk **neemt u het initiatief over** en wacht u niet tot u wordt aangevallen. Val één van de aanvallers aan (bij voorkeur die met de stok) met de eerder beschreven techniek.

Voer de verdediging en tegenaanval tegen degene met de stok uit. In dit voorbeeld valt hij u aan met een bovenhandse zwaaibeweging. De aanvaller met het mes moet zijn aanvalslijn aanpassen en de afstand tussen u en de messentrekker is vergroot.

Omdat u de tweede aanvaller heeft verrast, kunt u de eerst aanvaller beetpakken (stap met uw linkervoet naar voren) en zet u de tegenaanval in met een kniestoot in het kruis.

Stap met uw rechtervoet voorwaarts om de aanvaller met de stok om te draaien. Hij fungeert dan als schild tussen u en de tweede aanvaller (die met het mes). Let op: de messentrekker zal bij zijn poging u aan te vallen proberen het 'schild' te ontwijken.

Als de messentrekker dichterbij is gekomen, geeft u hem een schop in het kruis.

Als de eerste aanvaller nog altijd zijn stok vasthoudt, kunt u deze met een draaiende beweging loswrikken (indien nodig kunt u meer kracht uitoefenen door uw knie of dijbeen te gebruiken).

Ga ervan uit dat de aanvallers op ongeveer dezelfde afstand van u staan. De aanvaller met de stok is een grotere bedreiging omdat zijn wapen een groter bereik heeft: hij kan u hierdoor sneller bereiken.

Conform de basisregel om de verdediging en tegenaanval als eerste uit te voeren tegen de meest bedreigende aanvaller, **zal over het algemeen de eerste actie tegen de aanvaller met de stok** worden gericht. Er zijn natuurlijk uitzonderingen denkbaar, bijvoorbeeld als de messentrekker u bij een verrassingsaanval heeft gestoken of erg dicht bij u staat.

Indien nodig kunt u het wapen dat u heeft afgepakt inzetten bij de voortzetting van de tegenaanval.

In dit geval heeft u geen andere keuze dan de eerste actie tegen hem te richten, zoals verderop in dit hoofdstuk getoond bij de techniek *twee aanvallers – eerste actie tegen het mes – draaien van de aanvaller*. Bij het bovengenoemde voorbeeld wordt de verdedigende techniek uitgevoerd tegen de aanvaller met de stok. De actie waarbij u op de eerste aanvaller toe stapt en hem omdraait zodat hij als schild fungeert, **wordt op hoge snelheid uitgevoerd zonder uw rug naar de tweede aanvaller toe te keren.**

In dit voorbeeld beschikte u over voldoende tijd om de eerste aanvaller te ontwapenen. Dit werd bereikt door de stok in de hand van de aanvaller om te draaien en deze dicht tegen zijn onderarm te brengen. Het is ook mogelijk dat, als gevolg van uw tegenaanval, het wapen wordt losgelaten, dat u over onvoldoende tijd beschikt om het wapen af te pakken, u bijzonder weinig tijd heeft om achteruit te springen of dat u de tweede aanvaller meteen aanvalt, waarbij u alleen gebruik kunt maken van handen en voeten.

Twee aanvallers – de ene rechts met een mes en de ander links met een stok

Uitgangspositie: U wordt door twee gewapende aanvallers benaderd: rechts van u een messentrekker en links van u een aanvaller met een stok.

Tegen de neerwaarts gerichte klap met de stok gebruikt u een stekende verdedigingstechniek tegen de buitenkant van de aanvallende onderarm, terwijl u naar voren springt. Deze beweging stelt u in staat om op eenvoudige wijze de volgende stap te ondernemen en het brengt u op grotere afstand van de tweede aanvaller.

Ook hier zien we dat de basistechnieken worden toegepast. De verdedigingstechniek is een stekende verdediging tegen de buitenkant van de aanvallende arm, waardoor u in staat wordt gesteld zich achter de aanvaller te plaatsen, zonder tussen de twee aanvallers door te lopen en **zonder uw rug in de richting van de aanvaller met het mes te draaien**. Bij dit voorbeeld, evenals bij het eerste, slaagt u erin de eerste aanvaller te ontwapenen, zij het in een later stadium. **Andere mogelijke scenario's**: als gevolg van uw tegenaanval kan de eerste aanvaller zijn stok loslaten maar u kunt over onvoldoende tijd beschikken om hem te ontwapenen voordat u de tweede aanvaller uitschakelt.

Doe nog een stap voorwaarts om u achter de eerste aanvaller te plaatsen.

Zet gelijktijdig de tegenaanval in en neem plaats achter deze aanvaller. Door uw bewegingen moet de aanvaller met het mes zijn aanvalslijn herzien.

Schop de tweede aanvaller om hem op afstand tegen te houden.

Als de situatie het toelaat, ontwapent u de eerste aanvaller en gebruikt u, indien nodig, zijn wapen.

Opmerking: De eerste twee technieken laten slechts deels zien hoe u de eerste aanvaller voor de andere moet draaien.

Let op: Als één van de aanvallers zijn wapen laat vallen, **dient u te voorkomen dat de andere het pakt en zo over twee wapens beschikt!**

Twee aanvallers – hoe u moet bewegen om meer afstand te krijgen ten opzichte van de tweede aanvaller

Eerste optie

De aanvaller met de stok staat links van u. Tegen de bovenhandse aanvalsbeweging heeft u, terwijl u een stap voorwaarts doet, de stekende techniek naar de binnenkant van de aanvallende arm uitgevoerd; een actie waardoor u onvoldoende afstand heeft tot de tweede aanvaller. Bij deze techniek hoort een tegenaanval. Omdat u zich met uw linkerhand verdedigt en uw rechtervoet naar voren staat, gaat u als volgt te werk:

Draai de eerste aanvaller naar buiten toe door met uw linkervoet een stap diagonaal voorwaarts te nemen.

De volgende drie fotoseries demonstreren de mogelijkheden waarover de verdediger beschikt om de eerste aanvaller in de richting van de tweede te draaien. Dit is belangrijk om te weten als uw eerste actie niet tot gevolg had dat u voldoende afstand kon nemen tot de tweede aanvaller. Bij de vorige techniek slaagde u erin achter de eerste aanvaller (met de stok) terecht te komen bij het uitvoeren van de verdediging. In het hier genoemde voorbeeld lukt dat niet.

Stap naar achteren en rond de draai af. Op deze manier heeft u uw afstand tot de tweede aanvaller vergroot en de eerste aanvaller als schild opgesteld. Nu voert u een tweede tegenaanval uit tegen de eerste aanvaller.

Het soort aanval dat door de eerste aanvaller wordt uitgevoerd en de stand van uw voeten bij het uitvoeren van de eerste verdedigingstechniek, gecombineerd met de hoek en de afstand ten opzichte van de tweede aanvaller, zijn de factoren die in grote mate de richting van de draai bepalen.

Tweede optie

2.1

De aanvaller met de stok staat links van u. Tegen de bovenhandse aanval voert u een stekende verdediging uit met uw linkerhand tegen de binnenkant van de onderarm van de aanvaller, waardoor u meer afstand tot de andere aanvaller krijgt. De hier getoonde techniek behelst tevens een tegenaanval. Hier stapt u met uw linkervoet naar voren en verdedigt u zich met uw linkerhand.

2.2

Voer deze beweging vloeiend uit. Omdat u uw linkervoet naar voren heeft geplaatst, neemt u met uw rechtervoet een stap voorwaarts, waarna u draait. Deze beweging kan alleen worden uitgevoerd **als de tweede aanvaller op grotere afstand staat**, omdat u tijdens de draai uw rug naar de tweede aanvaller keert. Dit dient bij voorkeur niet plaats te vinden. Stap zo snel mogelijk tussen de twee aanvallers door, voer de draai uit en gebruik de eerste aanvaller als schild.

Met uw tweede stap, draait u de aanvaller met de stok **naar uw linkerkant** nadat u de aanval met uw linkervoet voorwaarts heeft afgerond (foto's 2.1 - 2.3), **naar uw rechterkant** nadat u de verdediging met uw rechtervoet voorwaarts heeft uitgevoerd (foto's 1.1 - 1.3) of **met uw linkervoet voorwaarts** voor het geval dat u over onvoldoende tijd of ruimt beschikt om tussen de twee aanvallers door te stappen (foto's 3.1 - 3.3).

2.3

De eerste aanvaller vormt nu een barrière voor de tweede. Zet de tegenaanval in of verwijder u snel uit de gevarenzone.

3.1

Zoals getoond bij de voorgaande fotoserie, voert u deze techniek uit met uw linkervoet naar voren. Omdat u over te weinig tijd en ruimte beschikt, kunt u niet tussen de twee aanvallers door bewegen.

3.2

Zet de actie voort met een korte stap van de linkervoet. Draai en stap achteruit met uw rechtervoet, waarbij u de aanvaller met de stok krachtig omdraait.

3.3

Hierdoor heeft u de eerste aanvaller voor u geplaatst, waardoor de aanvaller met het mes u niet kan bereiken. Indien nodig, vervolg de tegenaanval.

Derde optie

Opmerking: Als de tweede aanvaller u vanachteren benadert en een gevaar vormt terwijl u de defensieve techniek op de eerste aanvaller uitvoert, kunt u hem bijvoorbeeld met een **defensieve schop naar achteren toe** tegenhouden, waarna u uw actie tegen de eerste aanvaller kunt afronden.

Twee aanvallers
– eerst actie tegen het mes – draaien van de aanvaller

U wordt verrast door een stekende beweging die op korte afstand wordt uitgevoerd en dient actie te ondernemen tegen de steekbeweging en de aanvaller. Als de aanvaller met de stok zich op enige afstand bevindt, zoals afgebeeld, beschikt u mogelijk over voldoende tijd om tegenaanvallen uit te voeren om de bedreiging met het mes teniet te doen. Voor het geval u over te weinig tijd beschikt, kunt u nog altijd een verdedigingstechniek uitvoeren en mogelijk ook een snelle tegenaanval.

Onthoud: U dient **direct daarna de aanvaller met de stok te neutraliseren** of u achteruit te bewegen om afstand te nemen van beide aanvallers.

Als u de aanvaller met het mes heeft ontwapend, kunt u het mes inzetten bij uw tegenaanvallen en zelfs overwegen het naar de tweede aanvaller te gooien (als u weet hoe) om zijn aanval te verstoren. Daarna stapt u snel naar voren om hem aan te vallen.

De aanvaller met het mes staat links van u en de aanvaller met de stok staat rechts. Voer een naar binnen gerichte verdedigingstechniek uit tegen de aanvaller met het mes die u op korte afstand bedreigt met een rechte steekbeweging.

Voer een naar binnen gerichte verdedigingstechniek uit tegen de aanvaller met het mes en zet de tegenaanval in, terwijl u diagonaal voorwaarts beweegt.

Terwijl u de acties van de andere aanvaller in de gaten houdt, dient u controle te krijgen over de eerste aanvaller (met het mes) en verder achter hem te gaan staan.

Eenmaal achter de aanvaller, geeft u hem een schop tegen zijn knieholte, waarbij u hem naar voren duwt. Het pad van de tweede aanvaller is nu geblokkeerd.

Als u de eerste aanvaller in de richting van de tweede duwt, vormt hij een obstakel. Het is onvermijdelijk dat het pad van de tweede aanvaller wordt geblokkeerd of op zijn minst zijn bewegingsvrijheid beperkt.

Deze tactische manoeuvre geeft u meer tijd om over te gaan tot de tegenaanval. Indien nodig, verdedigt u zich maar u kunt zich ook uit de gevarenzone begeven.

Twee aanvallers – eerst een korte actie tegen het mes – draaien van de aanvaller

Blokkeer de oriëntaalse (opwaartse) messteek die onverwacht door de eerste aanvaller wordt uitgevoerd. De aanvaller met de stok staat te dichtbij. U kunt achteruit springen of zijwaarts op hem afsnellen.

Omdat u de tweede aanvaller wenst aan te pakken, snelt u op hem af en voert u de relevante techniek uit: *verdediging tegen een horizontale zwaaibeweging van de zijkant.*

Het afronden van de defensieve fase (van de techniek tegen een horizontale zwaai met een stok).

De tegenaanval op de tweede aanvaller wordt uitgevoerd als u hem tussen u en de andere aanvaller heeft geplaatst om de aanvalslijn van de aanvaller met het mes te blokkeren. Te allen tijde dient u alert te zijn op de acties die door de andere aanvaller genomen kan worden.

Foto 2 van voren gezien: Stap snel op de tweede aanvaller toe.

Als u over onvoldoende tijd beschikt om de aanvaller met het mes, die u bij verrassing heeft aangevallen op korte afstand, te neutraliseren, dient u een gepaste verdedigingstechniek te kiezen en gelijktijdig de tegenaanval in te zetten. Direct daarna springt u snel op de tweede aanvaller af, waardoor hij u niet met zijn stok zal kunnen raken.

HOOFDSTUK 11

Basis van de verdedigingstechnieken

In dit hoofdstuk behandelen we diverse principes die ten grondslag liggen aan de verdedigende technieken. Deze principes zijn van toepassing op aanvallen met de hand (stompen of stekende bewegingen), aanvallen met voeten en benen of aanvallen waarbij gebruik wordt gemaakt van wapens. Het algemene doel van een verdedigende actie is **de aanval te verhinderen**, waardoor de aanvaller er niet in slaagt zijn doel te raken. Tevens moet een op juiste wijze uitgevoerde techniek worden aangewend, opdat de verdediger op effectieve en snelle wijze een tegenaanval kan inzetten of om de weg voor te bereiden zich uit de gevarenzone terug te trekken.

De verdedigingstechnieken vormen een belangrijk onderdeel van het KRAV MAGA systeem. Het betreft hier aanzienlijk meer dan een verzameling bruikbare technieken. Elk van deze technieken kan opgedeeld worden in onderdelen. Om de technieken te splitsen in basisonderdelen, zult u de basisprincipes hiervan moeten leren begrijpen. Deze basisprincipes, die in dit hoofdstuk worden behandeld, stellen u in staat de snelste, meest doeltreffende verdediging tegen een aanval uit te voeren. Door deze beginselen te beheersen, te gebruiken en toe te passen, bent u in staat **op de juiste wijze te reageren op het incident waarmee u wordt geconfronteerd en de situatie op effectieve wijze te controleren**. Sommige situaties zult u nooit tijdens de oefeningen zijn tegengekomen. Het oefenen van deze principes en daarmee diverse aanvalstechnieken, leert u op kritische wijze om te gaan met gevaar en stelt u in staat een gepast antwoord te vinden op de situatie. U bent dan beter voorbereid op situaties die zich in de praktijk kunnen voordoen.

Verdediging van het lichaam (ontwijken)

Het begrip **ontwijken** of **verdediging van het lichaam** betekent het bewegen van het doel, zodat de aanval, ongeacht of het een stomp, een schop of een aanval met een wapen betreft, geen kans van slagen heeft. De basistechnieken voor het ontwijken zijn als volgt:

Horizontale beweging van het lichaam

1 **Uitwijken, weglopen**: bij deze verdediging beweegt u zich buiten het bereik van de aanval. U maakt een beweging langs een denkbeeldige lijn tussen u en de aanvaller. U kunt zich met één of meerdere stappen terugtrekken of u kunt het lichaamsdeel dat wordt bedreigd naar achteren bewegen, bijvoorbeeld door uw bovenlichaam achterover te hellen waardoor uw hoofd en nek buiten het bereik van een stomp of messteek worden gebracht.

2 **Het verkleinen van de afstand door een stap voorwaarts**: bij deze actie verkleint u de afstand tussen u en de aanvaller, opdat wapens of ledematen (bijvoorbeeld een schoppend been of een stok waarmee horizontaal vanaf de zijkant wordt geslagen) hun doel niet zullen kunnen raken. In het ergste geval zult u dan met aanzienlijk minder kracht geraakt worden.

Onthoud: Deze verdediging is gewoonlijk **onvoldoende om een aanval te kunnen neutraliseren**. Als de verdediging van het lichaam echter op de juiste manier en met de juiste timing wordt uitgevoerd, zal de aanvaller over onvoldoende tijd beschikken om een grote afstand af te leggen. Deze beperking van zijn beweging maakt hem minder bedreigend. De meeste Krav Maga technieken die dit principe volgen, worden aangevuld met een defensieve techniek met de hand als integraal onderdeel van de verdediging.

3 **Zijwaartse beweging**: Hier beweegt u zich langs een denkbeeldige lijn in het verlengde van de lijn tussen u en de aanvaller. Deze verdediging wordt meestal vergezeld door een **draai met het lichaam** (dit wordt later uitgelegd). Als gevolg van deze beweging, zal een aanvaller die recht op u afkomt u **passeren** in plaats van u **te raken**.

Zelfs als de aanval met een draaiende beweging wordt uitgevoerd, kunt u zich, door gebruik te maken van de juiste ontwijktechniek, buiten bereik van de aanval bewegen en de kracht hiervan minimaliseren.

De onderstaande tekeningen tonen de verdediging door het lichaam naar de zijkant te bewegen (van boven gezien). De legenda is van toepassing op alle tekeningen in dit hoofdstuk.

Legenda

Tegen een rechte aanval

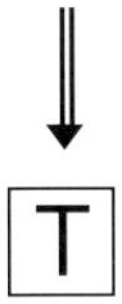

A Uitgangspositie

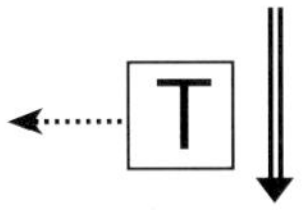

B Na de beweging (de aanvaller loopt het doel voorbij)

Tegen een zwaaiende aanval

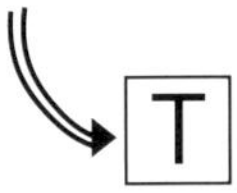

A Uitgangspositie

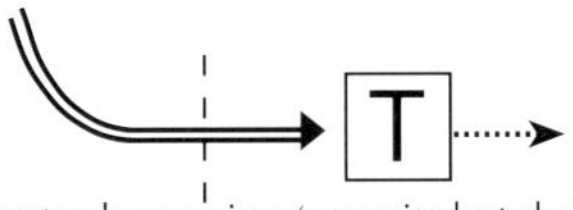

B Zijwaartse beweging (vermindert de kracht van de aanval)

Draai met het lichaam

Bij deze actie beweegt u zich langs een verticale as, te vergelijken met een deur op zijn scharnieren. Bij aanvallen met een rechte beweging, kunt u door uw draaipunt goed te kiezen, een effectieve verdediging van het lichaam uitvoeren en u buiten de lijn van de aanval begeven. Hoewel deze verdediging op zichzelf onvoldoende is om aanvallen vanaf de zijkant geheel teniet te doen, bereikt u wel dat de aanvaller een langere weg moet afleggen en de kracht van de aanval wordt gereduceerd.

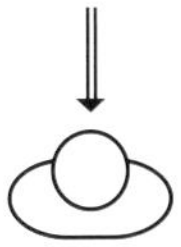

A Voor de draai

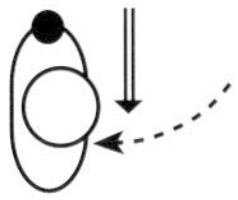

B Draai van het lichaam om te ontwijken

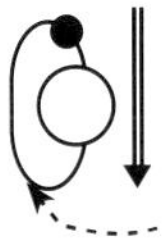

C Draai met het lichaam en stap naar voren

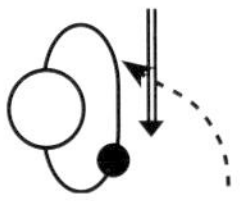

D Deze actie is **onjuist**

De KRAV MAGA verdedigingstechnieken worden meestal uitgevoerd met een draai van het lichaam, waarbij de verdediger diagonaal voorwaarts stapt. Dit is van toepassing op bijvoorbeeld een *bedreiging van voren, op afstand (hoofdstuk 4: Afweer van een bedreiging met een vuurwapen), steek, rechte steek – binnenwaartse verdediging van buiten; steek, oriëntaalse greep – diagonale verdediging met de onderarm (hoofdstuk 1: Verdediging tegen een aanval met een mes); verdediging met de hand tegen een schop*, en andere.

Verdediging door uw hoogte te veranderen

Bij deze actie 'verandert' u uw hoogte, waardoor de aanval bovenlangs of onder uw lichaam zal plaatsvinden. Een dergelijke verdediging voert u uit **door uw lichaam laag te houden**, door het bovenlichaam en de knieën te buigen of **het voorgenomen doel hoger te stellen**, bijvoorbeeld door uw been te heffen tegen een lage schop die op uw scheenbeen of knie is gericht, waardoor u deze rechtstreekse aanval neutraliseert.

Het combineren van meerdere principes in één techniek

Om de verdediging van het lichaam effectief te maken, kunt u meerdere vormen van ontwijktechniek samenvoegen, bijvoorbeeld zoals hieronder beschreven.

1 **Beweeg in 'alle' richtingen**, ontwijk bijvoorbeeld door een diagonale beweging voorwaarts of achterwaarts. Dit bereikt u door bewegingen naar de zijkant te combineren met een voorwaartse of achterwaartse beweging. We beschikken in principe over acht richtingen waarin we ons horizontaal kunnen bewegen (te vergelijken met een compasroos) en u bent niet beperkt tot de vier bewegingen die tot dusverre zijn beschreven (feitelijk beschikt u natuurlijk over een oneindig aantal richtingen waarin u zich kunt bewegen).

2 **Combinatie van beweging en een draai met het lichaam.** Bij vele KRAV MAGA technieken wordt de effectiviteit van uw ontwijktechniek verbeterd door een draai van het lichaam te combineren met een diagonale voorwaartse beweging. Deze technieken kunnen worden ingezet tegen een *bedreiging van voren, op afstand (afweer van een bedreiging met een vuurwapen); steek met een stok – binnenwaartse*

verdediging van buiten/binnen (hoofdstuk 3: Verdediging tegen een aanvaller met een stok); steek, oriëntaalse greep – diagonale verdediging met de onderarm (hoofdstuk 1: Verdediging tegen een aanval met een mes) en andere.

3 **Combinatie van een beweging in de juiste richting, met een aanpassing van uw hoogte**, bijvoorbeeld zoals *beschreven in steek, rechte greep – dwarse verdediging van het lichaam en schop (hoofdstuk 1: Verdediging tegen een aanval met een mes)*. U beweegt zich naar de zijkant en buigt uw lichaam naar beneden om u uit de lijn van de aanval te begeven.

Verdediging met handen en voeten

We bespreken nu de beginselen van hand- en beenbewegingen bij het uitvoeren van verdedigingstechnieken. Zoals eerder uiteengezet, combineert KRAV MAGA op systematische wijze de verdediging die met de diverse ledematen wordt uitgevoerd met een bijbehorende ontwijktechniek van het lichaam. Een uitzondering op deze regel is de plotselinge, reflexmatige verdediging zoals een **draaiende, buitenwaartse verdediging**, waarbij u uitsluitend tijd heeft om met een lichaamsdeel de aanval te blokkeren of af te weren. In een dergelijke situatie is het doorgaans moeilijker het lichaam op een effectievere manier te verdedigen en bijna onmogelijk om het hele lichaam te bewegen.

Bewegingen met de ledematen tijdens de verdediging

1 **Binnenwaartse verdediging**: bij deze acties beweegt u het verdedigende lichaamsdeel van buiten naar binnen, met uw lichaam als referentiekader, zie: *binnenwaartse verdediging (hoofdstuk 1: Verdediging tegen een aanval met een mes – mes met rechte greep)*.

2 **Buitenwaartse verdediging**: bij deze acties beweegt u het verdedigende lichaamsdeel van binnen naar buiten toe, met uw lichaam als referentiekader. Deze technieken

Een voorbeeld van een binnenwaartse verdediging.

Een voorbeeld van een buitenwaartse verdediging.

omvatten ook verdedigingstechnieken, waarbij het verdedigende lichaamsdeel vanuit het midden omhoog of omlaag wordt bewogen (zie *hoofdstuk 1: Verdediging tegen een aanval met een mes – mes met rechte greep*).

Richting van het raakpunt op de aanvallende arm

Hier bespreken we de richting en de hoek waarmee de aanvallende arm de verdedigende arm raakt en omgekeerd. Er zijn vier verschillende soorten en richtingen denkbaar.

1 **Verticaal**: De eerste mogelijkheid is een verticale klap van de verdedigende arm of voet tegen de aanvallende arm, dat wil zeggen: tegen een rechte steek met een mes of tegen een stomp. Als gevolg hiervan wordt de aanvalsrichting veranderd (zie foto A). Voorbeelden: *steek met een stok – binnenwaartse verdediging van buiten/binnen (hoofdstuk 3: Verdediging tegen een aanvaller met een stok)*. Op het moment dat u contact maakt, beweegt alleen de handpalm naar binnen (dit in tegenstelling tot de afschampende verdedigingstechniek), zie *rechte steek – binnen-/buitenwaartse verdediging, hoofdstuk 9: Stok contra stok.*

De tweede mogelijkheid is een verticale klap tegen het aanvallende lichaamsdeel door gebruik te maken van een draaiende beweging met het doel de aanval **te blokkeren en te neutraliseren**, zoals getoond op foto B, zie de volgende verdedigingen met de onderarm: *verrassingsaanval van voren – oriëntaalse greep (hoofdstuk 1: Verdediging tegen een aanval met een mes); bovenhandse klap – stekende verdediging binnenwaarts (hoofdstuk 3: Verdediging tegen een aanvaller met een stok)*.

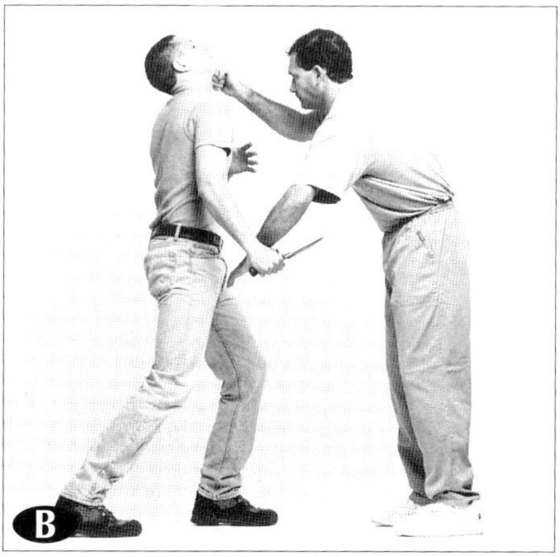

Als de verdediger niet over defensieve wapens beschikt, kan hij de kracht van de aanval verminderen door **de aanvallende arm** op afstand te houden. Deze actie is te vergelijken met de manier waarop een schokbreker werkt. De verdediger kan de hoek veranderen om meer kracht te zetten of een afschampende beweging maken tussen de aanvallende en de verdedigende armen.

Een meer gepaste verdediging tegen een dergelijke krachtige aanval die niet verticaal wordt uitgevoerd, is met een schuin geplaatste arm uit te voeren, zodat de aanvallende arm afglijdt.

A Verdediging die de lijn van de aanval verandert.
B Blokkerende verdediging: stopt de aanval onder een hoek van 90°.
C In het geval van een zeer krachtige aanval, zal het haaks stoppen hiervan niet altijd voldoen.

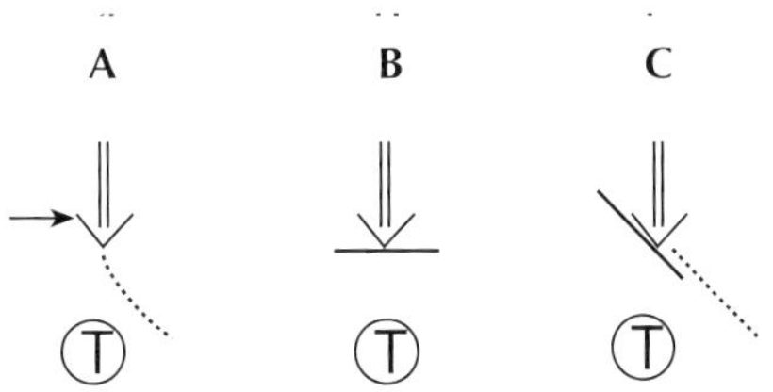

2 **Afglijden**: Dit doet zich voor wanneer de verdedigende arm de aanvallende arm afweert en zij elkaar onder een scherpe hoek raken.
Voorbeelden: *Bovenhandse klap – stekende verdediging naar binnen/buiten* (*hoofdstuk 3: Verdediging tegen een aanvaller met een stok*).
Bij de technieken *steek, rechte greep – binnenwaartse verdediging van buiten* (*hoofdstuk 1: Verdediging tegen een aanval met een mes*) en *binnenwaartse verdediging tegen een rechte stomp*, beweegt u uw onderarm diagonaal voorwaarts om langs de onderarm van de aanvaller te glijden en deze van het beoogde doel af te weren. Bij de tweede techniek wordt deze beweging voortgezet met een stomp in de richting van de aanvaller.

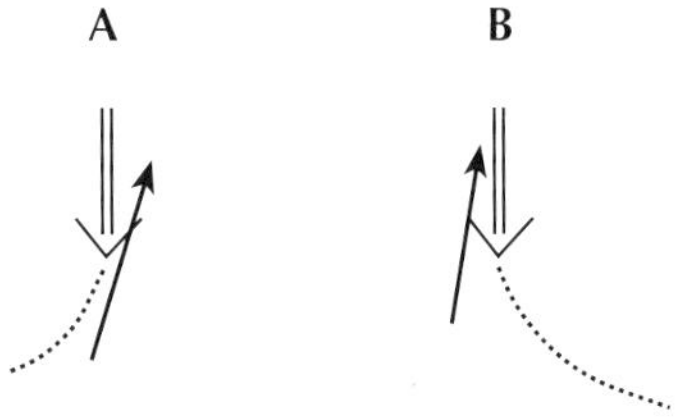

De richting van waaruit de aanvallende arm wordt opgevangen door de verdedigende arm.

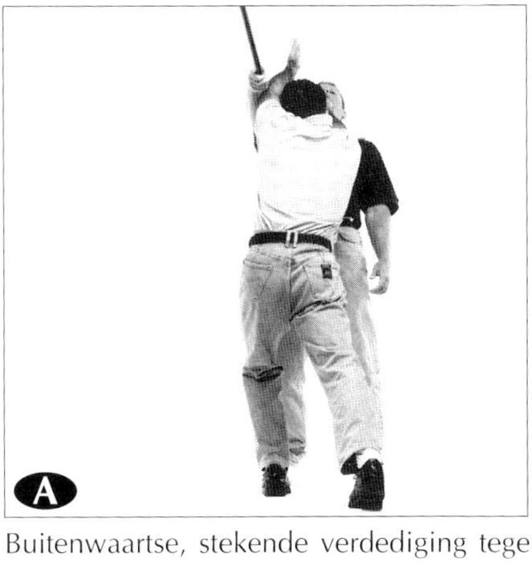

Buitenwaartse, stekende verdediging tegen een bovenhandse aanval met een stok.

Binnenwaartse, afglijdende verdediging tegen een rechte stomp, waarna een tegenaanval wordt ingezet.

3 **Aanvullende of 'vegende' verdedigingen**: Bij deze acties verandert u met uw verdedigende arm de richting van de aanvallende arm, terwijl u contact blijft houden. Hoewel deze techniek niet vaak bij KRAV MAGA wordt toegepast, kunnen we deze begrijpen zoals deze wordt beschreven in *bedreiging van voren, op afstand* (*hoofdstuk 4: Afweer van een bedreiging met een vuurwapen*) of *rechte steek – binnenwaartse verdediging*.

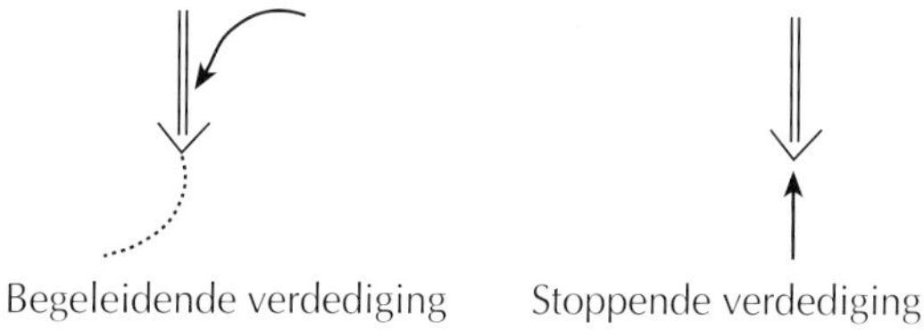

4 **Het stoppen van een aanval met een tegenaanval**: Val de aanvallende arm aan (of het lichaam) terwijl deze in beweging is, zie *verdediging tegen een rechte steek* (*hoofdstuk 8: Korte stok contra aanval met mes*). U kunt een tegenaanval uitvoeren op het lichaam van de aanvaller op het moment dat hij naar voren stapt en hij binnen uw bereik is. Voorbeeld: geef de aanvaller een schop tegen het lichaam als hij u tracht te steken (dit kan worden gebruikt tegen elk soort aanval met een mes).

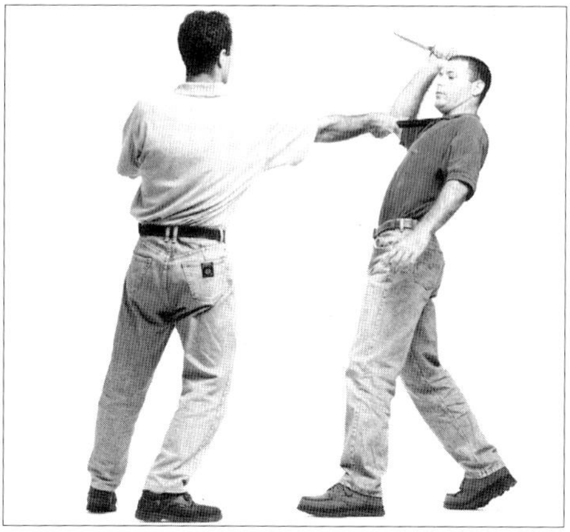

Combinatie van bewegingen met het lichaam en ledematen – analyse van diverse technieken

De meeste verdedigende KRAV MAGA technieken maken gebruik van een combinatie van een verdediging met het lichaam en actie van de ledematen. Hieronder worden diverse technieken geanalyseerd. **Binnen een enkele verdedigingstechniek mogen verschillende verdedigingsprincipes nooit in strijd met elkaar zijn.** Dit is een basisregel die ten grondslag ligt aan het KRAV MAGA systeem.

1 **Binnenwaartse verdediging tegen een rechte schop:** Terwijl u het bovenlichaam iets vooroverbuigt, brengt u uw hand naar voren om het schoppende been op te vangen en **af te weren** met een binnenwaartse verdediging. De verdediging van uw lichaam maakt deel uit van uw handbeweging en is opgebouwd uit twee handelingen: een **draai van het lichaam** en een **diagonale stap voorwaarts** om u uit de aanvalslijn te begeven. Hoewel hier niet de hele techniek wordt afgebeeld, is deze verdediging op dit uitgangspunt gebaseerd. Deze is ook in te zetten tegen een stekende aanval met een stok of bajonet.

2 **Steek, oriëntaalse greep – diagonale verdediging met de onderarm (hoofdstuk 1: Verdediging tegen een aanval met een mes):** Stap diagonaal voorwaarts terwijl u het lichaam draait, hetgeen de verdediging van uw lichaam versterkt. Met uw onderarm **stopt** u de aanvallende onderarm en **blokkeert** u deze. Uw elleboog bevindt zich onder die van de aanvaller om een lichte **naar buiten toe gerichte, afglijdende beweging** te veroorzaken. Hierdoor voorkomt u dat de aanvallende onderarm in de richting van uw lichaam glijdt.

3 **Bovenhandse slag – stekende verdediging naar binnen toe (hoofdstuk 3: Verdediging tegen een aanvaller met een stok):** Stap naar voren waardoor de afstand tot de aanvaller wordt verkleind en de stok niet langer effectief kan worden gebruikt. De onderarm van de aanvaller, of de stok zelf, **glijdt** langs uw onderarm en wordt nauwelijks uit de aanvalslijn gebracht.

Ook hier dient de aanval vervolgens uit de richting van de verdediger te worden gebracht om de verdediging af te ronden. Als gevolg van deze 'afglijdende' verdediging, is de kracht waarmee u op de onderarm wordt geraakt minimaal. Bij het uitvoeren van deze verdediging, dient u uw hoofd tussen de schouders in te trekken zodat u uit de lijn van de aanval komt.

4 **Bedreiging vanachteren op korte afstand (hoofdstuk 4: Afweer van een bedreiging met een vuurwapen):** door **met één arm** een zijwaartse beweging te maken, kunt u op eenvoudige wijze het wapen of de hand waarmee deze wordt vastgehouden **afweren**. Deze actie wordt gelijktijdig met een **draai van het lichaam** uitgevoerd, waardoor u uit de vuurlinie komt. Vervolgens **stapt u snel** op de aanvaller af. De bedoeling hiervan is om u achter het wapen te brengen en zo ver mogelijk uit de vuurlinie te komen. Door de onderarm van de hand waarmee het wapen wordt vastgehouden beet te pakken, voorkomt u dat het wapen kan worden ingezet.

HOOFDSTUK 12

Het omgaan met een gewelddadig incident: evaluatie, reactie en training

Omgaan met het incident

In dit hoofdstuk verklaren we, aan de hand van een diagram, hetgeen zich voordoet in geest en lichaam vanaf het moment dat iemand zich ervan bewust wordt dat er zich een incident voordoet tot het moment dat besloten wordt actie tegen deze situatie te ondernemen.

Vanaf het moment dat u via één van uw zintuigen doorkrijgt dat iets zich zal gaan voordoen, waardoor uw welzijn of dat van anderen wordt bedreigd, wordt een aaneenschakeling van reacties opgeroepen. Als eerste moet u zich bewust zijn van het gevaar dat u loopt als gevolg van het incident. Vervolgens kunt u dit gevaar definiëren, er een geschikte actie tegen kiezen, deze actie uitvoeren en als laatste overgaan om de hierdoor ontstane nieuwe situatie te beoordelen.

Op de volgende pagina treft u een diagram aan waarin de reacties worden aangegeven als u wordt aangevallen:

Gedetailleerde verklaring van de reacties die in het diagram worden vermeldt:

1 **Het bewust worden van het voorval** via de zintuigen: soms ziet u de aanval aankomen (bijvoorbeeld een stomp of schop). U kunt een geluid of een waarschuwingskreet opvangen maar u kunt ook voelen dat u wordt vastgepakt.

2 **Het doorseinen van de gegevens naar de hersenen** door de zenuwen: u ziet iets met het oog dat de informatie doorseint naar de hersenen, u voelt dat u wordt aangeraakt waardoor u zich een beeld kunt vormen van hetgeen gebeurt, enz.

3a Hierna volgt een proces dat voornamelijk bestaat uit het **selecteren en herkennen van de bovengenoemde doorgeseinde informatie** vanuit zintuiglijke waarnemingen. Gebaseerd op uw ervaring en kennis, 'herkent' u het voorval, wordt dit vertaald als een dreigend gevaar, waarna een waarschuwingssignaal wordt afgegeven.

3b Als gevolg van het bovenstaande **wordt een beslissing genomen** om te handelen naar de situatie die volgens uw observatie is ontstaan. Bij fases 3a en 3b zijn vele hersenfuncties actief bij de besluitvorming.

4 Om de **reactie te coördineren**, wordt een boodschap op elektrochemische wijze, via het zenuwstelsel, overgebracht van de hersenen naar de spieren.

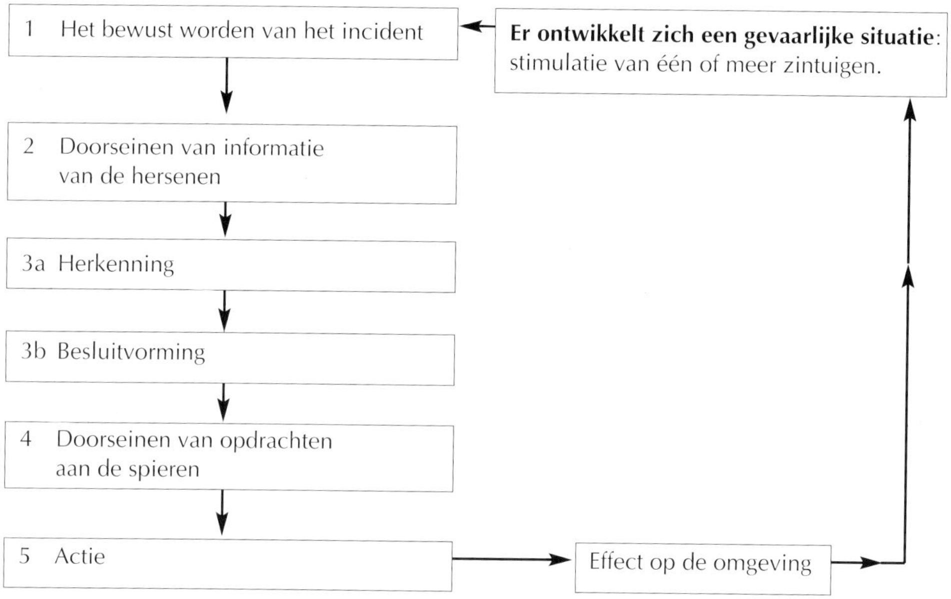

5 **Uw spieren trekken samen** om de actie uit te voeren zoals die door de hersenen wordt aangestuurd.

De derde fase (3a en 3b) die in de hersenen plaatsvindt, is het meest complexe en meest problematische onderdeel van het proces. In het diagram wordt deze fase opgedeeld in slechts twee onderdelen, maar in werkelijkheid voeren de hersenen een veel groter aantal stappen uit waarvan sommige gelijktijdig plaatsvinden. Van alle genoemde stappen is dit het onderdeel dat zich het meest leent om verfijnt en aangepast te worden, terwijl de andere, veelal een resultaat van persoonlijke structuur en erfelijkheid, nauwelijks te verbeteren blijken!

Door geestelijke en lichamelijke oefening en zorgvuldig samengestelde trainingsmethodes kunnen wij onze technische en geestelijke vaardigheid om incidenten met een gewelddadig of gevaarlijk karakter te herkennen en hier zorgvuldig mee om te gaan door onze reactietijd te verkorten. Het uiteindelijke doel is deze trainingsmethodes niet alleen te gebruiken om onze reactietijd te verkorten, maar ook om onze vaardigheden te ontwikkelen **waardoor u op de juiste tijd de juiste beslissingen neemt en de juiste handelingen uitvoert**.

De reactietijd is de tijdsduur die ligt tussen een onverwachte impuls (zoals een stomp of een schop) en het moment waarop u hierop reageert. De reactietijd geeft aan met welke snelheid de hersenen informatie verwerken en met welke snelheid signalen door het lichaam worden verwerkt. We kunnen trainingsmethodes gebruiken om **de impulsen sneller te herkennen** (aanval), **besluiten hoe we moeten reageren** en het lichaam voorbereiden om zonder twijfel **de juiste fysieke handelingen** te verrichten.

Evaluatie

Als u te maken heeft met een **verrassingsaanval**, zult u intuïtief en reflexmatig reageren. U zult bijzonder snel kunnen putten uit de vaardigheden die u heeft opgedaan tijdens de Krav Maga trainingen. Omdat beslissingen, die in een dergelijke situatie genomen moeten worden, gewoonlijk plaatsvinden in het **onderbewustzijn**, is het moeilijker om uw acties en de controle hiervan bewust uit te voeren. Een groot deel van uw training dient derhalve gewijd te zijn aan **het u eigen maken van specifieke patronen van beweging en gedrag** waardoor u in staat wordt gesteld op intuïtieve, reflexmatige wijze en zonder twijfel een verrassingsaanval af te kunnen weren.

Als de aanval u daarentegen niet verrast en u over voldoende tijd beschikt om bewust een plan te trekken en te kiezen uit meerdere technieken, is het aan te bevelen één van de onderstaande voorbeelden te gebruiken:

- **Vind een manier om buiten de gevarenzone te blijven**. In de meeste gevallen geniet het de voorkeur een confrontatie uit de weg te gaan of u uit de gevarenzone te begeven waar zich een gewelddadig treffen kan voordoen.

- **Verlaat de gevarenzone**. Als u al betrokken geraakt bent bij een gewelddadige confrontatie, zoekt u een manier om u op gecontroleerde wijze uit de gevarenzone terug te trekken **voordat u letsel kan worden toegebracht**. Een vrije vertaling van een tekst in het Oude Testament luidt: ... *voordat het tot een handgemeen komt, verlaat u het strijdperk*. Wanneer u zich terugtrekt, dient u dat zodanig te doen dat u geen letsel oploopt.

  Zelfs als u in een handgemeen bent verwikkeld is het, als u zich in levensgevaar bevindt, aan te bevelen zo snel mogelijk de gevarenzone te verlaten, **vooropgesteld dat dit op een veilige manier kan plaatsvinden**. Uw ego of de drang als held gezien te worden mogen nooit sterker zijn dan uw instinct tot lijfsbehoud. Het is geen schande u terug te trekken en vaak is het zelfs de beste optie.

  Opmerking: U dient zich bewust te zijn van het feit dat het letsel dat u kunt oplopen tijdens de terugtrekking of direct daarna, mogelijk **ernstiger kan zijn dan het letsel dat u bij een handgemeen kunt oplopen** (bijvoorbeeld het vallen van een hoge plek, aangereden worden door een auto, een omstander alleen laten die op heftiger wijze zal worden aangevallen omdat u de gevarenzone heeft verlaten, enz.). U dient uw actie hierop aan te passen!

- **Het gebruik van alledaagse voorwerpen die in de omgeving te vinden zijn**: als u niet in staat bent of van zins bent de confrontatie uit de weg te gaan, kunt u een voorwerp uit de omgeving of iets dat u bij u draagt, als geïmproviseerd wapen inzetten (zie *hoofdstuk 7: Alledaagse voorwerpen als verdedigingswapen*).

- **Het gebruik van uw lichaam als wapen**: als u geen voorwerp kunt gebruiken waarmee uw kansen op de overwinning wordt vergroot of als u over onvoldoende tijd beschikt om een dergelijk voorwerp op te pakken, beschikt u uitsluitend over uw lichaam (en natuurlijk ook uw hoofd) om de verdediging en tegenaanval in te zetten. Dit sluit aan bij de basisprincipes van KRAV MAGA en de meeste, in dit boek beschreven, technieken, behorend tot deze categorie.

Fysieke en mentale reacties onder stress

Als u te maken krijgt met een **angstaanjagende situatie**, zult u waarschijnlijk overmand worden door angst, woede en een aantal andere gevoelens (inclusief de processen zoals omschreven in 3a en 3b) die van directe invloed kunnen zijn op de handelingen die u zult gaan verrichten.

Als u bang bent zult u uw aandacht **op uzelf richten** waardoor uw geestelijke en fysieke mogelijkheden zullen afnemen: uw spieren trekken zich onnodig samen, uw beeld van de omgeving is gekleurd, uw besluitvorming wordt beïnvloed en de besluiten díe u neemt, kunnen fout zijn of op de verkeerde manier worden uitgevoerd. Het doel van de hier besproken trainingsmethodes is om u om te leren gaan met dergelijke negatieve gevoelens en het effect dat deze op u kunnen hebben.

Als u voelt dat u zich in een gevaarlijke situatie bevindt, krijgt u te maken met vele emotionele gevoelens, waardoor u in uw handelswijze wordt beperkt. Het autonome zenuwstelsel (dat u niet kunt sturen) maakt diverse stoffen aan (zoals adrenaline) waardoor u op een ander niveau functioneert dan dat u gewend bent. We dienen te oefenen zodat we **dit verschijnsel kunnen herkennen** en ook het effect leren kennen dat dit heeft op ons gedrag in extreme situaties. Als we oefenen onder realistische omstandigheden, zullen onze geest en lichaam gewend raken aan de stress en leren we in een dergelijke situatie effectief te functioneren.

Als we door een fysieke bedreiging in nood verkeren, zal meestal op één van de onderstaande manieren worden gereageerd:

Vluchten: het verlaten van de gevarenzone.

Stilstaan: een blokkade van de beweeglijkheid (of een drastische vertraging ervan). De bedreigde persoon blijft als een standbeeld staan en is niet in staat zich te bewegen.

Vechten: het uitvoeren van gevechtstechnieken, verdedigingstechnieken en een tegenaanval totdat het doel bereikt is, bijvoorbeeld het uitschakelen van de aanvaller.

Het is van belang de onderstaande voorbeelden te oefenen, de vaardigheid te ontwikkelen en binnen elk scenario op de juiste manier te reageren: (1) het vooraf herkennen van potentieel gevaar en een terughoudendheid betrachten om de confrontatie te voorkomen. (2) als u betrokken bent geraakt bij een gewelddadige confrontatie, zoekt u de beste en meest effectieve manier om op een gecontroleerde en doordachte manier de gevarenzone te verlaten **zonder het risico op letsel uit het oog te verliezen**. (3) als u vecht voor uw leven (of voor het leven van een ander) zet u de vaardigheden in die u zich eigen heeft gemaakt bij het oefenen van verdedigingstechnieken en tegenaanvallen. (4) als u op een gegeven moment **verstard bent van angst** dient u te leren dit zo snel mogelijk te doorbreken zodat u over alle mogelijke opties kunt beschikken. Dit bereikt u door veel te oefenen.

Trainingsmethodes om uw vaardigheid te verbeteren

Nu we de processen, die zich in uw geest en lichaam voordoen, uiteengezet hebben, gaan we over op het bespreken van de trainingsmethodes die bijdragen aan een verbetering van uw mogelijkheden om snel en efficiënt te handelen als de situatie dat vereist. Bij sommige methodes leggen we de nadruk op **herkenning**, bij andere methodes concentreren we ons op de **besluitvorming** en in bepaalde trainingsmethodes belichten we andere specifieke onderdelen van het proces of het proces als geheel.

In navolging van de theorie die in het diagram, aan het begin van dit hoofdstuk, is weergegeven, volgt hieronder de basisstructuur van de diverse trainingsmethodes. Eerst presenteren we de methodes waarmee u observatie, herkenning en identificatie van de aanval leren beheersen. Om dit te bereiken, moeten de hieronder vermelde stappen in acht worden genomen.

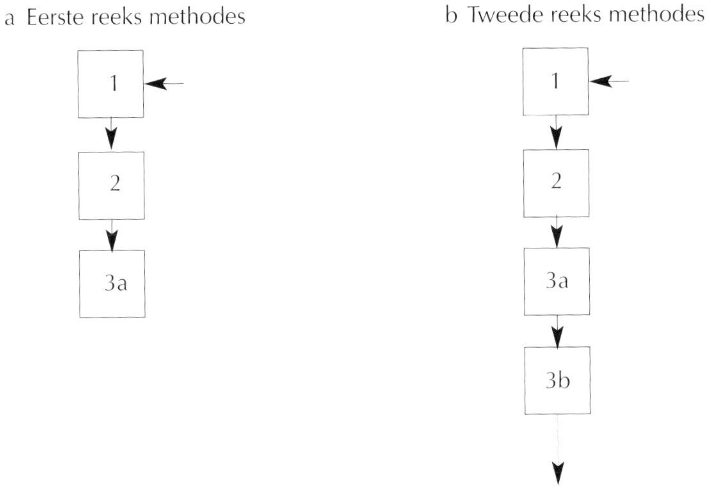

Door gebruik te maken van de **eerste reeks methodes**, blijft u staan en observeert u de aard van de aanval die tegen u is gericht. Op deze manier leert u bepaalde patronen en bewegingen te herkennen en later uw geest en lichaam te trainen in de handelingen die hier tegen ondernomen moeten worden. Bij de **tweede reeks methodes** zult u zich bewust worden van de door u te ondernemen actie en tegenaanvallen, maar ook leren welke beslissingen u moet nemen om de aanvaller uit te schakelen. Bij het beoefenen van deze trainingsmethodes is het belangrijk dat u kalm blijft, terwijl u de potentiële aanval van uw trainingspartner observeert zonder dat u actie onderneemt (zie volgende paragraaf: *observatie – het aanschouwen van een reeks aanvallen*).

Als we de eerste en tweede stap uit het diagram weglaten, krijgen we een reeks oefeningen die uitgebreid in het volgende hoofdstuk worden besproken: *aanvullende trainingsmethodes; hoe dit boek te gebruiken*. We refereren hier aan **geestelijke training**, waarbij het hoofdbestanddeel uw **verbeelding** is. Bij deze technieken handelt de leerling alleen met zijn verstand of ook met zijn fysieke bewegingen. Diverse combinaties van deze stappen zijn als volgt in te delen:

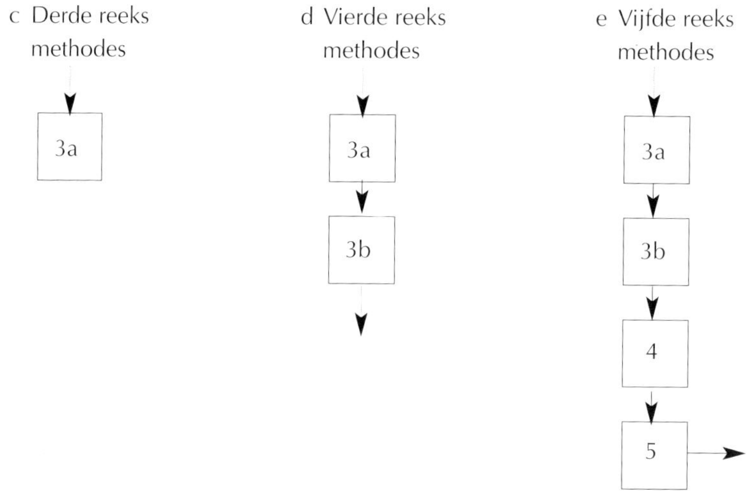

Bij deze trainingsmethodes wordt u gestimuleerd door **de beelden die u oproept**. Bij de derde reeks methodes (c) oefent u de hersenen door een actie te 'zien', waarna u overgaat op de herkenningsprocedure. Bij de vierde reeks (d) rondt u de herkenningsprocedure af, besluit u welke actie u behoort te ondernemen en voert u deze actie(s) in uw verbeelding uit.

De tegenactie die u heeft gekozen kan met of zonder hulpmiddelen, zoals een stropop of iets dergelijks, worden uitgevoerd. Een trainingsmethode binnen de vijfde reeks (e) kan bijvoorbeeld worden uitgevoerd als een denkbeeldig gevecht tegen meerdere aanvallers.

In het diagram zijn de tweede, derde, vierde en vijfde reeks methodes voorzien van een gestippeld pijltje. Ze zijn gestippeld om aan te geven dat wanneer u een lichamelijk actie denkbeeldig oproept, u waarschijnlijk de zintuigen kunt activeren en in zekere mate ook de spieren. Bij de vijfde reeks kunt u de actie uitvoeren zonder of met hulpmiddelen. Deze reeks wordt derhalve voorzien van een ongestippelde pijl.

Er is een groot aantal trainingsmethodes die alle reeksen (1 t/m 5) omvatten. Sommige zijn gebaseerd op **zintuiglijke waarnemingen**: zien, horen, voelen, terwijl andere u in staat stellen **snelle beslissingen te nemen**, snelle of exacte bewegingen uit te voeren en zelfs onder meer stress effectief te kunnen functioneren.

Observatie – het aanschouwen van een reeks aanvallen

Deze activiteit begint bijvoorbeeld met de waarnemer in een passieve houding. De aanvaller neemt zijn uitgangspositie aan.

Het begin van een reeks aanvallen: op lange afstand, zoals een rechte schop in het kruis.

Dit is een voorbeeld van de trainingsmethode waarbij u specifieke bewegingen leert herkennen en hoe de aanval kan gaan plaatsvinden. De waarnemer ondergaat een reeks aanvallen en observeert de bewegingen die hiermee gepaard gaan. Omdat u als waarnemer geen verdedigingstechniek hoeft uit te voeren, kunt u uw kalmte bewaren waardoor u beter in staat wordt gesteld de bewegingen van de aanvaller te herkennen. Dit is de eerste fase die de verdediger moet doorlopen om een aanval te leren herkennen en later daar op effectieve wijze op te reageren.

In de trainings- en oefenfase fungeert u soms ook als aanvaller. **Als aanvaller** gebruikt u diverse technieken in verschillende combinaties, waarbij u zich richt op kwetsbare lichaamsdelen van uw tegenstander.

Training op middellange afstand, waarbij de aanvaller u met een rechte stomp nadert in de richting van uw kin. Als waarnemer kunt u de arm van de aanvaller en de richting volgen waarin deze bewogen wordt. U dient uw aandacht niet geheel te wijden aan dit specifieke onderdeel van de aanval, maar het geheel te overzien.

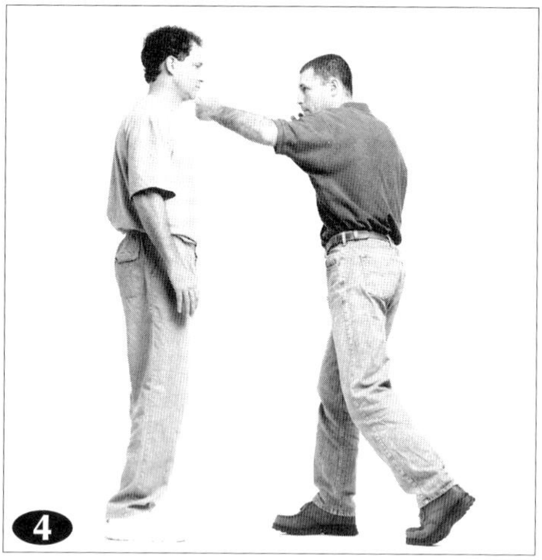

De aanvaller blijft op u afkomen; de afstand tussen u beiden wordt kleiner als hij een zwaaiende stomp wil geven.

De aanvaller komt dichter op u af, bijvoorbeeld door diagonaal voorwaarts te stappen en geeft u een horizontale elleboogstoot.

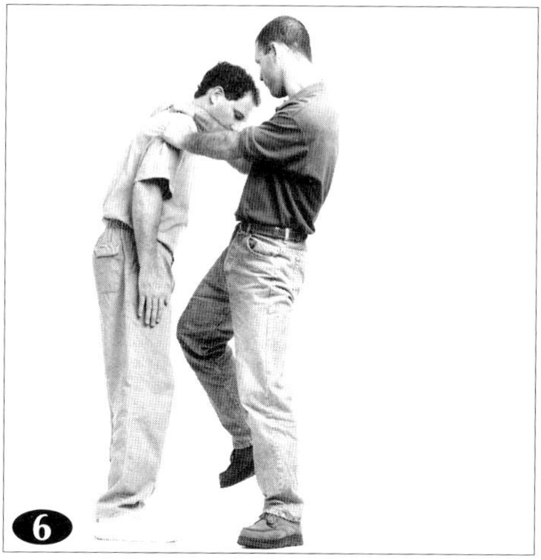

De aanval wordt afgerond met een kniestoot in uw kruis.

In de rol van de aanvaller kunt u zachtjes kwetsbare lichaamsdelen raken **als deze voldoende zijn afgeschermd**. De bewegingen van de aanvaller verraden dat hij daadwerkelijk tot een aanval over zal gaan. Deze oefening vereist enige agressie.

Degenen die Krav Maga beoefenen gebruiken deze basistechniek om de juiste aanval op het juiste moment vanaf de juiste afstand en hoek uit te voeren, waardoor zij hun mannetje staan in een gevechtssituatie. Bij de training dient de aanvaller u vanuit diverse posities en hoeken te benaderen.

Verandering van handeling tijdens de eerste reactie

Als verdediger zult u door middel van het doorzien van bepaalde bewegingen, de acties zoals beschreven in de reeksen 1 t/m 5 gebruiken om op de juiste manier te reageren. We kunnen er echter ook vanuit gaan dat een **andere beweging** door uw hersenen wordt geregistreerd. Een verandering van uw handelwijze kan alleen worden uitgevoerd als u zich openstelt voor een dergelijke beweging en zich kunt aanpassen zonder te reageren op de eerste beweging.

Een andere voorwaarde om tijdens een handgemeen van actie te veranderen, is dat nummer 5 nog niet is afgerond. Als dat het geval zou zijn, is dit aanzienlijk moeilijker te verwezenlijken, al kunt u de aanvankelijke actie nog steeds tot op zekere hoogte ontzenuwen. Als u zich **openstelt** voor nieuwe impulsen en niet blijft vasthouden aan de oorspronkelijke observatie, zult u makkelijker uw voorgenomen actie kunnen aanpassen aan de gewijzigde situatie.

Het gevaar in zijn geheel neutraliseren

Als er een aanval plaatsvindt, of zich er een bedreiging voordoet, dient u **alle noodzakelijke acties te ondernemen om deze teniet te doen en te voorkomen dat u letsel oploopt**. Deze basisregel houdt in dat alle aspecten van het gevaar bezien moeten worden in de volgorde die wordt bepaald door de aard van de bewegingen. Afhankelijk van uw timing en paraatheid, gaat u als volgt te werk:

a **Eerste fase**: Voorkom dat de aanvaller zijn doel kan bereiken, zorg er bijvoorbeeld voor dat u niet geraakt wordt door een stomp, dat uw keel niet wordt dichtgeknepen door een houdgreep, dat de kogel zijn doel mist, dat de zwaai van de stok of een messteek wordt afgeweerd, enz.

b **Tweede fase**: Voorkom dat de aanvaller een aanvullende, vergelijkbare aanval of een geheel andere aanval kan inzetten, door hem uit te schakelen. In het geval dat u **met een wapen wordt bedreigd**, is het soms noodzakelijk controle over het wapen te krijgen en de aanvaller gelijktijdig of zo snel mogelijk uit te schakelen. Als u dat heeft gedaan, is het nodig om te kijken of er **andere aanvallers** in de buurt zijn die u tot op dat ogenblik nog niet had gesignaleerd.

c **Derde fase**: Het afronden van de actie, dat wil zeggen: het creëren van een situatie waarin de aanvaller zijn aanval niet langer kan of wil voortzetten. Als een wapen werd gebruikt, behoort het **ontwapenen van de aanvaller** tot de afrondende fase.

Het vaststellen van prioriteiten, als het gaat om meerdere aanvallers, wordt uitgebreid beschreven in *hoofdstuk 10: Verdediging tegen twee gewapende aanvallers.*

Als het mogelijk is en u ervoor kiest **de gevarenzone snel te verlaten**, waardoor de voorgenomen aanval uitblijft, wordt het incident al in de eerste fase afgesloten. Het terugtrekken kan ook worden uitgevoerd na een **verdedigende actie**, bijvoorbeeld het blokkeren van de stekende arm van de aanvaller nadat u één of twee keer de tegenaanval heeft ingezet.

Gewoonlijk streven we ernaar **de tegenaanval in te zetten** als onderdeel van de eerste fase. Op andere momenten zal deze actie worden voorafgegaan door maatregelen die tot doel hebben te voorkomen dat de aanvaller gebruik kan maken van zijn lichaam of wapen. Als er een **wapen** bij betrokken is, bestaat de tweede fase uit twee onderdelen: het aanpakken van de aanvaller en het gebruik van zijn wapen verhinderen. Dit hangt af van het soort wapen en de manier waarop u wordt aangevallen.

Opmerking: De diverse fases om het gevaar te neutraliseren, worden soms gelijktijdig uitgevoerd.

We halen twee voorbeelden aan uit *hoofdstuk 1: Verdediging tegen een aanval met een mes.* Met deze voorbeelden kunnen we de toegepaste zelfverdedigingstechnieken beschouwen en analyseren, evenals de grondbeginselen, waarmee het gevaar wordt afgewend.

1 **Verdediging met de onderarm tegen een neerwaartse messteek – rechte greep en tegenaanval**: in dit geval wordt de verdediging samen met een tegenaanval uitgevoerd. Dit gebeurt gelijktijdig of direct na elkaar. Als eerste dient u de aanval tegen te gaan. De tweede stap (samen met de eerste uitvoeren) is de tegenaanval. Zo snel mogelijk voegen we hier een handbeweging aan toe, die erop is gericht de beweging van de stekende hand tegen te gaan en te voorkomen dat de aanvaller zijn mes nogmaals kan gebruiken. De derde stap is het incident tot een eind te brengen door middel van aanvullende tegenaanvallen en, indien nodig, de aanvaller te ontwapenen.

2 **Technieken, gebaseerd op de aanval**, waarmee u de aanvaller, voordat hij tot actie overgaat, kunt uitschakelen (zie voorbeeld: *steek, rechte greep – schop in het kruis* of *steek, oriëntaalse greep – schop tegen de kin*). Bij beide technieken voert u een snelle, krachtige aanval uit die de aanvaller tegenhoudt voordat hij zijn mes op effectieve wijze kan inzetten. Bij deze technieken gebruiken we de eerste twee fases: het voorkomen van de aanval en het uitschakelen van de aanvaller. Dit wordt in een enkele beweging uitgevoerd. De laatste fase van het incident wordt bepaald door het resultaat die de genoemde acties hebben opgeleverd.

HOOFDSTUK 13

Aanvullende trainingsmethodes; hoe dit boek te gebruiken

Basisprincipes van Krav Maga training

In het inleidende hoofdstuk *Wat is KRAV MAGA?* hebben we de basisprincipes van het systeem uiteengezet. In dit hoofdstuk behandelen we de specifieke beginselen die betrekking hebben op training en oefening om de beste resultaten te kunnen bereiken als beoefenaar van een zelfverdedigingstechniek.

Actie vanuit een nadelige positie

Bij KRAV MAGA worden de zelfverdedigingstechnieken toegepast als u, ten opzichte van de aanvaller, een **ongunstige** positie inneemt, bijvoorbeeld als u zich moet vrijmaken uit een houdgreep, waarbij de verdediger zijn acties moet beginnen vanuit een positie waarbij hij stevig wordt vastgehouden, een situatie die mogelijk gevaarlijk is voor de verdediger. Als u zich verdedigt tegen een specifieke aanval, moet u ervan uitgaan dat de aanval al in volle gang is, tegen u gericht is en uw veiligheid ernstig bedreigt.

In de praktijk is het soms mogelijk eerder te reageren als u de mogelijke aanval ziet aankomen of de aanval in een vroeg stadium kan neutraliseren. Omdat dit niet altijd het geval is, behandelen we in dit boek technieken die kunnen worden ingezet om de aanval af te weren en de aanvaller uit te schakelen.

De verdedigingstechniek dient **effectief te zijn, in een vloeiende beweging te worden uitgevoerd en snel te worden afgerond**. Zodra u tot de verdediging overgaat, dient u derhalve zo snel mogelijk de tegenaanval in te zetten of de gevarenzone te verlaten. Onthoud dat een verdediging met succes kan worden uitgevoerd tegen een specifieke aanval (waardoor u geen direct gevaar meer loopt), maar dat de verdediging u op zichzelf niet altijd geheel buiten gevaar stelt.

Binnen KRAV MAGA leggen we derhalve een grote nadruk op het uitvoeren van een **effectieve en agressieve tegenaanval** of een **beheerste terugtrekking** uit de gevarenzone. Deze acties dienen gelijktijdig met of direct na de verdediging te worden uitgevoerd. De combinatie van verdediging en tegenaanval draagt bij tot het **volledig wegnemen van de bedreiging**.
Het principe de tegenaanval gelijktijdig met de verdediging uit te voeren, vormt een essentieel onderdeel van de meeste KRAV MAGA technieken.

Een ander principe dat met veel KRAV MAGA technieken in verband wordt gebracht, is het **voorkomen dat de aanvaller zijn wapen** (nogmaals) **kan gebruiken** of hier ongehinderd mee om kan gaan. We streven er ook naar de bewegingen van een **ongewapende**

aanvaller tegen te gaan, hem ervan te weerhouden stompen te geven of te schoppen en te voorkomen dat hij een voorwerp uit de omgeving als wapen kan inzetten.

Oefenen met een partner

Tot de KRAV MAGA oefeningen behoren de volgende onderdelen: het oefenen van stompen en schoppen op een zandzak (of andere doelen); het oefenen van technieken zonder partner; geestelijke training om de mentale vaardigheden te ontwikkelen; enz. Het belangrijkste onderdeel van de training is dat **uw partner hevige weerstand biedt** en dat u een zo realistisch mogelijke situatie creëert.

In de beginfase is het aan te bevelen om de oefeningen met een partner **langzaam** uit te voeren. Hierdoor kan men een beter begrip krijgen van de oefeningen, de technieken, de basisprincipes van het systeem en de diverse onderdelen die zich bij een confrontatie kunnen voordoen.

De oefeningen dienen **een incident zo realistisch mogelijk na te bootsen**. Het moet echter voorkomen worden dat men elkaar te hard raakt; het spreekt voor zich dat men de oefensessie niet dusdanig gewond verlaat dat men niet of minder goed kan reageren op een echte aanval.

Opmerking: Onvoorzichtigheid tijdens de training heeft een negatieve invloed op het moreel en op uw motivatie, beide van essentieel belang tijdens een werkelijke confrontatie. Daarentegen kan het **op onvoorzichtige wijze trainen ernstig letsel tot gevolg hebben**! Degenen die zich bekwamen in KRAV MAGA dienen *hoofdstuk 14: Veiligheid tijdens de training* zorgvuldig door te lezen en de aanwijzingen op te volgen.

Oefeningen met varianten

Als we ons bezighouden met verdedigingstechnieken, aanvalstechnieken en tegenaanvallen, dienen we deze aanvankelijk als vaste technieken te zien. Nadat de leerling de basisregels van de verdediging en de daarbij behorende grondbeginselen beheerst, kan hij een hoger niveau ontwikkelen door enkele kleine variaties op de basistechniek aan te brengen.

Trainingssessies worden uitgevoerd, waarbij u zich in een denkbeeldige cirkel bevindt, opdat de aanval vanuit elke richting, elke hoogte en vanuit diverse posities kan plaatsvinden.

U begint derhalve een reguliere verdedigingstechniek uit te voeren tegen een aanval die wordt gevolgd door de bijbehorende tegenaanval. Vervolgens voert u een verdedigingstechniek uit tegen dezelfde of vergelijkbare aanval die onder een andere hoek en/of een andere hoogte wordt uitgevoerd. Tenslotte oefent u de verdedigingstechniek tegen dezelfde of een vergelijkbare aanval, maar in dit geval in een situatie waarbij uw bewegingsvrijheid wordt beperkt (bijvoorbeeld als u tegen een muur staat, aan een bureau zit, op de grond ligt, enz.). Alle verdedigingstechnieken worden uitgevoerd tegen aanvallen uit meerdere hoeken, waarbij u ernaar streeft de verdediging zo snel mogelijk op te volgen door een tegenaanval.

Omdat geen twee mensen op exact dezelfde manier reageren (en één persoon op verschillende manieren kan reageren op een vergelijkbare situatie), is het aan te bevelen **vaak de oefenpartner te wisselen**, bij voorkeur met personen met een andere lichaamsbouw. Voorkom dat u een vaste oefenpartner krijgt. Het slotstuk van deze trainingsmethode is de verdediging tegen **twee of meer aanvallers**.

Van techniek naar theorie en weer terug naar techniek

De theorie die in dit boek wordt beschreven, omvat een groot aantal technieken: sommige worden precies omschreven en andere in mindere mate. Zodra u in staat bent de grondbeginselen van een specifieke techniek te doorgronden, zult u uw begrip van deze grondbeginselen verbeteren maar u ook bewust worden van andere technieken die op dezelfde of vergelijkbare grondbeginselen zijn gebaseerd.

Bij het uitvoeren van een specifieke techniek dient u de grondbeginselen hiervan altijd te kennen. Hierdoor wordt u in staat gesteld meerdere technieken te kunnen uitvoeren. Dit draagt natuurlijk bij tot verbetering van uw vaardigheden. Dit is een essentiële voorwaarde om **te kunnen variëren als u geconfronteerd wordt met verschillende aanvallen**. Bij dergelijke aanvallen dient u uw basistechniek aan te passen aan de situatie. De mogelijkheid om variaties aan te brengen op de basistechnieken, stelt u in staat levensechte situaties te oefenen, die altijd afwijken van die welke zich voordoen tijdens een oefensessie.

Dit is hét grote voordeel van een allesomvattend trainingssysteem: de mogelijkheid om uw besluitvorming aan te passen, snel te reageren op afwijkende situaties en te kunnen omgaan met varianten van 'reguliere' situaties.

Grondbeginselen van de training

Eerste dient u dit boek nauwgezet door te lezen en u de beginselen van het systeem eigen te maken. Nogmaals benadrukken we het belang van *hoofdstuk 14: Veiligheid tijdens de training* aandachtig door te lezen **voordat u aan de training begint**. De oefeningen dienen natuurlijk uitsluitend te worden gedaan onder toezicht van een erkende KRAV MAGA instructeur.

Ook is het bijzonder belangrijk om alle technische verklaringen bij het fotomateriaal, alle oefeningen en elk hoofdstuk **goed te begrijpen**. We raden u aan de diverse technieken, die worden beschreven samen met hun grondbeginselen, te bestuderen en de raakvlakken hiertussen te herkennen. Deze raakvlakken en grondbeginselen zorgen ervoor dat de oefeningen een logisch en bruikbaar systeem opleveren dat kan worden ingezet tegen levensbedreigende situaties.

Sommige hoofdstukken dragen ook voorstellen aan hoe u op een verantwoorde manier dient te handelen binnen diverse problematische scenario's. Dit gaat een stap verder dan het omgaan met een aantal specifieke aanvalsmethodes. De macht van de ervaren leerling zit in zijn vaardigheid met een minimale fysieke inzet een confrontatie te beheersen. Soms is het ook mogelijk **uw aanvaller geestelijk te verslaan** waardoor zelfs geen fysiek contact nodig is; de aanvaller druipt af voordat de aanval plaatsvindt!

Nadat u dit boek heeft doorgelezen en u zich een goed beeld heeft gevormd van de vele gevaren waar u mogelijk mee te maken zou kunnen krijgen, is de tijd aangebroken om een specifieke verdedigingstechniek te oefenen tegen een **specifieke aanval of bedreiging** (bijvoorbeeld een aanvaller met een stok, mes of vuurwapen). Het is aan te bevelen de technieken te oefenen in de volgorde waarin ze in dit boek zijn opgenomen, maar het is ook mogelijk een andere volgorde aan te houden die voor u prettiger is.

Alleen oefenen

Onderstaand treft u een aantal belangrijke tips aan, voor het geval u alleen traint: begin uw sessie met een **warming-up** om uw bloedsomloop te stimuleren, uw spieren te strekken en uw gewrichten los te maken. Het is van belang niet teveel te vragen van de spieren die niet zijn voorbereid op de voorgenomen activiteiten omdat u hierdoor blessures kunt oplopen. Voordat u willekeurig welke lichamelijke activiteit ontplooit, **dient u een arts te raadplegen of een medische keuring te ondergaan**.

Nadat u een specifieke techniek heeft gekozen en deze grondig heeft bestudeerd, neemt u plaats tegenover een **denkbeeldige aanvaller** en voert u de techniek uit zoals op de foto's is afgebeeld. Vanaf dezelfde uitgangspositie kunt u de handelingen van de verdediger langzaam uitvoeren. U kunt ook **gebruikmaken van een spiegel** om te controleren of uw bewegingen en uw houding overeenkomen met die van de verdediger op de foto's.

Een eenvoudige verdedigingstechniek kan gewoonlijk in een **enkele** beweging worden uitgevoerd. Als de techniek ingewikkelder is, dient u deze op te splitsen in een **reeks bewegingen**. Deel de oefeningen in conform de foto's en de bijbehorende tekst. Indien nodig, kunt u elke fase van de techniek apart oefenen en deze stappen later samenvoegen tot een geheel. U kunt er ook baat hebben bij een partner die u observeert en uw bewegingen waar nodig corrigeert.

Oefenen met een partner

Nadat u zich de theorie heeft eigen gemaakt, zich een beeld heeft gevormd van de techniek en deze in de praktijk heeft geoefend tegen een denkbeeldige aanvaller, kunt u overgaan tot het oefenen met een partner. Zowel u als uw partner dienen de aanval, de verdediging en de tegenaanval uit te voeren op de manier zoals die is afgebeeld. Beweeg langzaam. Uw partner voert langzaam een aanval uit met 'de bedoeling u te verwonden'. Aanvankelijk voert u langzaam en kalm de technieken uit die u eerder alleen heeft geoefend.

Onthoud: U dient uw lichaam voor te bereiden op het fysieke contact tussen u en uw partner.

Om op effectieve wijze de kracht en snelheid van zowel de aanval als de verdediging te kunnen uitvoeren, zeker tegen een partner die u met een wapen bedreigt, is het aan te bevelen om de aanvaller te voorzien van **onderarmbeschermers**. Pas nadat u de nodige voorzorgsmaatregelen heeft getroffen en u over voldoende vaardigheid beschikt, kunt u de verdedigingstechnieken krachtiger en sneller uitvoeren.

Behalve het oefenen met een partner, dient u ook de van toepassing zijnde hoofdstukken van dit boek nogmaals door te lezen om de gebruikte technieken te verfijnen.

Oefenmethodes voor een verdediging tegen scherpe en stompe voorwerpen

Nadat u de diverse technieken heeft geoefend en u zich daarin thuis heeft gemaakt, kunt u overgaan op een hoger trainingsniveau. Door gebruik te maken van uitgebreidere oefenmethodes, kunt u uw vaardigheid, om snel een specifieke aanval te herkennen, verbeteren en ogenblikkelijk een geschikte verdedigingstechniek te kiezen die al dan niet gepaard gaat met een tegenaanval. Voorbeeld:

Verschillende situaties: Uw partner, die de rol van de aanvaller speelt, wijzigt zijn positie en daarmee zijn aanval. De aanvaller slaat toe vanaf **verschillende afstanden** en hoeken en **valt u op diverse manieren aan** met zijn mes of stok.

Verrassingsaanval: Uw partner verbergt zijn wapen achter zijn rug en valt u plotseling aan. U, de verdediger, blijft staan, kijkt recht naar voren en laat hem vervolgens vanuit diverse posities aanvallen, waardoor u over minder tijd beschikt om de aanval te herkennen. Deze methode verbetert uw oplettendheid en uw vaardigheid om **binnen korte tijd** te reageren op een **werkelijke bedreiging**. U reageert op de aanval zonder vooraf te weten op welke manier die zal worden uitgevoerd.

Opmerking: In een echte situatie, dient u onder geen enkele voorwaarde toe te staan dat een mogelijke aanvaller zich zo dicht bij u begeeft dat u gevaar loopt!

Meervoudige aanvallen: In dit geval zal de aanvaller niet een **enkele aanval** maar een **reeks aanvallen** uitvoeren (dezelfde of verschillende). Uw verdediging en tegenaanval behoren het gevaar in zijn geheel te neutraliseren. Dat wil zeggen zowel de aanval als de aanvaller dienen te worden geneutraliseerd.

Ook hier benadrukken we dat een **terugtrekking uit de gevarenzone** in sommige gevallen de beste handelwijze is, mits deze wordt uitgevoerd op het juiste tijdstip en in de juiste richting. U kunt echter ook de afstand tot de aanvaller vergroten en een houding aannemen waardoor u kunt overgaan tot de verdediging en tegenaanval.

Met gesloten ogen: Terwijl u met uw ogen dicht staat, neemt uw partner de rol van een aanvaller aan, waarbij hij zijn wapen op 40-50 cm afstand van uw lichaam houdt. Uw partner geeft het startsein door u een afgesproken signaal te geven. Zodra u uw ogen opendoet, brengt u het gevaar in kaart en past u een geschikte verdedigingstechniek toe om de door uw partner uitgevoerde aanval af te weren.

Aanvullende oefenmethodes – bedreiging met een vuurwapen

Nadat u zich de basistechnieken heeft eigen gemaakt tegen diverse bedreiging met een vuurwapen, geweer of machinegeweer, u zich in staat acht zich te verdedigen tegen aanvallen en de uitgangspunten achter een aanval met een wapen begrijpt, kunt u uw training uitbreiden door gebruik te maken van 'gevaarlijker' scenario's. Dergelijke oefeningen stellen u in staat **het soort aanval te herkennen** en **tactische beslissingen te nemen** over hoe u het beste kunt reageren. Deze aanvullende scenario's breiden de bekendheid uit van mogelijke situaties waarop u later met succes zult kunnen reageren. U kunt ook enkele technieken gebruiken als verdediging tegen een aanval met een scherp of stomp voorwerp of vuurwapen, die eerder zijn omschreven.

Opmerking: Met het begrip **vuurwapen** bedoelen we vuistvuurwapens, machinegeweren en geweren.

Gevorderde oefenmethodes

Het oefenen in het neutraliseren van een bedreiging die gepaard gaat met vastpakken of duwen: De aanvaller pakt u beet en duwt u naar voren, terwijl hij u met zijn wapen bedreigt. U moet de verdedigingstechniek uitvoeren terwijl uw bewegingsvrijheid wordt beperkt of terwijl u naar voren wordt geduwd.

Het oefenen in het neutraliseren in diverse richtingen: U simuleert hier een situatie waarbij een **onschuldige omstander** rechts of links van u staat en het gevaar loopt in de vuurlinie terecht te komen als u het wapen waarmee u bedreigd wordt in zijn richting afweert. In deze situatie dient u een techniek toe te passen waarmee het vuurwapen wordt afgeweerd **die de omstander niet in gevaar brengt**.

Het oefenen in het neutraliseren van een bedreiging vanuit een zithouding: Het is belangrijk de verdedigingstechnieken tegen een bedreiging met een vuurwapen te oefenen terwijl u in een stoel zit en de aanvaller relatief dichtbij staat. Het is ook mogelijk dergelijke oefeningen te doen terwijl u in een auto zit. Deze variant geniet zelfs de voorkeur omdat er steeds meer automobilisten worden overvallen.

Het rollenspel: Hoe realistischer uw partner zijn rol als aanvaller vervult, waarbij hij u opdrachten toeschreeuwt, zich nerveus opstelt, u zelfs beledigt of u hard vooruit duwt, hoe beter zult u kunnen reageren als u zich in een werkelijke confrontatie bevindt.

Integreren en combineren

Het integreren en combineren van situaties, technieken en oefenmethodes: Het spelen van de rol van de aanvaller is belangrijk om u voor te kunnen stellen hoe een straatvechter zal handelen. Aan de hand van deze situatie, kunt u zich als verdediger een beeld vormen van hoe de aanvaller zich zal opstellen. Binnen het rollenspel dienen vele varianten van aanvallen en verdedigingstechnieken te worden geoefend, zoals omschreven in de volgende voorbeelden:

De verdediging vanuit **zittende houding** tegen een **aanval met een stok**. Soms maakt u bij de verdediging gebruik van een stoel en soms alleen van uw lichaam.

Overweeg om de verdedigingstechniek tegen een **aanval met een mes** uit te voeren als de aanvaller u **bij uw kleding pakt** en **meerdere keren dezelfde stekende beweging maakt**. Als verdediger zult u de herhaalde steekbewegingen moeten neutraliseren en zo snel mogelijk de tegenaanval inzetten.

Het vormt een grote uitdaging om deze verdedigende technieken uit te voeren als u aanvankelijk uw **ogen gesloten houdt** en deze pas weer opent nadat u een signaal van uw partner of een duw van uw partner heeft gekregen. U dient de bedreiging onmiddellijk te herkennen en meteen over te gaan op een geschikte, verdedigende techniek die u zo effectief mogelijk uitvoert.

In het rollenspel dient u rond te lopen en moet de aanvaller u van achter een muur benaderen, zodat u pas **op het laatste moment** beseft dat u wordt aangevallen. Zodra u uw aanvallende partner in het oog krijgt, dient u zijn acties op de juiste manier in te schatten, een verdedigingstechniek toe te passen, de tegenaanval in te zetten of u uit de gevarenzone te begeven, hetgeen afhangt van de aard van de aanval. Om de variatiemogelijkheden binnen de diverse scenario's te verbreden, maakt u **combinaties van meerdere technieken**.

Het onderstaande biedt u een aantal mogelijkheden om een uitgebreid oefenscenario samen te stellen:

- Het combineren van de ene aanval met de andere.
- Het aannemen van een neutrale of een passieve vechthouding door de verdediger.
- Het veranderen van de hoek van de aanval; het veranderen van de positie van de aanvaller tijdens de aanval.

- Het veranderen van de omgeving waar de oefeningen plaatsvinden maar ook het oefenen op verschillende tijden en met diverse wapens.
- Het is ook belangrijk het aantal aanvallers te variëren, die aan de oefening deelneemt. Soms vallen ze gelijktijdig aan, soms afzonderlijk van elkaar en vanuit diverse hoeken en posities.

Er zijn ook aanvullende oefentechnieken maar de hierboven genoemde zijn meer dan voldoende om u te bekwamen. U dient te onthouden dat u zich uitsluitend kunt bekwamen door **erg veel te oefenen**. Dit dient echter op een intelligente en uitdagende manier te gebeuren, opdat vooruitgang wordt gegarandeerd.

Mentale training

Het mag niet zo zijn dat tijdens oefeningen verslagen tegenstanders spontaan weer opspringen om de oefening te herhalen en eventuele fouten te herstellen. De werkelijke uitdaging is de leerling met een **realistische oefensituatie** te confronteren waarbij hij onder druk komt te staan, echter zonder zijn leven of welzijn in gevaar te brengen, hetgeen in een werkelijke situatie het geval kan zijn.

Waarom is het nodig een natuurgetrouwe gewelddadige confrontatie na te bootsen? Is de bestudering van de vereiste technieken niet voldoende? Is een training van de geest echt noodzakelijk? Het antwoord hierop is ja. Geestelijke training is van levensbelang om een gewelddadige confrontatie te overleven. Op het moment dat uw leven wordt bedreigd, dient u niet alleen om te gaan met de bedreiging, maar ook met uw gemoedstoestand en te kiezen op welke manier u de aanval zult afweren. Hierbij zijn **lichaam en geest onlosmakelijk met elkaar verbonden**. Hoe men omgaat met angst en geestelijke druk, bepaalt op directe wijze in welke mate de juiste beslissingen genomen kunnen worden (op de juiste tijd en met de juiste snelheid uit te voeren), maar het is ook van invloed op de uitvoering van verdedigingstechnieken die u zich heeft eigen gemaakt.

Als u te maken krijgt met een gewelddadige confrontatie, zullen vaak emoties zoals angst, terughoudendheid, haat, woede, enz. worden losgemaakt. Door de geest te trainen, kunt u deze emoties onderdrukken, waardoor u uw emoties in bedwang kunt houden, waardoor u sneller de juiste beslissingen kunt nemen. Het autonome zenuwstelsel zorgt voor een toename van adrenaline in de bloedbaan, waardoor u **verstart wegloopt of het gevecht aangaat**.

Het mag duidelijk zijn dat het verstarren in de meeste situaties, die we in dit verband tegen kunnen komen, geen effect zal hebben (hoewel sommige diersoorten deze techniek gebruiken tegen aanvallers). Als u de keuze heeft om weg te rennen of het gevecht aan te gaan, dient deze keuze op een **doordachte** manier te worden gemaakt, waarbij u alle informatie betreffende de omgeving en de aard van de aanval laat meewegen, hetgeen u het beste kunt doen als uw verstand niet wordt overheerst door emotie. Derhalve dient 'verstarren' uitgebannen te worden uit onze instinctieve reacties. Als de persoon in kwestie niet beweegt, moet hij dat uit tactische overwegingen doen en **niet omdat hij controle is kwijtgeraakt** over zijn acties.

Het is vastgesteld dat sommige atleten betere resultaten boeken tijdens de training dan tijdens een wedstrijd. Dit doet zich voor omdat de geestelijke druk tijdens een wedstrijd aanzienlijk groter is waardoor een deel van de lichamelijke en geestelijke reserves wordt gebruikt. Zij concentreren zich niet uitsluitend op hetgeen van ze verlangd wordt en raken daardoor de energie kwijt die broodnodig is om het uiterste te kunnen leveren. Dergelijke atleten roepen vaak de hulp in van psychologen om deze geestelijke druk te kunnen beheersen en daardoor hun zelfvertrouwen te vergroten.

Een breed scala van mensen, van artiesten die voor een publiek van tienduizenden mensen optreden tot beurshandelaren die tientallen miljoenen euro's beheren, vindt het soms moeilijk met de zware geestelijke druk om te gaan waaronder zij moeten functioneren. Soms wordt de oplossing gezocht in het gebruik van stimulerende middelen, hetgeen natuurlijk niet de juiste weg is.

Door gebruik te maken van onze **geestelijke capaciteiten** worden wij in staat gesteld in ons dagelijks leven op effectieve wijze te functioneren. We worden in staat geacht onder alle omstandigheden met onze subjectieve emoties en gevoelens om te gaan en elk incident de baas te kunnen. We moeten ook lering trekken uit het feit dat zich een confrontatie voordoet. Het incident helpt ons derhalve de druk te herkennen waardoor wij onze geestelijke kracht versterken.

Uiteindelijk zult u er alleen in slagen het probleem, dat aan het begin van dit hoofdstuk naar voren werd gebracht (het oefenen binnen een levensbedreigende situatie **zonder letsel op te lopen**) te kunnen oplossen door **geestelijke oefening te verweven met het totale oefenprogramma**. Via deze manier ontwikkelt u de vereiste geestelijke kracht. Het is nodig om deze geestelijk oefeningen tijdens de training te gebruiken in combinatie met lichamelijke, technische en tactische training.

Het is bekend dat het menselijk lichaam reageert op beelden die in het onderbewustzijn worden opgeroepen, en wel op soortgelijke wijze als wordt gereageerd op beelden die van buitenaf worden aangereikt. Dit gegeven gebruiken we om te leren omgaan met gevaar. Er zit geen fundamenteel verschil in een reactie op een beeld van iets dat zich **daadwerkelijk voordoet** of dat door onze **geest wordt gecreëerd**. Het verband tussen het gecreëerde beeld, de geestelijke toestand van degene die het beeld oproept en zijn onderbewustzijn, verklaart de noodzaak voor geestelijke oefening. Het **onderbewustzijn**, wat de bron is van de gevoelens die de geestelijke en lichamelijke mogelijkheden van een individu tijdens een confrontatie beperken, treedt in werking terwijl dat individu zich een beeld vormt van het incident.

Ook wanneer u ontspannen bent kunt u zich, als leerling, op deze manier een dergelijke situatie inbeelden. Bijvoorbeeld als u in een trein, bus of vliegtuig zit of als u in de wachtkamer van een tandarts zit. Stelt u zich een scenario voor waarbij u op gewelddadige wijze door iemand wordt aangevallen. Probeer de aanvaller te visualiseren, kijk naar zijn kleding, breng de aanvalstechnieken die worden gehanteerd in kaart en kijk wat voor wapen wordt gebruikt. Het is op dat moment ook van belang uw eigen gemoedstoestand en houding te beoordelen.

Door u een beeld te vormen van de aanval en de tactieken en verdedigingstechnieken die hiertegen kunnen worden ingezet, is het waarschijnlijker dat uw zenuwen en spieren in een werkelijk levensbedreigende situatie op de juiste manier zullen reageren zonder dat u wordt tegengewerkt door twijfel. De geestelijke training zorgt ervoor dat technieken en tactieken reflexmatig kunnen worden uitgevoerd. U wordt als het ware geprogrammeerd om de technieken en tactieken die u heeft geleerd, zodanig toe te passen dat uw **lichamelijke respons wordt uitgevoerd zonder hierbij na te denken.** Geestelijke training geeft u ook bekendheid met de ontwikkelingen die zich bij een levensbedreigende situatie kunnen voordoen, hoe deze er uitzien en voelen. Daarbij ontzenuwt u de invloed van stress en angst als u daadwerkelijk wordt bedreigd.

Er zijn twee alternatieve methodes om een incident te beoordelen: (1) alsof u naar een **bioscoopscherm** kijkt waarbij de spelers (waaronder uzelf) een rol vertolken. (2) het te zien alsof u een **actieve deelnemer** bent die deel uitmaakt van het incident. De tweede methode geniet de voorkeur omdat deze de uitgangspunten van de verdediger tijdens een gewelddadige confrontatie beter benadert.

De techniek

Splits het incident op in verschillende stadia, toegespitst op de manier waarop het kan worden afgerond. Als eerste staat u in gedachte toe dat de aanvaller in zijn aanvalspoging slaagt, waarbij u gewond raakt. Probeer de pijn die u in deze denkbeeldige situatie wordt toegebracht daadwerkelijk te voelen alsof u de strijd heeft verloren. Laat het incident keer op keer de revue passeren en **verbeter elke keer uw positie en prestatie.** Wanneer u zich een beeld vormt van het incident past u in toenemende mate effectieve verdedigingstechnieken toe en voert u tegenaanvallen uit die geleidelijk sterker en sneller plaatsvinden. Uiteindelijk ziet u zichzelf als de overwinnaar waarbij u de aanvaller met een effectief uitgevoerde verdediging en tegenaanval de baas bent.

De nadruk dient hierbij gelegd te worden op **het beeld van u als overwinnaar** om dit in uw geheugen te griffen. Dit draagt ertoe bij dat u ook in een **werkelijke confrontatie** op de juiste manier zult reageren. Het feit dat u zich bewust bent van de mogelijkheid overwonnen te worden of letsel op te lopen, heeft tot gevolg dat u minder angst heeft om daadwerkelijk letsel op te lopen, waardoor u **in een stresssituatie beter kunt functioneren.** Nadat u eenmaal het stadium heeft bereikt dat u de aanvaller in uw geest heeft overwonnen, kunt u doorgaan met deze oefening, waarbij u gebruikmaakt van een andere aanvalstechniek, een andere situatie en een andere aanvaller.

In het gevorderde stadium van geestelijke training, bent u in staat zich **de gehele confrontatie**, een langdurige confrontatie en meerdere aanvallers voor te stellen. U kunt uw verbeelding aanvullen met daadwerkelijke lichamelijke bewegingen, dat wil zeggen dat u zich een voorstelling maakt van aanvalstechnieken, schijnbewegingen en het gedrag van een denkbeeldige aanvaller, terwijl u lichamelijk de nodige verdedigingstechnieken en tegenaanvallen uitvoert. Tijdens deze handelingen, dient u zich 'bewust te zijn' van de aanvaller die tegenover u staat en zijn reactie op uw handelingen. Oefen deze handelingen **langzaam en met aandacht voor detail**. Het belang van een denkbeeldig gevecht zit hem in het creëren van eenvolgende bewegende beelden en scenario's.

Het mag duidelijk zijn dat deze techniek ook andersom werkt. Dat wil zeggen dat lichamelijke oefeningen, het ontwikkelen van defensieve technieken en het uitvoeren van tegenaanvallen, ook uw geest voorbereidt op een mogelijke confrontatie. Als we lichamelijk oefenen wordt gelijktijdig onze geest geoefend. Daaruit kunnen we afleiden dat hoe intensiever de training is, hoe intensiever de geest wordt gestimuleerd.

Concluderend dient gezegd te worden dat ondanks een gedegen geestelijke training, de uitslag van een confrontatie uiteindelijk zal worden bepaald door de lichamelijke acties die u uitvoert. Het is derhalve ook van het grootste belang **uw lichamelijke conditie** te ontwikkelen, in het bijzonder **het verwerken van de pijn die u tijdens een aanval wordt toegebracht**. Als gevolg hiervan zult u zelfverzekerd kunnen optreden tegen een aanvaller die een werkelijke bedreiging vormt en, indien nodig, hem op eenvoudiger wijze overmeesteren zonder te worden gehinderd door twijfel of zelf opgelegde emotionele factoren.

Een waargebeurd verhaal

Onderschat nooit uw tegenstander: een voormalige schaakgrootmeester zit in een trein in Centraal-Europa en een man tegenover hem stelt voor een spelletje schaak te spelen. Dit weigert hij natuurlijk omdat hij er geen heil in ziet: hij kent persoonlijk alle schakers van wereldformaat en het is hem duidelijk dat de persoon in kwestie te weinig vaardigheid heeft. De andere man blijft aandringen en uiteindelijk besluit de grootmeester één partijtje te spelen. De grootmeester speelt ongeconcentreerd en verliest de partij. De uitdager wil nog een partij spelen. Omdat de grootmeester zich ervan bewust is dat als hij zich concentreert, hij zal winnen, weigert hij. De uitdager blijft aandringen waardoor de grootmeester uiteindelijk zwicht, maar hoewel hij uiterst geconcentreerd speelt, verliest hij wederom. Nu is het de grootmeester die nog een partij wenst te spelen maar ondanks alle inspanningen en tot zijn grote verassing, verliest hij ook de derde partij. Hij vraagt de uitdager: 'Wie bent u en waar heeft u zo goed leren schaken?' De man antwoordt dat hij in een klein dorp in de regio woont, zijn land nooit heeft verlaten en altijd met zijn vrienden heeft geschaakt. Op dat moment verontschuldigt hij zich omdat hij zijn reisdoel heeft bereikt en de trein moet verlaten en dankt de grootmeester voor de plezierige schaakpartijen. Nadat hij is verdwenen, blijft de grootmeester verwonderd achter...

HOOFDSTUK 14

Veiligheid tijdens de training

Om de vaardigheid te ontwikkelen om op de juiste manier een gewelddadige aanval te neutraliseren is veel oefening vereist. Tijdens de training zult u te maken krijgen met de lichamelijke en geestelijke aspecten die zich hierbij kunnen voordoen en maakt u gebruik van professionele hulpmiddelen zoals een boksbal, bokshandschoenen en beschermers, zodat u 'voluit' kunt gaan om uw vaardigheden te ontwikkelen. U kunt de technieken ook 'droog' oefenen, dat wil zeggen zonder tegenstander of hulpmiddelen, om deze verder te verfijnen.

De leerling dient alle onderdelen van de training te doorlopen **zonder letsel op te lopen**. Om dit zeker te stellen is het nodig een geschikte plek te kiezen voor de training, een aantal regels af te spreken, over de juiste hulpmiddelen te beschikken en de training stapsgewijs te intensiveren. Deze voorwaarden voorkomen gevaarlijke ontwikkelingen en beperken het risico van letsel. In dit hoofdstuk geven we u richtlijnen om dit doel te bereiken.

Op het eerste gezicht lijken de twee onderstaande richtlijnen met elkaar in strijd te zijn: (1) Trainingsmethodes en scenario's die de leerling onder druk zetten en het nabootsen van aanvallen die de werkelijkheid benaderen. (2) Trainingsmethodes die het risico van letsel zoveel mogelijk uitsluiten. De KRAV MAGA discipline schrijft echter voor dat **deze twee richtlijnen worden gecombineerd**. De leerlingen oefenen binnen scenario's die de werkelijkheid benaderen, zonder letsel op te lopen.

Medische keuring

Voorafgaand aan de training is een medische keuring voor zowel de leerling als de instructeur **ten zeerste aan te bevelen** om er zeker van te zijn dat men in goede gezondheid verkeert. Beiden dienen bestand te zijn tegen de zware geestelijke druk en lichamelijke inspanningen waarvan tijdens het beoefenen van KRAV MAGA sprake is. Desondanks kunnen mensen met bepaalde lichamelijke beperkingen ook KRAV MAGA beoefenen, zij het dat de training dan dient plaats te vinden **onder aangepaste voorwaarden en mogelijk ook onder medische begeleiding.** In Israël werden zelfs aangepaste KRAV MAGA cursussen gegeven aan mensen met een lichamelijke handicap. Bijna alle cursisten slaagden erin, ondanks hun lichamelijke beperkingen, de cursus tot een goed einde te brengen.

Voordat u besluit KRAV MAGA training te volgen, dient u medisch te zijn goedgekeurd. De keuringsarts dient op de hoogte gesteld te worden van hetgeen u van plan bent en van **de lichamelijke belasting die hieraan is verbonden**. Ook moet benadrukt worden dat degenen die voor het trainen gebruikmaken van een boek of videoband de nodige voorzichtigheid in acht dienen te nemen, **omdat zij niet worden begeleid door een ervaren KRAV MAGA instructeur.**

De trainingsplek

Elke plek waar mensen kunnen deelnemen aan sport of lichamelijke oefeningen (in ons geval KRAV MAGA) wordt de **trainingsplek** genoemd. Dit kan een fitnessclub zijn, maar ook een grasveld, een strand, een woonkamer of een andere plek. De aard van de training en de plek waar u die uitvoert dienen in overeenstemming met elkaar te zijn.

Voordat u aan de training begint dienen alle voorwerpen waaraan u zich zou kunnen bezeren **te worden verwijderd**. Bij een training in een gymzaal met matten dient u te controleren of alle matten onderling zijn verbonden en **dat zij niet kunnen wegglijden**. In het ideale geval worden de matten afgedekt met een groot zeil zonder plooien of scheuren.

De trainingsplek dient **goed geventileerd** te worden zodat er voldoende frisse lucht is. U dient te beschikken over voldoende drinkwater en als het warm is moet u **tijdens de trainingssessie vochtverlies aanzuiveren**.

Opmerking: De in- en uitgang van de trainingsplek moet groot genoeg zijn om, voor het geval iemand gewond raakt, de persoon in kwestie te kunnen afvoeren.

Er dient altijd een EHBO-trommel aanwezig te zijn. Deze moet zijn uitgerust om een groot scala aan verwondingen te kunnen behandelen. Inspecteer vooraf de inhoud van de trommel en vul die indien nodig aan. De EHBO-trommel moet binnen handbereik zijn en iedereen die aan de trainingssessie deelneemt dient te weten waar de trommel zich bevindt.

Een KRAV MAGA leerling moet regelmatig een andere trainingsplek kiezen, ook de plekken **waar hij te maken kan krijgen met een echte gewelddadige confrontatie.** Als hij dit nalaat zal tijdens een echte confrontatie zijn geestelijke vaardigheid nadelig beïnvloed worden, waardoor ook zijn lichamelijke prestaties minder worden. Als u een nieuwe trainingsplek uitkiest dient u altijd alert te zijn op mogelijke risico's. Het spreekt voor zich dat u ook hier de beschikking moet hebben over een EHBO-trommel.

Een trainingsplek moet natuurlijk ook qua veiligheid en hygiëne voldoen aan bepaalde **basisvoorwaarden.**

Kleding en verschijning

Uw kleding en verschijning dienen aangepast te worden aan de training en omgekeerd. Voordat de training aanvangt moet u **alle sieraden en andere voorwerpen** die mogelijk letsel kunnen veroorzaken afdoen. We denken hierbij bijvoorbeeld aan een horloge, een collier, ringen en oorbellen.

Opmerking: Extra voorzorgmaatregelen dienen te worden genomen door mensen die een bril dragen, lang haar hebben, enz.

Kleding dient vrij te zijn van onderdelen die mogelijk letsel kunnen veroorzaken, zoals bijvoorbeeld ceintuurgespen, ritssluitingen, wijde zakken, enz.

Beschermers en hulpmiddelen t.a.v. de veiligheid kunnen worden aangepast aan de trainingswijze. De mate waarin men 'voluit gaat' dient te worden aangepast aan de mate van bescherming die uw tegenstander heeft. **Voorkom excessieve krachtsexplosies** waardoor uw 'tegenstander' letsel zou kunnen oplopen. Bandages en beschermers moeten conform de gebruiksaanwijzing worden aangebracht en hebben geen scherpe randen.

Met inachtneming van het bovenstaande is het van het grootste belang **met verschillende soorten kleding** te trainen: van zwemkleding tot dikke winterkleding. Om voorbereid te zijn op een echte confrontatie moet de leerling zich in alle soorten kleding zelfverzekerd kunnen verdedigen.

Warming-up

Het nut van de warming-up is de leerling geestelijk en lichamelijk voor te bereiden op de training. De warming-up dient te zijn aangepast aan de training die volgt. Warming-up moet **langzaam** plaatsvinden en alle onderdelen van het lichaam omvatten.

Als u op een gewelddadige manier wordt aangevallen kunt u natuurlijk niet de aanvaller verzoeken even te wachten tot u de spieren heeft losgemaakt en gestrekt... U dient op elk moment, binnen een fractie van een seconde, geestelijk en lichamelijk klaar te staan om een aanval te neutraliseren – zonder warming-up. Bij een dergelijke aanval treedt echter het autonome zenuwstelsel in werking die stimulerende stoffen zoals adrenaline in de bloedbaan brengt. Bij trainingssessies die zonder warming-up plaatsvinden dient u **plotselinge krachtsinspanningen te voorkomen** om de kans op letsel te beperken.

Het is aan te bevelen een lichte warming-up uit te voeren voordat u overgaat tot het verrichten van de in dit boek beschreven technieken. U dient hiervoor 10-15 minuten uit te trekken en de nadruk te leggen op het **strekken** van de spieren, de stimulatie van de bloedsomloop en het losmaken van gewrichten.

U kunt ook enkele **lichte oefeningen** uitvoeren zoals diepe kniebuigingen en buikspieroefeningen. Bij de warming-up kunt u tevens enkele KRAV MAGA **basistechnieken** uitvoeren.

Gedragscodes – zelfdiscipline; het opvolgen van de aanwijzingen van de instructeur of trainer

Wanneer u **zonder begeleiding van een instructeur** met een partner traint, dient vooraf te worden afgesproken wie de sessie leidt. Deze persoon noemen we de **sessieleider**.

De beste manier om veilig te trainen en letsel te voorkomen is uw **gedrag in toom te houden**. Dit bereikt u door uzelf zelfdiscipline op te leggen en de aanwijzingen van de sessieleider op te volgen.

Let op: Wanneer u alleen of met een partner traint zonder begeleid te worden door een ervaren instructeur is het nog belangrijker een groot gevoel van verantwoordelijkheid op te brengen en de veiligheidsregels nauwgezet in acht te nemen.

In groepsverband moeten de instructies altijd precies worden opgevolgd om **uniformiteit binnen de groep te bereiken**; tevens wordt voorkomen dat men elkaar voor de voeten gaat lopen.

Bij het oefenen van een bepaalde techniek wordt de leerling geacht de diverse aanvals- en verdedigingstechnieken uit te voeren als hij zich in een **stabiele emotionele toestand** bevindt. Het moet worden voorkomen dat u boos wordt op uw partner of handelt uit woede of angst. Natuurlijk mag u uw partner nooit 'overvallen' met een techniek die niet vooraf is doorgesproken. Zelfdiscipline is nodig om op een goede manier de trainingsonderdelen te kunnen afwerken, de aanwijzingen van de instructeur op te volgen en uw 'tegenstander' te ontzien.

Veiligheid en regels bij verschillende trainingsmethodes

De leerling moet emotioneel, lichamelijk en in technisch opzicht zijn voorbereid op de intensiteit van de voorgenomen training. Als hij zich om willekeurig welke reden niet in staat acht om bepaalde handelingen uit te voeren, **moet hij daar niet toe worden aangezet.** De sessieleider moet zich op de hoogte stellen van de vaardigheden en beperkingen van de leerling en de training indien nodig hierop aanpassen.

Het oefenen van stompen of schoppen in de lucht moet **altijd gecontroleerd en met enige terughoudendheid** worden uitgevoerd om te voorkomen dat spieren of gewrichten geblesseerd raken. U mag de ledematen bij dergelijke bewegingen niet overmatig strekken. Trek uw arm of been weer terug voordat uw maximale bereik is gehaald.

Tijdens de trainingssessie dient de kracht waarmee u een boksbal of willekeurig welk ander doel raakt, **gecontroleerd** te worden gedoseerd. Het lichaamsdeel waarmee u de klap of schop geeft moet wennen aan het opvangen van de krachten die vrijkomen als u contact met het doel maakt. Gewoonlijk is er enige training voor nodig om 'voluit' te kunnen gaan. Zowel tijdens de training als bij een werkelijk incident zult u na het uitdelen van een flinke klap last kunnen krijgen van blessures aan gewrichten.

Bij het trainen in groepsverband dienen alle handelingen waar veel ruimte voor nodig is (bijvoorbeeld vallen, wegrollen, schoppen, enz.) door alle leerlingen **in dezelfde richting te worden uitgevoerd** om te voorkomen dat ze elkaar raken. Het oefenen van **vallen en de tegenstander tegen de grond werken** dient plaats te vinden op een **zachte ondergrond**.

Als de trainingsplek druk bezet is moet het tegen de grond werken van uw tegenstander **altijd gecoördineerd plaatsvinden**. In dergelijke gevallen is het ook nodig om te voorkomen dat u **in botsing komt met anderen**. Onder geen enkele voorwaarde mag een tegenstander in de richting van andere leerlingen worden geworpen.

Let op: Tenzij dit specifiek wordt geoefend, mag u niet met kracht op uw tegenstander neerkomen nadat u hem tegen de grond heeft gewerkt.

Lichaamsdelen, in het bijzonder **kwetsbare lichaamsdelen**, van uw partner mogen niet worden blootgesteld aan met kracht uitgevoerde aanvalstechnieken. We dienen te onthouden dat iedereen over een ander incasseringsvermogen beschikt. Sommige mensen zijn lichamelijk sterk en kunnen veel hebben, maar andere zijn gevoeliger. **Een met kracht uitgevoerde aanval op kwetsbare lichaamsdelen heeft bijna altijd letsel tot gevolg**, soms zelfs blijvend letsel!

Opmerking: Een leerling mag nooit met zijn blote vuist of gestrekte vingers een tegenstander een klap in het (onbeschermde) gezicht geven.

Uw partner moet **zodra hij dat aangeeft** worden losgelaten uit een wurg- of houdgreep. U kunt hier vooraf een signaal voor afspreken zoals een bepaald woord of het 'aftikken'. Deze technieken mogen niet meteen op volle sterkte worden uitgevoerd, maar moeten **geleidelijk** worden opgebouwd, waarbij u let op de reacties van uw tegenstander. Pas nadat u volledig vertrouwd bent geraakt met de uitvoering van dergelijke technieken kunt u 'voluit' gaan.

Bij het trainen van verdedigingstechnieken tegen een aanval met een stok, dient de stok **glad** te zijn en geen barsten of scheuren te vertonen. In de beginfase en als u 'voluit' gaat is het gebruik van **een gewatteerde stok** aan te bevelen.

Bij het oefenen van verdedigingstechnieken tegen een aanval met een mes, dient u in de beginfase gebruik te maken van een **rubberen mes**. Pas nadat u over voldoende vaardigheid beschikt kunt u overstappen op een **bot, houten mes**. Als u alle technieken tot in de puntjes beheerst mag u gebruikmaken van een **echt mes**, maar ook dan dient u de nodige voorzichtigheid in acht te nemen.

Opmerking: Hulpmiddelen voor de training moeten in goede staat verkeren, compleet zijn en geschikt voor de voorgenomen trainingssessie.

Indien nodig draagt de leerling **beschermers** die zijn aangepast aan zijn niveau van vaardigheid en lichamelijke mogelijkheden. Ook de intensiteit waarmee wordt getraind is hierbij een bepalende factor. Er zijn vele verschillende soorten beschermers verkrijgbaar – kies altijd voor een goede kwaliteit en pasvorm.

De trainingssessie dient meteen te worden stilgelegd als 'iets uit de hand loopt' en de leerlingen de controle over hun handelingen dreigen te verliezen. Hiervoor is op de trainingsplek de aanwezigheid gewenst van iemand die **voortdurend toezicht houdt** op de ontwikkelingen. De sessie kan pas worden hervat als de leerlingen allemaal controle hebben herkregen over hun geest en lichaam.

Bij het oefenen van alle technieken en confrontaties moeten de leerlingen elkaar volledig kunnen vertrouwen en elkaar **helpen om het beoogde doel te bereiken**: het beheersen van de techniek, het verbeteren van de vaardigheden en het opdoen van ervaring. Tijdens de trainingssessie mag geen sprake zijn van overmatige concurrentie, van de drang beter te zijn dan een ander of van gevoelens van wraak.

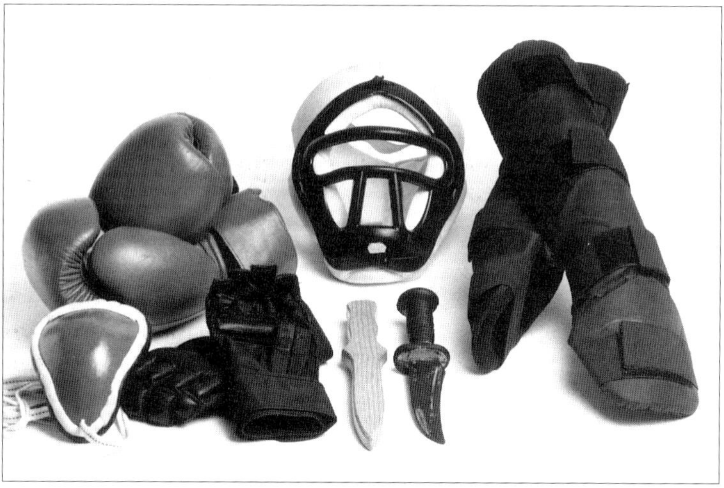

Enkele hulpmiddelen: Gezichtsbeschermer, te gebruiken bij sparring; bokszakhandschoenen, voor oefeningen op de bokszak; bokshandschoenen; scheenbeschermers; toque; messen van rubber en hout.

HOOFDSTUK 15

Over de auteurs

Grootmeester Imi, grondlegger KRAV MAGA

Imi (Imrich) Sde-Or (Lichtenfeld), grondlegger van KRAV MAGA, werd in 1910 te Boedapest geboren, een van de grotere steden van Oostenrijk-Hongarije. Hij groeide op in Bratislava, de hoofdstad van Slowakije, binnen een gezin dat sport en menselijkheid een grote waarde toekende. Met name deze twee aspecten van zijn opvoeding vormden zijn opmerkelijke karakter.

Samuel Lichtenfeld, Imi's vader, was zonder twijfel een bijzonder persoon te noemen. Op dertienjarige leeftijd sloot hij zich aan bij een circus en hield zich de daarop volgende twintig jaar bezig met het worstelen, gewichtheffen en andere staaltjes van krachtuitingen. Voor hem was het circus een school waar hij kennismaakte met vele mensen die vele sporten beoefenden, ook enkele zeer ongebruikelijke sporten. Deze mensen brachten de jonge Samuel alles bij wat ze over hun sport wisten, waartoe ook vechtsporten en zelfverdedigingstechnieken behoorden.

Imi Sde-Or (Lichtenfeld) achter in de twintig, op het hoogtepunt van zijn carrière als bokser, worstelaar en atleet.

Nadat hij het circus had verlaten vestigde Samuel Lichtenfeld zich in Bratislava (destijds Presburg) en stichtte er de eerste atletiekclub van de stad, die hij **Hercules** noemde – vernoemd naar de mythologische Griekse held. Later trad hij in dienst bij de gemeentepolitie waar hij de rang van hoofdinspecteur bereikte. In de jaren dat hij deze functie vervulde kreeg Samuel de reputatie de politieagent te zijn die de meeste moordenaars en gewelddadige criminelen wist aan te houden en voor het gerecht te brengen.

Als politiefunctionaris bracht Samuel Lichtenfeld zijn manschappen zelfverdediging bij en leerde ze hoe ze gewelddadige aanvallen moesten neutraliseren, waarbij de nadruk werd gelegd op de handhaving van morele waarden. Zijn technieken waren bijna stilistisch te noemen en leken op het eerste gezicht niet bijzonder effectief of buitengewoon krachtdadig te zijn. Toch voldeden ze aan de tijdsgeest en pasten binnen de regelgeving waaraan de politie destijds was gebonden.

Als kind kreeg Imi van zijn vader les in diverse disciplines lichamelijke oefening en sport, waaronder turnen. Hij nam zelfs deel aan de lessen die aan de politieagenten werden gegeven. Omdat hij door zijn vader hiertoe werd aangespoord, ontplooide Imi zich in vele disciplines als een kampioen. Eerst blonk hij uit bij het zwemmen en daarna in turnen, worstelen en boksen. In 1928 won Imi de jeugdtitel van het Slowaakse worstelkampioenschap en in 1929 de kampioenstitel voor volwassenen (weltergewicht). In dat jaar werd hij tevens nationaal kampioen boksen en behaalde hij een overwinning bij een internationale turnwedstrijd.

In het daaropvolgende decennium richtte Imi zich voornamelijk op worstelen, als deelnemer maar ook als trainer. Jaar na jaar won hij het Slowaakse kampioenschap in zijn gewichtsklasse en werd daardoor het boegbeeld van de nationale worstelploeg. Tot 1939 nam Imi deel aan talloze internationale wedstrijden en won tientallen medailles en trofeeën. Imi werd gezien als een van de beste Europese worstelaars en versloeg vele andere landskampioenen.

Samuel Lichtenfeld voert de met medailles gedecoreerde afvaardiging joodse worstelaars aan (met Imi voorop) tijdens de parade ter viering van de Tsjechoslowaakse onafhankelijkheidsdag.

Acrobatiek behoorde ook tot de sportieve activiteiten van Imi, en door hiervan gebruik te maken richtte hij zich op dramatische expressie. Hij gaf les aan een van de bekendste Tsjechoslowaakse toneelgezelschappen en trad meerdere keren op in theaterproducties. In een van de balletvoorstellingen vertolkte hij de rol van Mephisto – zijn spel werd zowel door het publiek als de critici met enthousiasme ontvangen.

Halverwege de jaren dertig begon het leven in Bratislava te veranderen. Aangestuurd door bepaalde bewegingen in Centraal-Europa verschenen er fascistische en antisemitische bolwerken die tot doel hadden chaos teweeg te brengen en de joodse gemeenschap van de stad te verdrijven. Imi was intussen de ongekroonde koning geworden van een groep jonge joodse jongens, van wie de meeste zich hadden bekwaamd in boksen, worstelen en gewichtheffen. Deze groep atleten poogde de antisemitische bendes buiten de joodse woonwijk te houden, zodat ze daar geen verderf konden zaaien.

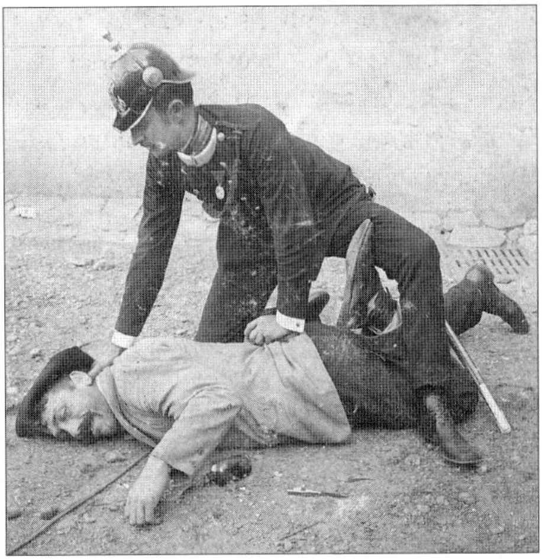

Samuel Lichtenfeld (als de crimineel) demonstreert met een van zijn manschappen een aanhoudingstechniek.

Tussen 1936 en 1940 kreeg Imi derhalve vaak te maken met gewelddadige confrontaties en straatgevechten tegen de antisemitische schurken, zowel alleen als met zijn groep. Samen met zijn metgezellen werd hij vaak door honderden en soms zelfs door duizenden boosaardige mensen bedreigd – de groeperingen die koste wat kost de joodse wijk van Bratislava wensten te 'zuiveren'. Het deed zich echter ook wel eens voor dat Imi slechts één of twee mensen terecht moest wijzen. Het ontbreekt hier aan ruimte om alle incidenten die Imi in die periode meemaakte te beschrijven, maar het volstaat om te zeggen dat Imi's geest en lichaam hierdoor werd omgevormd van een sportman tot een vechter. Deze voorvallen stelden hem in staat in een later stadium de zelfverdedigingstechnieken te ontwikkelen die nu bekendstaan als **KRAV MAGA**.

In 1940 verliet Imi zijn huis, familie en vrienden omdat hij het doelwit was geworden van de antisemitische plaatselijke autoriteiten. Hij ging aan boord van het laatste schip dat erin slaagde uit te varen voordat de fascisten de macht in handen kregen. Dit schip was een oud binnenvaartschip met de naam **Pentcho** dat was omgebouwd om honderden vluchtelingen uit Centraal-Europa naar het beloofde land Israël (toen Palestina genoemd) te brengen. Het aangrijpende verhaal van de Pentcho en zijn passagiers wordt in detail beschreven in het boek **Odyssey** door John Birman (Simon & Shuster, New York, 1984).

Imi's persoonlijke odyssee aan boord van het schip en de daaropvolgende periode duurde ongeveer twee jaar, tot hij zijn uiteindelijke doel bereikte. Aan het begin van zijn tocht over de Donau en door de Egeïsche Zee, moest Imi meermaals passagiers redden die overboord waren gevallen en voedselpakketten opduiken die in die tijd schaars waren. Als gevolg hiervan liep hij een oorontsteking op die hem bijna het leven kostte.

Toen er aan boord een ketel ontplofte, waardoor het schip in de buurt van het Griekse eiland Kamilanisi aan de grond liep, stapten Imi en vier vrienden in een sloep om in Kreta hulp te vragen. Ondanks zijn oorontsteking en de pleidooien van zijn metgezellen bleef Imi een hele dag onafgebroken roeien. Ondanks hun heldhaftige poging hulp te halen, kon de kleine sloep door de sterke wind niet op koers worden gehouden en werd Kreta nooit bereikt. Op de ochtend van de vijfde dag nam een Britse oorlogsbodem de vijf mensen aan boord en zette ze in het Egyptische Alexandrië aan wal. Imi, wiens lichamelijke toestand sterk was achteruitgegaan, werd overgebracht naar het joodse ziekenhuis in die stad, waar hij meerdere keren werd geopereerd. Pas vijftig jaar later vernam Imi dat hij toen op de rand van de dood had verkeerd en dat de artsen niet dachten dat hij het zou halen. Hij kwam dit te weten toen een van zijn metgezellen uit de sloep, Joseph Hertz (die later arts in Praag werd), een bezoek aan Israël bracht.

Na zijn herstel nam Imi dienst in het **Tsjechische Legioen** dat gedurende de Tweede Wereldoorlog onder bevel stond van het Britse leger. Hij diende circa anderhalf jaar in diverse plaatsen in het Midden-Oosten, waaronder Libië, Egypte, Syrië en Libanon. Toen hij in 1942 afzwaaide kreeg Imi toestemming zich in Israël (toen Palestina genoemd) te vestigen.

Imi Sde-Or als hoofdinstructeur van KRAV MAGA van de Israel Defense Forces.

In die tijd dienden vele vrienden en oud-leerlingen van Imi in de **Hagana** beweging, de militaire organisatie die de IDF (Israel Defense Forces) voorafging. Imi werd voorgesteld aan generaal Itzchak Sadeh, hoofd van de Hagana, die hem onmiddellijk in de organisatie opnam omdat er behoefte was aan iemand met ervaring in man-tot-man-gevechten.

In 1944 begon Imi met de opleiding van Israëlische manschappen: lichamelijke conditie, zwemmen, het gebruik van een mes en de verdediging tegen een aanval met een mes stonden hierbij voorop. In die periode leidde Imi meerdere elite-eenheden van de **Hagana** en **Palmach** op (de befaamde voorloper van de speciale eenheden van de IDF). Ook de eenheden van de **Palyam** (marine commando) en de politiemacht werden door Imi opgeleid.

In 1948, gelijktijdig met het uitroepen van de staat Israël en de oprichting van de Israel Defense Forces, werd Imi benoemd tot hoofdinstructeur KRAV MAGA van de **School of Combat Fitness**. Hij diende ongeveer twintig jaar in de IDF en wist in de tijd zijn technieken voor zelfverdediging en het gevecht verder te ontwikkelen en te verfijnen. Imi trainde persoonlijk de kopstukken van de Israëlische speciale eenheden en leidde vele KRAV MAGA instructeurs op. Hierdoor verkreeg hij persoonlijke erkenning door vele hooggeplaatste Israëlische officieren.

We dienen te onthouden dat Imi's methode, KRAV MAGA, diende te voldoen aan de veelzijdige eisen van de IDF. Dat wil zeggen dat deze discipline **eenvoudig te leren en toe te passen** moest zijn, zodat de soldaat – ongeacht of hij van huis uit een kantoorklerk was of deel uitmaakte van een elite-eenheid – zich **in korte tijd kon leren verdedigen**. Ook was het belangrijk dat de vaardigheden met een minimum aan oefening onderhouden konden worden. Nog belangrijker was het dat de door Imi ontwikkelde technieken ook onder de meest ongunstige omstandigheden konden worden uitgevoerd.

Na uit actieve dienst te zijn teruggetreden paste Imi KRAV MAGA aan om universeel te worden toegepast. De technieken werden veranderd zodat iedereen – **man of vrouw, jongen of meisje, jongere of oudere** – hier gebruik van kon maken om een aanval af te slaan.

Om zijn methode te verbreiden stichtte Imi twee scholen, in Tel Aviv en Netanya, zijn woonplaats. Netanya, een mediterraan vakantieoord waar vele KRAV MAGA instructeurs werden opgeleid, kreeg overigens binnen korte tijd bekendheid als bedevaartsoord voor de volgelingen van deze originele Israëlische vechtdiscipline.

Gedurende die tijd bleef Imi Sde-Or als adviseur en KRAV MAGA instructeur van de IDF en andere Israëlische veiligheidsdiensten. In 1972 werd de eerste civiele cursus voor KRAV MAGA instructeurs gestart in het **Wingate Institute of Sport and Physical Education**. Sindsdien heeft deze discipline zich verbreid over talloze civiele diensten in Israël en het buitenland.

Duizenden mensen zijn inmiddels opgeleid in de eenvoudig te leren, no-nonsense zelfverdedigingstechniek KRAV MAGA. Behalve leden van de Israëlische veiligheidsdiensten en de Israëlische politie, wordt deze discipline ook onderwezen op scholen, particuliere instituten, particuliere studio's en nederzettingen (**kibbutzim** en **moshavim**).

In 1978 stichtten Imi en enkelen van zijn meest trouwe volgelingen de **Israeli KRAV MAGA Association**, die tot doel heeft deze discipline in heel Israël en daarbuiten te verbreiden als doeltreffende zelfverdediging. Imi Sde-Or werd voor het leven benoemd tot voorzitter van deze vereniging.

De internationale activiteiten vingen aan in 1981, voornamelijk in de Verenigde Staten. Dit werd mogelijk gemaakt door de bereidwillige hulp van de Amerikaanse zakenman Daniel Abraham. De succesvolle verbreiding van KRAV MAGA in Amerika is mede te danken aan de inzet van Darren R. Levine (Master Level 1/ Expert Level 6) uit Los Angeles, Californië. Sinds de jaren tachtig heeft de heer Levine zich ingezet om het Amerikaanse publiek kennis te laten maken met Imi's zelfverdedigingstechnieken en droeg als technisch adviseur en redacteur ook bij aan de totstandkoming van de Engelstalige editie van dit boek.

Aan het begin van de jaren negentig sprak grootmeester Imi de wens uit een **Internationale KRAV MAGA Federatie** te stichten, waarmee zijn kennis over de hele wereld zou kunnen worden uitgedragen. Na enige tijd werd de federatie daadwerkelijk gesticht, door Imi gezien als de vervulling van een droom. In 1996 kreeg Eyal Yanilov, voorzitter en hoofdinstructeur van de federatie (en medeauteur van dit boek), de ultieme rang van Master Level 3/ Expert Level 8 toegekend.

Tot zijn laatste adem bleef Imi, op zeventachtigjarige leeftijd, in samenwerking met Eyal Yanilov, KRAV MAGA technieken en concepten ontwikkelen. Hij gaf aanwijzingen bij de training van degenen met de hoogste rangen en bracht veel tijd door met Israëlische en buitenlandse KRAV MAGA instructeurs. Imi volgde de vorderingen van cursisten, vermaakte ze met zijn scherpe gevoel voor humor en deelde zijn kennis en ervaring met ze.

Grootmeester Imi Sde-Or overleed in januari 1998, maar ging voldaan heen in de wetenschap dat de door hem ontwikkelde methodes door steeds meer mensen worden overgenomen.

Eyal Yanilov

Eyal Yanilov (geboren in 1959) kreeg les in KRAV MAGA onder de persoonlijke begeleiding van de grondlegger van deze discipline, Imi Sde-Or (Lichtenfeld), en werd vanaf het begin van de jaren tachtig assistent en de meest trouwe volgeling van de grootmeester. Hij hield zich vanaf 1973 met deze discipline bezig en is tegenwoordig hoofdinstructeur. De heer Yanilov is de enige die door Imi de hoogste rang toegekend heeft gekregen (Master Level 3/ Expert Level 8); tevens is hij, samen met Darren Levine uit Amerika, de enige die de unieke 'Founder's Diploma of Excellence' toegekend heeft gekregen.

Eyal Yanilov begon zijn KRAV MAGA training onder Eli Avikzar (een van Imi's beste leerlingen) en kreeg kort daarna les van de grootmeester zelf. Op jeugdige leeftijd werd Eyal instructeur in de KRAV MAGA school die Imi in Netanya had gesticht en door Eli Avikzar werd beheerd. Vaak assisteerde hij de grootmeester bij de lessen en voorbereidingen van de examens die werden afgenomen. In een later stadium, toen Imi hem benoemde tot hoofd van de KRAV MAGA Professional Committee, was Eyal verantwoordelijk voor de voorbereiding en opwaardering van het KRAV MAGA curriculum. In deze functie stroomlijnde Eyal de verbreiding van nieuwe ontwikkelingen en inzichten, aanpassingen van bestaande technieken en informeerde hij de instructeurs over de meest recente ontwikkelingen ten aanzien van trainingsmethodes.

In 1984 gaf grootmeester Imi Sde-Or Eyal de opdracht voorbereidingen te treffen om een reeks boeken over de Krav Maga discipline (waarvan dit boek deel uitmaakt) uit te geven. Vanaf die tijd, tot de grondlegger in 1998 overleed, hielden deze twee mannen zich intensief bezig met het op schrift stellen van de grondbeginselen van Krav Maga en het verklaren van de hieruit voortvloeiende technieken.

Na in 1981 de eerste cursus voor zelfverdedigingsinstructeurs in Amerika te hebben geleid, heeft Eyal Yanilov in vele andere landen onder auspiciën van de Israeli Krav Maga Association, de International Krav Maga Federation (IKMF)* en het Israëlische ministerie van Onderwijs cursussen aan instructeurs gegeven. Hij, en de meest begaafde leerlingen die in hun eigen land als hoofdinstructeur fungeren, zijn de drijvende kracht achter de wereldwijde verbreiding van Krav Maga. De heer Yanilov is tegenwoordig werkzaam als voorzitter en hoofdinstructeur van de IKMF en leidt de **International School of Krav Maga.** In deze hoedanigheid is hij verantwoordelijk voor de ontwikkeling, inhoud en verbreiding van de Krav Maga discipline.

De heer Yanilov is afgestudeerd aan de School for Trainers and Instructors van het **Wingate Institute for Sport and Physical Education** en is tevens gediplomeerd ingenieur. Gedurende vele jaren heeft hij Israëlische en buitenlandse elitetroepen en antiterroristische eenheden opgeleid, maar ook Krav Maga onderwezen aan de academie voor lichamelijke opvoeding.

Vanaf het begin van de jaren tachtig heeft Eyal diverse groepscursussen geleid waaraan een grote verscheidenheid cursisten deelnamen: burgers, militaire eenheden, politie-eenheden, beveiligingsbeambten, speciale eenheden, SWAT-teams en andere groeperingen die zich met beveiliging bezighouden in Israël, Europa, Zuid-Amerika, Noord-Amerika, Australië, Nieuw-Zeeland en Japan. Binnen deze context specialiseert hij zich in het verbeteren van de gevechtstechnieken en vaardigheden van deze groeperingen. De heer Yanilov heeft zich tot doel gesteld overal ter wereld instructeurs op te leiden, die op hun beurt de Krav Maga discipline kunnen verbreiden. Initiatieven in deze richting kunnen bij hem altijd op een warm onthaal rekenen.

Eyal Yanilov is erkentelijk voor de hulp die hij ontving van Franklyn Hartkamp. Franklyn Hartkamp begon op zijn veertiende met gevechtsporten. Na zijn studie aan de Academie voor Lichamelijke Opvoeding nam hij de draad weer op wat betreft de 'martial arts' en maakte kennis met Krav Maga. Als docent en vechtsporter zag hij in dat de voordelen van dit systeem aansluiten op de behoefte van mensen die de samenleving als hard en gewelddadig ervaren. Franklyn werkt als Krav Maga-instructeur in Nederland en geeft les in Den Haag. (e-mail: kravmagafmh@cs.com; www.IKMF.nl).

* **IKMF & International School of Krav Maga**
P.O.Box 2661, Netanya 42126, Israël
Fax: +972-9-8910863; Website: **www.krav-maga.com**

Bijlagen

Redacteur: Darren Levine

Darren R. Levine (geboren in 1960) is directeur en hoofdinstructeur van het KRAV MAGA National Training Center* in Los Angeles, Californië. De heer Levine is in Amerika de instructeur met de hoogste rang in KRAV MAGA. In 1981 nam De heer Levine deel aan de eerste internationale KRAV MAGA opleiding voor instructeurs die buiten Israël werd gegeven. Deze opleiding werd bekostigd door het Israëlische ministerie van Onderwijs en stond onder auspiciën van grootmeester Imi Sde-Or (Lichtenfeld).

De heer Levine werd opgeleid door grootmeester Imi, Eyal Yanilov en andere toonaangevende civiele en militaire KRAV MAGA instructeurs. Hij behaalde in 1983 zijn eerste Expert Degree (zwarte band), in 1984 zijn instructeurstitel (aan het Wingate Institute of Physical Education and Sport) en in december 1997 zijn Master Level 1 (6e graads zwarte band). Darren is een van 's werelds beste KRAV MAGA instructeurs en behoort tot de selecte groep mensen die een hoge rang toegekend hebben gekregen. Samen met slechts twee anderen kreeg hij de Founder's Diploma of Excellence uitgereikt.

De heer Levine heeft in Amerika de zelfverdedigings- en vechttechnieken van KRAV MAGA aan duizenden mensen van uiteenlopende leeftijd bijgebracht. Daarnaast gaf hij intensief les in KRAV MAGA aan leden van de Amerikaanse gemeente-, staats- en federale politie, waaronder eenheden van Special Operations en antiterroristische cellen.

Vanwege zijn uitgebreide kennis van KRAV MAGA en over de specifieke behoeftes van veiligheidsdiensten in Amerika, ontwikkelde de heer Levine het KRAV MAGA curriculum voor deze diensten. Ook droeg hij bij aan de verbreiding van KRAV MAGA onder de burgers van Amerika.

Behalve zijn bezigheden in de KRAV MAGA wereld, is de heer Levine werkzaam als Senior Deputy District Attorney (hulpofficier van justitie) in Los Angeles en is hij verbonden aan de Special Operations Division, waar hij verantwoordelijk is voor de vervolging van mensen die gewelddadige overtredingen hebben begaan tegen politieagenten.

* **KRAV MAGA National Training Center**, Los Angeles, Californië
Tel. (310)966-1300; Website: **www.kravmaga.com**

Uitgever: Zvi Morik

Zvi D. Morik (geboren in 1947) begon zijn KRAV MAGA-opleiding in 1967 en kreeg les van de grondlegger Imi Sde-Or. Hij maakte kennis met grootmeester Imi in de KRAV MAGA trainingsstudio nabij het Dizengoff Square in Tel Aviv. In de daaropvolgende jaren werd Zvi een volgeling van Imi, hetgeen uitgroeide tot een assistentschap, waaruit zich een hechte vriendschap ontwikkelde die voortduurde tot de grootmeester overleed. Als jongeman was Zvi bijzonder geïmponeerd door Imi's vaardigheid als instructeur en kennis van vechtsporten. Zvi zag ook de mens achter de instructeur en voelde zich sterk aangetrokken tot de krachtige persoonlijkheid van de grootmeester.

Tijdens zijn universitaire studie bekwaamde Zvi zich in de KRAV MAGA discipline en genoot hij het voorrecht te worden opgeleid door de grootmeester zelf (ook door diens toenmalige assistent-instructeur Eli Avikzar). Twintig jaar later, toen Eyal Yanilov (Imi's meest getalenteerde leerling) in Tel Aviv een KRAV MAGA school opende, zette Zvi zijn opleiding voort onder leiding van Eyal.

Nadat Zvi Morik zijn studie had afgerond (wiskunde, statistiek en economie), werd hem door Imi Sde-Or gevraagd mee te werken aan de opbouw van de KRAV MAGA organisatie. In 1978 was hij medeoprichter van de **Israeli KRAV MAGA Association** en werd de eerste voorzitter (later ook zegsman en pr-directeur) van deze vereniging. Vanwege zijn toewijding bij het vervullen van deze functies, kreeg Zvi later een honoraire zwarte band uitgereikt.

Kort nadat Zvi Morik zijn uitgeverij, **Dekel Academic Press**, had gesticht en daardoor professioneel uitgever was geworden, verzocht Imi hem de redactie en de uitgave van alle KRAV MAGA publicaties in Israël en het buitenland te verzorgen – een verzoek dat graag werd ingewilligd. Het dient vermeld te worden dat sinds het midden van de jaren tachtig, de diverse technieken van de KRAV MAGA discipline systematisch in kaart zijn gebracht, in het bijzonder door Eyal Yanilov, die later medeauteur werd van de door Imi Sde-Or geschreven boekenreeks. In 1990 gaf Zvi Morik een eerste (Engelstalige) editie uit, waarin de beginselen van KRAV MAGA werden beschreven (**Tamar Books**). Dit werd in 1992 opgevolgd door een Hebreeuwse uitgave met de titel: *Hoe verdedigt u zich tegen een aanval met een mes*, geschreven door Imi Sde-Or en Eyal Yanilov. Wijlen Yitzhak Rabin, destijds premier van Israël en voorheen chef-staf van de Israel Defence Forces, kende Imi persoonlijk en bewonderde zijn inzet als KRAV MAGA hoofdinstructeur bij het leger. Rabin schreef voor dit boek het voorwoord.

In deze periode streefde Zvi, inmiddels Imi's persoonlijke adviseur en een van zijn beste vrienden, ernaar om de hartenwens van zijn leermeester in vervulling te doen gaan en de kennis over KRAV MAGA wereldwijd te verbreiden en toegankelijk te maken voor iedereen die daarvan gebruik wenste te maken. Om dat te bereiken werd Dekel getransformeerd tot een internationale uitgeverij (Dekel Publishing House*) die onder twee namen uitgaven verzorgde (Dekel Academic Press & Tamar Books). Zvi Morik bezocht bijeenkomsten van uitgevers en boekenbeurzen. Samen met enkele collega's richtte hij een nieuwe vereniging van uitgevers op, de **Israel publishers' Union**. Hij werd hiervan voorzitter en is tegenwoordig verantwoordelijk voor het onderhouden van de internationale contacten van de vereniging.

Deze uitgave kwam oorspronkelijk voort uit een coproductie die in 1999 werd ondernomen door **Dekel Publishing House** en **Frog Ltd.** Dit boek wordt in vele andere talen uitgegeven zodat iedereen die er belangstelling voor heeft, kennis kan maken met KRAV MAGA.

* **Dekel Publishing House**
P.O.Box 45094, Tel Aviv 61450, Israël
Fax: +972-3-5273011; Website: **www.dekelpublishing.com**

Begrippen die vaak in Krav Maga worden gehanteerd

Dit hoofdstuk verklaart begrippen die in KRAV MAGA worden gehanteerd en in dit boek voorkomen.

Uitgangsposities

Uitgangspositie: Aanvangshouding van waaruit de diverse verdedigingstechnieken en tegenaanvallen worden ingezet.

Neutrale uitgangspositie: Gestrekt lichaam, handen langs de zij, voeten evenwijdig in spreidstand tot schouderbreedte. Door deze houding aan te nemen lijkt het erop of u niet bent voorbereid op een aanval.

Algemene uitgangspositie.

Algemene uitgangspositie: Vaak wordt deze houding ook 'vechthouding' genoemd. De ene voet staat 15-30 cm achter de andere bij een spreidstand op schouderbreedte. De hiel van de achterste voet is vrij van de grond, de knieën zijn iets gebogen, de voorste voet is iets naar binnen gericht en de handen zijn opgeheven tot schouder- of nekhoogte. De helft tot een derde van het lichaamsgewicht wordt op de voorste voet gebracht.

Opmerking: Dit is een algemene omschrijving voor een uitgangspositie. Tijdens een confrontatie kunt u hier al naargelang de omstandigheden wijzigingen in aanbrengen.

Uitgangspositie voor de binnenwaartse verdediging: Zoals hierboven omschreven, behalve dat de handen iets verder uiteen staan, ter hoogte van de schouders.

Uitgangspositie voor de binnenwaartse verdediging.

Doel: Deze houdingen stellen u in staat de technieken tegen een rechtstreekse aanval beter toe te passen. U bereikt hiermee ook dat de aanval op het centrum zal worden gericht, op de handen van de verdediger, zodat u beter in staat bent de aanval af te slaan.

Uitgangspositie voor de buitenwaartse verdediging: Vergelijkbaar met de algemene uitgangspositie, maar elke hand bevindt zich voor de andere schouder en het lichaam is iets gedraaid.

Doel: Te gebruiken tijdens de training van de technieken die gebruik maken van een buitenwaartse verdediging tegen een rechtstreekse aanval.

Uitgangspositie voor buitenwaartse verdediging.

Voetenwerk en toesnellen op de aanvaller

Snelle stap, met een stap toesnellen op: Benaderingstechniek vanuit een neutrale uitgangspositie door een korte, snelle stap voorwaarts te doen en op een voet naar voren te huppelen waarna u met de andere voet schopt. De voorste voet kan vanuit de uitgangspositie ook op deze manier naar voren worden geplaatst (zie afbeelding).

Zijwaartse stap, met een zijwaartse stap toesnellen op: Met een huppelende beweging snelt u voorwaarts, waarbij u het ene been voor de andere brengt om de juiste positie en afstand tot de aanvaller te verkrijgen. Dit bereikt u door bijna dezelfde bewegingen als hierboven omschreven te verrichten. Als de achterste voet de voorste passeert spreken we van 'voorlangs zijwaarts'; als de achterste voet achterlangs passeert spreken we van 'achterlangs zijwaarts'. Op het moment dat de naar voren gebrachte voet de grond raakt is de andere voet al bezig met het geven van een schop.

Achterlangs zijwaarts stappen.

Achtervolgende stap: Een snelle benadering van de aanvaller waarbij de achterste voet de plaats van de voorste voet inneemt. Op het moment dat de naar voren gebrachte voet de grond raakt, is de andere voet al bezig met het geven van een schop.

Stoten

Rechte stoot: Een stomp waarbij de hand in een rechte lijn vanuit de schouder in de richting van het doel wordt gegeven en de elleboog zo lang mogelijk omlaag wordt gehouden. Als de stomp bijna zijn doel heeft bereikt, wordt de vuist iets gedraaid en trekt men de hand snel terug (in een naar achteren gerichte 'terugverende' beweging). Deze 'terugverende' beweging, die bij de meeste KRAV MAGA technieken wordt gehanteerd, versnelt de stompende beweging waardoor de klap harder aankomt. De stomp wordt meestal gegeven met de achterkant van de handpalm of met een vuist. In het laatste geval dient u de tegenstander te raken met de knokkels van wijs- en middelvinger.

Rechte stoot met de achterkant van de handpalm.

Rechte stoot van voren gezien.

Rechte stoot met links.

Hoekstoot met rechts.

Omhoog gerichte stoot met rechts.

Zijwaartse kapslag.

Hoekstoot: De vuist wordt met een halfronde beweging naar voren gebracht om eventuele hindernissen te omzeilen. Het lichaam draait mee in de richting van de stomp. Door het lichaamsgewicht achter de vuist te brengen kan veel kracht worden uitgeoefend. De vuist wijst met de duim omhoog en de tegenstander dient geraakt te worden met de knokkels van wijs- en middelvinger.

Hamerslag horizontaal achterwaarts.

Hamerslag voorwaarts.

Omhoog gerichte stoot: De vuist beweegt diagonaal omhoog in de richting van het doel. Het lichaam van de aanvaller zal door deze stomp omhoog veren.

Kapslag: Een klap die met de binnenrand van de hand wordt uitgevoerd. Het doel wordt geraakt met de spier onder de pink. Deze klap kan voorwaarts, binnenwaarts, naar beneden, buitenwaarts of achterwaarts worden uitgevoerd, zowel in het horizontale als het verticale vlak.

Hamerslag: Uitgevoerd op soortgelijke wijze als de karateslag, maar met een vuist. Evenals bij de hierboven beschreven karateslag kan deze techniek zowel horizontaal als verticaal worden uitgevoerd.

Schoppen

Rechte schop voorwaarts.

Hoe de tegenstander te raken.

Rechte schop: Een naar voren gerichte schop die zijn doel via een voorwaartse en omhoog gerichte beweging bereikt. U raakt de tegenstander met de wreef of de punt van de voet (als u op het kruis van de tegenstander richt).

Zijdelingse schop van voren gezien.

Zijdelingse schop tegen de ribben.

Zijdelingse schop: Een 'terugverende' of zwaaiende schop die het doel met een halfronde beweging bereikt. Bij het uitvoeren van een dergelijke schop draait u met het bekken in de richting van de aanvaller. De tegenstander raakt u doorgaans met de wreef, maar soms ook met de punt van de voet of het scheenbeen (als de tegenstander dichtbij staat).

Stompschop: Deze techniek wordt recht naar voren uitgevoerd. Een voet wordt opgeheven om met kracht naar beneden te trappen (alsof u een bierblikje wilt pletten). De knie wordt opgeheven in de richting van het lichaam waarna de hiel recht naar beneden en met kracht in de richting van de tegenstander wordt getrapt. Ook hierbij dient u de techniek 'terugverend' uit te voeren, hetgeen u in staat stelt de verdediging af te ronden met een rechte schop, zijwaartse schop of achterwaartse schop.

Het optrekken van de knie om een trappende beweging uit te voeren.

Neerwaarts trappen.

Zijwaartse schop: Deze schop wordt meestal gericht op een doel aan dezelfde kant als het schoppende been. Dit is een variant op de trap. De verdediger heft zijn knie omhoog en voorwaarts en draait met zijn bekken in de richting van de aanvaller. Hierdoor wordt de voet op gelijke hoogte van het doel gebracht. De hiel wordt recht naar voren in de richting van het doel bewogen. Door het bekken in de richting van het doel mee te laten draaien vergroot u uw actieradius. Ook deze techniek dient 'terugverend' te worden uitgevoerd om de schop meer kracht te geven; u trekt uw voet langs dezelfde baan terug.

Zijwaartse schop.

Verdedigende schop voorwaarts.

Verdedigende schop achterwaarts.

Verdedigende schop achterwaarts: Deze schop behoort ook tot de categorie trappen. Vanaf bilhoogte wordt de voet in een rechte lijn op het doel gericht, vergelijkbaar met de wijze waarop een paard een schop met het achterbeen geeft. Uw rug is gekromd en om het doel in het oog te houden kijkt de verdediger achterom (over zijn schouder of onder zijn oksel).

Verdediging

Buitenwaartse verdediging: Een actie die de aanval afweert of neutraliseert. Vanaf het lichaam wordt de verdedigende arm in buitenwaartse richting bewogen (omhoog of omlaag).

Binnenwaartse verdediging: Een actie die de aanval afweert of neutraliseert. De verdedigende arm wordt naar voren bevracht om de aanval af te weren en neutraliseert deze door de lijn van de aanval te veranderen.

Stekende verdediging: Een buitenwaartse verdediging waarbij de aanvallende arm wordt opgevangen en met een 'afglijdende' beweging wordt gepareerd. Deze techniek wordt gekenschetst door een rechte beweging die veel lijkt op een voorwaarts gericht stomp.

Buitenwaartse verdediging tegen een rechte stomp.

Binnenwaartse verdediging tegen een rechte stomp, met gelijktijdige uitvoering van een tegenaanval.

Binnenwaartse afglijdende verdediging met aan het eind van de beweging het geven van een stomp.

Stekende verdediging tegen een aanval met een bijl.

Handbewegingen

Kantelen: Een draaiende beweging van de onderarm en hand in de lengterichting van de onderarm, waarbij de duim naar buiten wordt gericht. De rechterhand kantelt in de richting van de klok; de linkerhand tegen de klok in.

Hefboom: Het forceren van een gewricht van de tegenstander waardoor hij overmand wordt door pijn. De forceertechniek kunt u gebruiken om de tegenstander uit te schakelen (het gewricht breken) of onder controle te houden (houdgreep). U kunt uw tegenstander hiermee ook dwingen een andere positie aan te nemen.

Cavaliertechniek (polsklem): De pols van de tegenstander gelijktijdig ombuigen en draaien. Hiermee kunt u de tegenstander snel tegen de grond werken.

Uitspraken van grootmeester Imi Sde-Or

- Hij die geen 'NEE' bedoelt als hij 'NEE' zegt, bedoelt ook geen 'JA' als hij 'JA' zegt.

- Vertel mensen de waarheid en u zult de waarheid horen.

- Vrede sluiten doet u niet met vrienden, dat doet u met vijanden...

- Door rekening te houden met anderen bouwt u hechte vriendschappen op.

- Sterke mannen hebben altijd veel vrienden.

- Niet iedereen die op twee benen loopt is een mens.

- Hij die zijn handtekening met hoofdletters zet is geen echte man.

- Er zijn geen twee aspecten van het leven identiek. Zelfs tweelingen verschillen onderling. Ook twee schroeven die van dezelfde productielijn lopen zijn niet identiek. Dezelfde persoon kan onder bepaalde omstandigheden ook anders zijn.

- Voordat u een dame het hof maakt moet u haar vader leren kennen, kennismaken met haar broers en soms zelfs weten wie haar man is...

- Soms kijkt een man achterom om een vrouw te bekijken, hetgeen zijn leven zal veranderen; soms kijkt hij niet achterom en ook dat verandert zijn leven.

- Ik reis niet naar het buitenland om de vergezichten te bewonderen, ik reis om mensen te ontmoeten.

- Ober, breng me twee van elk wat ik van mijn dokter niet mag gebruiken!

- **Het gras is altijd groener aan de andere kant van de heuvel**: In het circus haalt een atletisch gebouwde acrobaat gewaagde toeren uit aan de trapeze, terwijl op de eerste rij, de duurste plaats, een rijke zakenman zit met een dikke sigaar in zijn mond en naast hem een beeldschone vrouw. De zakenman denkt: 'Ik zou er alles voor over hebben om zoals hij te zijn: jong, atletisch en vrij van zorgen.' De trapezewerker, die de zakenman vanuit de nok van de circustent ziet, denkt: 'Ik wou dat ik met hem kon ruilen: rijk zijn, een mooie vrouw aan mijn arm hebben, me de beste plaatsen in het circus kunnen veroorloven en te kijken naar een arme jonge knul als ik die zijn magere inkomen verdient met het uithalen van halsbrekende toeren.'